無行動，不幸福

45 個正向心理學練習，掌握幸福感關鍵

趙昱鯤 著

藉由本書來一趟「健心房」博覽會吧

　　看完本書後的第一直覺，忍不住想呼應書名，也來對仗一句：「無運動，不健康！」這句話裡頭的「運動」，我想指的是身體和心理健康兩大方面都需要運動。

　　在身體方面，隨著時代進步，現代人已經明白運動可以說是一種預防醫學，是提升身體健康的要件，甚至，如果想要健身健美，還可以去參加「健身房」，更有效率地練肌肉。

　　同樣的道理，心理健康也需要運動！本書的行動就好比是「健心房」裡的各種器材設備，任君挑選想要練的心理肌肉是哪一塊，試用看看這塊肌肉所屬的行動，藉此來進一步促進自己與身邊人的快樂幸福。

　　正向心理學（Positive Psychology）的興起約在西元 2000 年，由美國賓州大學塞利格曼教授首次提出，2011 年，在我還是博士生期間，曾經至美國賓州大學交流進行論文研究時，就發現到這個新領域起初的研究，大部分都是以西方人為樣本來進行，因此我當時即著手進行一些跨文化研究。時至今日，在我所任職的臺灣高雄醫學大學正向理學中心，也漸漸累積許多以華人為樣本的正向心理研究，這些研究均發現，同樣的理論在不同文化中，確實存在許多差異。也因此，更加突顯本書的可貴之處。在此，分享我在閱讀本書後，觀察到三大特色如下：

1. 大量華人案例讓行動能夠接地氣

從眾多案例中可以感受到，本書作者趙昱鯤老師不但具有豐富的人脈，

還有敏銳的觀察力，再加上趙昱鯤老師本身具備海外留學的經驗，曾經在跨文化環境中跳脫舒適圈，經歷逆境或挑戰，從自我覺察及身邊人的經驗當中，更加能體察並且提出正向心理學運用於華人的獨到見解。

2. 這 45 個行動均以心理科學為基礎

有別於市面上一些心靈雞湯書籍，本書不走空泛口號路線，而是以心理科學為基礎，設計出這 45 個正向心理學練習的行動，具備研究或理論依據，而且，每一個行動的篇幅適中，可以運用零碎時間分開閱讀，加上文句深入淺出，相當適合大眾閱讀。

3. 自我決定論貫穿具相得益彰之效

有別於許多正向心理科學書籍，大多以塞利格曼教授的幸福五元素理論（簡稱 PERMA）為基礎來論述，本書採用的是另外一個心理學界很有名的「自我決定論」（Self-Determination Theory，簡稱 SDT）來貫穿許多篇幅，把艱澀的理論以白話解釋，輔以華人案例說明，毫無違和感，甚至適用在自我覺察、親子關係、自我實現等各篇章，令人不得不佩服作者融會貫通接地氣的能力。

如同趙昱鯤老師最後所言：「希望每個人都能打破心理內捲的陷阱，真正走上心理升級的道路。」本書就像是一張門票，帶著讀者進入「健心房」博覽會，過去發生的事情已經無法改變，但是，我們卻能透過這些心理行動（健心器材），有效率地讓心理肌肉強壯起來，重新詮釋並跳脫舊有框架，迎向快樂幸福的康莊大道。

吳相儀
高雄醫學大學正向心理學中心主任

正向心理學是行動的科學

　　首先，恭喜昱鯤的新書終於順利出版了！《無行動，不幸福》這書名一看就有想讀下去的衝動。我曾經問昱鯤選擇這個書名是否有特別的故事，他告訴我是受清華大學最著名的口號「無體育，不清華」的啟發。

　　的確，體育之於清華，就如同魚和水。而行動與幸福，不也正是這樣的關係嗎？我想起作為清華大學百年校慶獻禮在 2018 年上映的電影《無問西東》，有一幕的鏡頭是這樣：

　　昆明的雨水滴滴答答打在聯大的鐵皮校舍，教授一次次提高音量，學生無論怎麼豎起耳朵都無法清晰聽到講課內容，被中斷課程的教授索性將粉筆一扔，帶領大家靜坐聽雨。而鏡頭轉向窗外，體育老師正帶著同學雨中操練，口號嘹亮，氣勢如虹。

　　鏡頭裡這個帶領大家冒雨堅持上體育課的老師名叫馬約翰。抗戰時期，清華、北大、南開三校南遷至昆明成立西南聯合大學共同辦學時，他已經年且六旬。馬約翰在清華大學工作長達五十二載，可以說，正是在他的推動下，體育，成為清華較其他高校最與眾不同的標誌之一。

　　馬約翰認為清華學生不只要知識全面，還要有強健的體魄；認為體育能給學生帶來身體和人格的塑造，可以帶給人勇氣、堅持、自信心、進取心和決心，培養人的社會品格──公正、忠實、自由。體育絕對不只是注重體質，更注重人格塑造，培養團隊合作和頑強奮鬥的精神，而這已經成為清華人代代傳承、堅守的優良品格。

　　事實上，正向的人格特質，不只來自於體育運動，也來自一個人的生活

整體。因此，昱鯤選擇這個書名，我覺得特別適合也特別貼切，因為這本書是談論正向心理學，而正向心理學正是一門行動的科學。「行動成就積極（正向）」正是今日全球蓬勃發展的正向心理學的一項核心價值觀。

那為什麼「行動成就積極（正向）」呢？

首先，現代心理學的大量研究顯示，人類的知識和行為在本質上是一致的。我們最熟悉的關於一致性的描述，就是明代王陽明所提出的「知行合一」。在心理科學裡，我們將王陽明的哲學思想稱為「體現認知」（Embodied Cognition），即身體的行為、感覺和生理反應與我們的認知息息相關，甚至可以說認知是被身體及身體的活動方式所塑造。從演化的角度來講，人類對外界知識的理解也是從行動開始。初生的嬰兒從呱呱落地的那一刻起，這個小生命就開始進行各種最簡單的行動，例如啼哭、扭動、面目表情等。

其次，人類許多與積極正向有關的情緒、感受、判斷等，都是從行動中產生。例如大家最為頭痛的憂鬱情緒之一就是「心理反芻（rumination）」。舉個具體的例子，有一個人非常害怕在大家面前說話。害怕到什麼程度呢？就是在公司尾牙抽獎，抽到的人要到台上說兩句獲獎感言，這件事對這個人而言就成了壓倒駱駝的最後一根稻草。為了避免這種「極度可怕」的事情發生，這個人會在其他人都努力研究抽獎機率時，默默在心裡祈禱：千萬別讓我抽到、千萬別讓我抽到、千萬別讓我抽到……

因此，心理反芻就是一種以自我為中心、以過去為主導、集中於負面內容，而且很容易陷入惡性循環的心理與情緒狀態：這些負面的心理導致太多負面的情緒產生，然後這些負面情緒又會讓人失去基本的行動能力與客觀正確的判斷力，陷入更多的心理反芻，造成惡性循環。而行動是克服心理反芻非常有效的方法，無論是體育運動，還是工作，或者做義工、幫助別人，都能有效緩解憂鬱症狀。就像 NIKE 的廣告一樣：「Just do it.」。

而且，行動是一種典型的利社會（prosocial）特質。人類是社會性動物，

一個健全的人格也離不開在社會生活、社會關係與社會交往中所形成的行動慣性。從這個角度來看，我們的行動其實就某種程度而言，都是和他人有關。人類的本質並非如雕塑家羅丹（Auguste Rodin）在作品《沉思者》（Le Penseur）所展現，是整天坐著思考的獨立生物。相反地，人類是一直和萬事萬物發生諸多聯繫的高級生物體。個體價值往往表現於個體在群體中的活動效應。正是從這些人際互動，演化出人類許多重要的心理效能，例如利他、感恩、合作、競爭，乃至更複雜的道德、意義、價值觀等人類所擁有的高層次品格。

因此，美國心理學之父威廉·詹姆斯（Willian James）才說：「思考是為了行動。」現代正向心理學之父塞利格曼（Martin Seligman）也說：「正向心理學，有一半是在脖子以下。」強調了正向心理學絕對不是只在學術圈做研究、在象牙塔傳播的學問，而應該是知行合一、融入日常行為的科學準則。

正向心理學的另一位奠基人彼得森（Christopher Peterson）教授則在學界第一本正向心理學教材《打開積極心理學入門》（A Primer in Positive Psychology）明確寫道：「積極心理學不是一項觀賞運動。」彼得森認為觀賞運動時，大家坐在沙發看著電視裡的運動員揮汗努力，雖然情緒良好，但仍然只是一個「旁觀者」，那不是正向心理學的最終目的。正向心理學的實踐除了要求以科學方法習得正向態度與情緒，還要能轉化成改變自己人生的具體行動。

正向心理學重視行為的觀點，也和中國文化不謀而合。如果你喜歡讀小說，大概就會發現中西方小說的一個巨大差異，就是西方小說，無論是珍·奧斯汀（Jane Austen）還是托爾斯泰（Leo Tolstoy），都喜歡大段落的心理描寫，但是中國小說，無論是《紅樓夢》還是《水滸傳》，都是靠對動作的描述來表現心理變化。

也有研究發現，和英文相比，中文名詞更少，但動詞更多。正如清華大學的校訓「行勝於言」，也表現了中華文化特別看重行動的特質。我們在生

活中也很自然地推崇「做了再說」甚至「做了也不說」，鄙視「光說不練」的人。對此，二千多年前的孔子也早就說過「君子欲訥於言而敏於行」、「敏於事而慎於言」，這就是提倡行動，否定「光說不練」、「巧言令色」的人。

總而言之，昱鯤的這本《無行動，不幸福》超越了傳統的幸福主題書或偏重理論、或偏重感受的風格。本書首先是一本正向心理學的專業書籍，同時也是一部正向心理學的大眾讀物，還是一本以正向心理學為背景，倡導「行動出幸福」的行動指導手冊。雖然生活中並不是每一個行動都通往幸福，但我們要選擇能讓自己獲得真正幸福的行動，並沉浸其中。

當你閱讀過本書之後就會發現，正向心理學的目標是讓我們過著充滿澎湃心流的人生，這些心流是讓人如痴如醉、物我兩忘、全情投入、得心應手、心花怒放的巔峰體驗，這不是經由輕鬆的行動就能獲得，必然是要在一個有意義、能點燃熱情的目標指引下，付出努力、長期的堅持才能有所體驗。

因此，無行動，是不可能獲得真實的幸福。

昱鯤是理工出身，有嚴謹的邏輯思考能力。在美國求學期間，他在賓州大學跟隨現代正向心理學運動創始人塞利格曼教授讀研究生，對正向心理學前沿有最直接的瞭解。後來又在清華大學跟隨我完成了博士學業，展現良好的科研能力。他還協助我創辦了清華大學社科學院「積極心理學研究中心」，是中國正向心理學應用的重要推動者。因此，他這本書既充盈正向心理學蓬勃向上的精神核心，又堅守科學的嚴謹、系統性，還從讀者的角度出發，寫得非常實用、接地氣，讓讀者可以立即按照正向心理學的科學體系有所行動，獲得更多、更廣、更深層次的幸福。

最後，希望隨著本書的出版，這種「無行動、不幸福」的理念，能夠獲得更大範圍的普及和練習。

彭凱平
清華大學社科學院院長

幸福，一直都在你我的左右

我和趙昱鯤老師認識多年，趙老師是一個很溫暖的人，每次和他交流、互動，總是有種被安慰的感覺。很高興趙老師這次把他那些拿手的絕活集結成冊，跟大家分享要怎麼過一個更正向、積極的人生。

看到新書《無行動，不幸福》的時候，我蠻敬佩趙老師，因為他把怎麼實踐幸福這件事情，做了非常有系統的整理。此外，他也輔以各種行動方案，讓讀者不僅收穫了知識，也可以去實踐，進而迎向幸福。我一直認為如果我們只是吸收了很多知識，而沒有在生活中去做應用，是非常可惜的事情。所以，看到趙老師的行動方案，我個人非常興奮，因為這些方案不僅容易實踐，又有理論支持，是真的對人有正向的影響。

在結構上，從內而外的安排，也是很恰當的。因為若你沒有清楚認識自己，知道自己想要的是什麼，就盲目追求那些別人認為好的事物，不僅浪費時間，還有可能對自己造成傷害。針對幸福這個議題，近年來學術圈有很大的反思，從早期的認為要把正向情緒極大化、負面情緒極小化，演進到現在認為是情緒多元、強度勻稱才是好。趙老師的書，很跟得上這樣的潮流，沒有一味吹捧一定要很正向，而是用一種叮嚀的語氣，讓讀者有機會反思自己的內在需求。

如果你希望自己可以過得更好，但是不知道該怎麼做，我認為本書會是

很好的參考書目。書中也包含了好幾個自我檢核的測驗，你可以把這些工具當作檢驗自己成長的指標，就會發現自己不只是自我感覺變好，而是真的有所改善了。

　　幸福不是一件容易的事情，但趙老師把它變得很簡單，並且提醒大家：「去做就對了！」希望在追求幸福路上感到迷惘的你，也能夠透過行動，逐步迎向幸福。就像在韓劇《我們的藍調時光》結局提到的：

　　有個使命我們都不該遺忘，我們生於這片土地並非為了承受磨難或不幸，我們是為了幸福而生，祝大家幸福快樂！

黃揚名
輔仁大學心理系副教授

01 認識真實的自己

02 建立你的關係

03 掌握科學的行動方法

04 自我的實現

認識真實的

自己

01 自我的真相，
看不見的內在也在悄悄演化

　　人的一生會遇到無數問題：工作賺錢、談戀愛、交朋友、個人成長等，這些問題看似複雜，其實內在核心都是自我運作。

　　但是，到底什麼是自我？自我如何形成？我們又該如何看待自我？這是我想先探討的。

　　我會帶著你用自我決定的視角，回顧過去，剖析當下；在這個基礎上，借助正向心理學的力量，用有效的行動擺脫過往的束縛，讓你變得更積極，活得更漂亮。

　　首先，我想重新定義一下「自我」。

自我，是不斷演化的心理機制

　　我們都知道，為了適應環境和生存，遠古的人類從四肢爬行演化成直立行走。生活在寒冷地帶的人，為了加熱呼吸的空氣，演化出更高、更長的鼻梁；生活在熱帶的人，為了抵禦強烈的紫外線，演化出更深的膚色。

　　但是，人類演化的不只是外在的身體，看不見的內在也在悄悄更新。

　　由於環境變化，人類需要處理的資訊倍增。面對陌生環境，過往老舊的條件反射已經不敷使用，人類必須觀察新環境，不斷蒐集資訊、主動調整行為，才能生存下來。同時，為了抵禦更強的野獸，獲得足夠的食物，因此必

須和他人一起群居生活和作戰，才有更高的生存機率。這個過程已經不是伸手摘顆果子、張口吃塊肉那麼簡單。

　　一方面，人類需要互相合作，無論是外出打獵、防範猛獸，還是撫養小孩，人類都需要和群體中的同伴合作。但另一方面，人類還得相互提防。

　　這時候，大家必須根據一個人的表現來評估對方的可靠程度，並且預測對方下次的反應，然後做出最趨利避害的選擇。

　　但問題是，我們怎麼可能把每個人都考察一遍再行動呢？因此人類開始從自己著手，透過觀察自己，來推測他人的想法。

　　例如，我要出去打獵，家裡的小孩是拜託小孩的外婆還是鄰家的老人照顧？我想了一下，自己家的小孩我一定會疼惜，但別人家的就不一定了，我很難無條件對別人的小孩好。這樣推己及人地判斷一下，就知道該怎麼選了。

　　你看，隨著新資訊不斷出現，每個人的大腦都在接收、儲存、篩選、加工各種資訊，然後根據處理結果，做出決策或行為。這是一個非常複雜的過程，為了更有效率地統籌處理愈來愈龐雜的資訊，人類漸漸形成一套內心機制，這就是演化出來的「自我」。

　　是的，我們的自我其實就是一套強大的心理機制，一邊彙整篩選資訊，一邊發出指令，而且持續不斷與環境磨合，並隨著時間繼續演化，幫助我們更妥善地處理和自己、和他人、和世界的關係。

自我的困擾，源於自我演化與環境不適合

　　既然自我那麼厲害，那麼是不是每個人都應該強大到可以處理好和他人、和世界的關係了？但為什麼生活中還是有那麼多關於為人處世的困擾和痛苦呢？

　　由於自我是逐漸演化而來，因此事物的演化通常會滯後於環境的變化，

自我也一樣。

我們的自我，在過去的環境中，努力幫我們分析處理資訊，盡可能做到趨利避害。但隨著時間推移，我們的人生角色有所轉變，周圍的人事物也在不斷改變。在這個過程，原本功能穩定發揮的自我，就有可能因為無法適應新環境，而產生許多困擾和痛苦，甚至阻礙我們的發展。

從演化心理學（Evolutionary Psychology）的角度來說，自我通常會在三個層面無法及時適應環境的發展變化：第一，生物基因層面；第二，性格基因層面；第三，文化基因層面。

當自我的演化在這三個層面無法和環境相互配合時，各式各樣的困擾也就隨之而來。

過度焦慮？生物基因與環境不適合

首先，生物基因與環境的不適合，會對人的自我產生很大的困擾。過度焦慮就是典型的生物基因與環境不適合的結果。

焦慮本來是人類的一種正常情緒反應，能夠提醒我們有潛在的壞事可能發生。而為了因應不同狀態的壞事，焦慮程度也有所不同。

如遠古時期，若是有人在村外看見一隻老虎，這個人會嚇得魂飛魄散，趕緊回村通知加強警戒，自己也會一夜不睡，拿著武器守在家人身邊。但如果看到的是一隻野貓，就只會皺皺眉頭，回家把曬在外面的鹹魚乾收好就可以了。

因此焦慮是一種能提醒潛在危險的情緒，焦慮反應比較強的人更容易生存下來。久而久之，這種焦慮反應機制就被寫入基因。當潛在的危機出現時，焦慮感也會隨之而來，提醒準備因應危險。

但是，只有當擔心程度和危險程度一致時，這種焦慮才有益。而對於活在現代社會的人而言，像老虎侵襲那樣危及生命安全程度的事情已經很少見，

更常見的是看到野貓那種程度的煩心事。但我們常常是一遇到問題就引發老虎程度的焦慮，沒有問題就創造問題使自己焦慮，如果一點都不焦慮，反而覺得不對勁。這種廣泛瀰漫在現代社會的過度焦慮，就是自我在生物基因層面的演化趕不上環境變化的結果。

需要愛的自我被忽視？性格基因與環境不適合

自我與環境變化的不適合，不只表現在生物基因上，也表現在性格基因。

美國加州大學心理學教授傑伊・貝爾斯基（Jay Belsky）提出：「小孩出生後會嘗試不同的性格策略，也就是早期在生存環境所形成的反應策略，然後根據外界的回饋，最終選擇其中一種發展成自己的性格。這個過程，就如同生物基因的演化一般，是一個人的性格基因的演化。」

我曾親眼看過一個小孩的性格是如何演化而來。

當時我還在美國，剛剛有了小孩，認識了另一對也剛有小孩的中國夫妻，先生在華爾街工作，太太在做電商創業，夫妻倆都很忙。寶寶的媽媽經常一看見我就特別高興地說：「昱鯤，你能幫我看一下這小傢伙嗎？我有個重要電話要打。」

等我點頭答應之後，她就立刻到一邊打電話。一開始，寶寶一看媽媽離開就會哭，但他媽媽總回頭皺眉說：「不要哭，媽媽有重要的事！」

等過了一陣子，媽媽終於打完電話回來，寶寶開心極了，手舞足蹈地歡迎她。可是她既沒有抱抱孩子，也沒有笑臉相對，而是繼續想著生意上的事，面無表情、心不在焉推著嬰兒車往前走。

這是個可憐的寶寶，媽媽離開時，他的哭泣毫無作用，媽媽回來時，他的快樂也得不到回應。終於在多次嘗試失敗後，他選擇了另外一種策略，就是在媽媽離開和回來時都無動於衷，減少自己的情緒反應，因為只有這樣，寶寶的心理損失才會少一些。這個寶寶就這樣演化出對他人不抱期望的性格。

這樣的性格，在心理學上稱為逃避型依戀人格（Fearful Avoidant Attachment Style），可以保護小孩在冷漠的環境仍然得以長大。

但是，人一旦演化出逃避型的性格基因，通常在長大後也會採取逃避策略，對人既冷漠又疏離：明明喜歡一個人，卻不敢抱任何期望，不主動建立聯繫，甚至不敢接受對方的表白，最終失去機會。

難道這些人真的不需要愛嗎？不是的，就是因為曾經需要愛的自我遭到忽視，導致不再輕易對愛抱有期待。由於這些人的性格基因是在缺乏愛的環境演化而來，因此就算成年後的環境能夠提供足夠的愛，他們還是會表現得無法適應。

一個人的性格策略，是在兒時的環境中，自我可以做出的最佳選擇；但在成人的世界，我們面臨的環境要複雜得多，如果性格基因和環境不適合，自我就可能產生許多困擾。

82 年生金智英的煩惱？文化基因與環境不適合

文化基因是英國生物學家理查・道金斯（Richard Dawkins）在《自私的基因》（*The Selfish Gene*）所提出的概念，意思是所有的文化產物，包括價值觀、意義、審美、創造發明等，都可以稱為「文化基因」。因為這些文化產物都如同基因一般，是經過長期的競爭，逐步演化而來，都擁有自己的生命週期，在人類的大腦中複製傳播。

我們選擇接受何種的文化基因，就決定我們有何種的觀念、喜歡何種的藝術、會何種技能，而這些都是組成自我重要的元素。

韓國電影《82 年生的金智英》（82년생 김지영），就反映了文化基因對自我的影響。

主角金智英出生在一般的韓國家庭，她所接受的文化基因從小就被割裂成兩半，父親宣揚的是「男主外，女主內」，母親卻在爭取「男女平等」。

在她的人生當中，一直存在這樣的分裂。

　　一方面，「男主外，女主內」的文化基因一直存在於金智英的生活：業務能力優秀的金智英，只因為是女性，可能需要懷孕生子，就錯過晉升的機會；而另一方面，隨著社會的發展，金智英的自我也在追求「男女平等」的文化基因：生完小孩成為全職家庭主婦的金智英，卻渴望重新找回自己的事業，她希望在相夫教子之外，依然有更多機會發揮自己的個人價值。

　　可是當機會來臨時，受兩種文化基因支配的金智英能把握住嗎？

　　很遺憾，電影中，金智英本來有機會繼續發展事業，丈夫也願意請育嬰假支持她，但她遭到婆婆的強烈反對。婆婆甚至覺得，金智英讓丈夫請育嬰假帶小孩根本就是瘋了。

　　在金智英的生活當中，「男女平等」和「男主外，女主內」兩種文化基因一直互相衝突。當她想要追求「男女平等」時，會和傳統的家庭環境有所衝突，不得不承受指責和傷害；而當她放棄追求，想要接受「男主外，女主內」時，卻又和當下的社會環境矛盾重重，她甚至被貼上「媽蟲」的標籤，被當成只能依附於丈夫的累贅。文化基因和環境的不適合，就這樣不斷折磨金智英的自我。

　　回過頭來看，電影裡的衝突又何止金智英一個人的困境呢？

　　我們都知道，「男主外，女主內」的模式曾經是一個家庭的最佳選擇。在傳統社會，體力更強大的男性在外勞動，能讓家庭的經濟收益最大化；感情豐富的女性負責家庭內部管理，能夠確保後代健康成長。

　　但社會環境持續不斷演化，如今社會提供更多家庭分工的選擇，「男女平等」的文化基因已應運而生，但我們卻處於這兩種文化基因的過渡期，自我的演化當然就在這些文化基因的矛盾中，受到重重阻礙。

　　因此，「自我」其實是一套演化而來、協調我們和外界互動的心理機制。這項心理機制會蒐集加工資訊，主動發起行為，幫我們更妥善地處理各種問

題。

但是，要讓自我好好運轉，我們必須先處理好和自我本身的關係。

自我演化包含三個層面的重要基因傳承：我們身上的生物基因，曾經在數十萬年來幫助人類的生存；我們身上的性格基因，曾經在生命最初、最脆弱的階段幫助我們求得生存；我們身上的文化基因，曾經在數千年來幫助我們文明的生存。

當這三種層面的基因，在演化過程無法和環境互相配合時，自我就會面臨許多困擾。

但我還是想說，我們的自我歷盡千辛萬苦才演化成今日的面貌，雖然並不完美，但真的很不容易。我們無法決定過去，但我們可以選擇接納，而不要持否定的態度。否定就像沉重的枷鎖，只會讓人在前行的過程傷痕累累。

我希望大家能夠帶著清醒的頭腦，帶著對自己的理解與愛，輕裝上陣。我們可以有意識地擺脫過往束縛，演化出一個更蓬勃的自我，真正決定自己的人生。

01 今日行動 我決定……

接下來，我想正式邀請你參與我設計的「今日行動」。

簡單來說，我會提供一個清晰、有效的行動，讓你將本篇主題學到的知識運用在生活中，幫助你從大腦到身體都確實地感受到自己有所改善。每個行動就是針對該篇主題探討的問題，所提供的解決方法。

現在，我們正式啟動這個「今日行動」。

自我演化是為了更有效地幫助你解決和自己、和他人、和世界的關係

問題，我也希望你的自我可以得到演化。

那麼，在你的生活裡，目前最困擾你的問題是什麼？是在愛情裡不夠有勇氣？在職場上不敢爭取機會？對待自己太過苛責？還是做事情行動力不足，總是拖延，很難堅持？

做為第一個行動，我想請你針對最困擾你的問題，以「我決定」為開頭，寫下你對自己的期許。例如：

「我決定對自己好一點，過去我太在乎別人的感受，迎合了別人，卻忽略了自己。」

「我決定不再做生活的手下敗將，我要努力工作，好好吃飯，堅持運動。」

「我決定在工作上不再要求自己事事做到完美，因為完成常常比完美更重要。」

寫得愈詳細，你的體驗會愈深刻。讀完本書之後，再回頭看看自己寫的行動，看看你的自我會演化多遠。

歡迎你行動起來！

02 我們如何變得更好？

　　雖然演化讓每個人都形成了「自我」心理機制，但現實情況是，有些人的自我功能比較強，處理問題的效率高；有些人的自我功能則比較弱，關鍵時刻容易出問題。

　　當一個工作專案出現難題時，有些人能像消防員一樣，第一時間想辦法解決專案的燃眉之急；而有些人就會下意識當起鴕鳥，假裝什麼事都沒發生。在遇到生活的挫折困難時，有些人能找到治癒自己的方式，可是有些人即使難過也不知道如何排解。

　　為什麼會這樣呢？因為不同的人主動接收外界刺激的能力也有所不同，這就會影響到自我處理問題的效率和品質。就像人的身體，有些人長期不運動，整天在家當沙發馬鈴薯，肌肉就會變得愈來愈虛弱；而有些人經常健身，主動刺激肌肉，肌肉就會變得更強大。

　　自我的演化也是如此，只有主動刺激促進成長，才能夠變得更強大。但怎麼刺激呢？就是需要讓自我投入和世界、他人、自己的互動，透過處理這三種關係，鍛鍊自我、演化自我。

　　而這時又有第二個問題，就是怎麼讓自我投入和世界、他人、自己的互動呢？這就需要瞭解自己的能力感（Competence）、歸屬感（Relatedness）、自主感（Autonomy）這三個需求獲得了多少滿足。

對應人生重要關係的三大基本心理需求

如何理解這三種心理需求呢？只要記住這三句話就夠了：能力感是指，我覺得自己有能力完成一件事情；歸屬感是指，我覺得做事情都有人支持；自主感是指，我是自願地、發自內心地做一件事。

這三大基本心理需求，最早出自心理學領域的一個重要理論，叫做「自我決定理論」。自我決定論的創始人愛德華・迪西（Edward Deci）和理查・萊恩（Richard Ryan）在大量研究的基礎上得出結論：「當一個人感到自己有能力完成某件事，並且做這件事的意願是發自內心的，也有人支持的時候，他就會更願意行動。」

一旦願意行動，自我就能在解決問題的過程變得更強大，也更獨特。

因此，現在的我們，自我的協調能力如何，取決於我們過去人生中三大基本需求的滿足程度。而未來我們的自我演化，又取決於現在的我們將會做些什麼。

三大心理需求之間並沒有主次之分，而是分別對應了自我在一生中最重要的三重關係，其中，「能力感」的滿足程度，會影響我們和世界的關係；「歸屬感」的滿足程度，會影響我們和他人的關係；「自主感」的滿足程度，會影響我們和自己的關係。

能力感

聽到「能力感」，可能會讓人聯想：「只要養成特定技能、特定能力，是不是就能擁有能力感了？」

其實並不是，因為能力感是一種主觀感受。例如：同事 A 和同事 B 在同一家公司、相同的部門工作，兩個人的資歷、背景各方面條件都差不多。最近部門有一個晉升名額，他們都有機會爭取。

同事 A 覺得這是個好機會，自己今年業績不錯，表現也好，應該試試看，就算沒成功也沒關係，反正當作累積經驗。同事 A 很自信，願意迎接挑戰，也不怕失敗。

同事 B 則覺得：「我這麼主動爭取，如果失敗就太丟臉了，好不容易今年運氣好，業績和表現都不錯。還是等我能明顯壓過對方時再試試。」同事 B 更在乎結果，沒有百分之百的勝算就不願意嘗試。

雖然客觀來看，他們的能力不相上下，但兩人的能力感卻有所不同：面對同樣的機會，同事 A 認為是一次累積經驗的挑戰，而同事 B 卻覺得這是一場艱難的考試。

看到這裡，應該就會明白，一個人的能力感，和一個人擁有的能力並不是相互對應。而是一種主觀的感受：一個人對自己感到自信，覺得自己有能力，想去尋找更高級的挑戰。

回到剛才的例子，同事 B 缺的不是能力，而是能力感。比起過程，他更在意結果，也更在意能否保全自己脆弱的自尊，除非事情有十足的勝算，否則就不敢輕易嘗試，這些都是能力感不足的表現。而能力感充足的 A，更希望透過嘗試，讓自己有所提升。即使知道可能會輸，也能夠享受挑戰的過程。

這就是能力感最大的意義，能夠推動我們主動接受新的挑戰和新的刺激，讓自我逐漸走出舒適圈，接受外部世界的充分鍛鍊。在這個過程，我們解決問題的能力愈來愈強，自我就能像玩遊戲一般，一直在打怪的過程不斷升級。

歸屬感

歸屬感的滿足程度，影響我們處理和他人關係的能力，進而影響我們對自我的定義。

我曾接觸一個個案：二十四歲的小樂，自己經營一家餐飲店，月入人民幣四萬元（約十八萬元台幣），身邊的朋友非常羨慕她，她自己也很享受事

業上的成功。但她並不確定自己是否幸福，在她看來，任何人都靠不住，只有工作和事業能為她帶來安全感。後來為了工作，她甚至選擇和男友分手。

她這樣的認知，其實是小時候的成長環境所帶來的。

在溝通過程，小樂提到了自己的媽媽，從小到大媽媽的注意力都集中在弟弟身上，幾乎所有的關注、愛護都給了弟弟。日子久了，這種歸屬感的缺乏，也導致她在人際相處的過程手足無措，因為不瞭解被愛的感覺，所以她不知道如何給予，也不知道如何索取。

歸屬感的缺失讓小樂在兩個方面出現行為和想法的偏差。

第一，在處理和他人的關係方面，她很難相信其他人，也很難和人維繫長期而穩定的關係。即使是身邊最親密的人也是如此。

第二，在衡量自我價值的標準方面，她幾乎把工作當成自我價值的唯一來源。

她在內心形成一套評斷標準：人是靠不住的，物質層面的事物是她安全感的唯一來源。因此當事業和感情出現衝突時，她會選擇工作，放棄戀人。

那麼，為什麼缺少歸屬感會對一個人產生這麼大的影響？

因為缺少歸屬感不是簡單地感覺自己缺少關心和愛護，其實是代表一個人缺少了人一生中重要的連結感。這種連結感，追溯到一個人的生命初期，就是一個人能否從照顧者那裡體驗到穩定的關注和回應。

以小樂而言，由於小時候無法從媽媽那裡獲得足夠的回應和關注，因此在心理上產生了強烈的斷裂感。這種斷裂感已融入於她的身心記憶，即使長大後離開原本的成長環境，但在和人相處時，也很容易被潛意識引發，影響到人際交往。

歸屬感的重要性，還表現在當我們身處於人際相互連結的大網之中，歸屬感能夠讓我們能更好地定義自我。

我們的自我其實經常需要從我們和他人之間的關係來定義。當我們思考

自己是誰時，可能首先想到的是「我是哪裡人」、「我是我父母的子女，是我配偶的伴侶，是我子女的父母」，然後才是自己的興趣、特長等。幾乎沒有人會孤立於世界、關係之外來談論自我。而小樂就缺少這一環，她對自我的定義只局限在工作和事業。因為缺乏歸屬感，而無法與人發展良好的關係，也就無法從人際關係中定義自我。

這樣的自我看起來很自由，但是一個人孤零零地佇立在曠野之中，失去界限。而沒有界限，內涵也會變得模糊，這就會讓人無法準確定義自我。

自主感

聽到「自主」會聯想到什麼？可能會想到，一個人無論何時都能自己做主選擇，聽起來頗令人羨慕。

但其實，能做出選擇，並不代表就能充分地感受到自主。

我的學生小冰年紀輕輕就過著許多人羨慕的人生。考上好大學，找到一份好工作，也交到一位不錯的男友。但是有一次聊天時，她跟我說：「趙老師，我不知道自己要的到底是什麼。我現在的工作說不上哪裡不好，但是我總是想換工作，卻又不知道該換什麼工作。我男友各方面都很好，我們的感情也很穩定，可是我好像不是真的愛他，但我也不知道真愛是什麼樣子。」既然眼前的一切並不是她發自內心想要的，那她真正想要的又是什麼呢？她有很多疑惑，但對這些疑惑她也無法有個答案，其實就這是自主感缺失的表現。

這種茫然是日積月累漸漸地形成。她告訴我，從小家裡管教很嚴格，小到和誰家小孩交朋友，大到大學選填志願去哪座城市，大大小小的決定都得依父母。我這才意識到，由於長期迎合別人做決定，她發展出一個迎合、順從他人的自我。

時間一久，她內心深處的想法和需求都無法得到表達，也漸漸忘記自己心裡的聲音。當她真的有機會選擇時，真實的自我已經習慣被壓制，因此變

得猶豫和茫然。

　　從心理學的角度來說，她真實感受到的是，自我的內部不和諧與不統一。

　　因此，我所談的自主感，並不是「自己能做選擇做主」，而是在做選擇的時候，我們的自我內部是和諧的，能感到自己做出的行動反映了內心的願望，表現真正的價值觀、意義和興趣。

　　對於小冰而言，由於自主感沒有得到滿足，她不清楚自己內心的真實願望，也就無法判斷現在做的選擇是不是表現了自己真正的想法。因此她的自我一直處於內耗的狀態。

　　這種內耗的狀態，也讓她在面對人生選擇時，不敢輕舉妄動：不敢換工作、不敢全力以赴地戀愛。

　　只有自主需求獲得滿足，自我才有信心挑戰更艱難的任務，這些任務會刺激我們的心智功能，變得愈來愈複雜，又促使自我更努力地協調，進而推動自我升級，我們的內心會變得愈來愈豐富，能力愈來愈強，想法愈來愈多，但自我並不會因此而雜亂無章，反而會把內部磨合得更好，變得更和諧、更強大。

　　追根究柢，自我演化的推動力，就是三種基本心理需求，分別是能力感的需求、歸屬感的需求和自主感的需求。

　　自我的演化需要滿足能力感需求，當人感受到自己有能力完成一件事情時，會更願意走出舒適圈，挑戰外部世界更複雜的難題，把自我推向更強大的等級。

　　自我的演化也需要滿足歸屬感需求，當人感到與他人連結，能夠得到其他人的支持和回應時，會更願意與人建立聯繫，自我也能在人際關係中得到更深刻的定義。

　　自我的演化還需要滿足自主感需求，只有當人感受到自我是相融和諧的時候，才有動力完全投入一件事情，而不是讓自我消耗在內耗之中。

其實，自我的演化就像一棵樹的成長。在努力向下扎根的同時，也期盼向上生長。向下扎根是為了保全自己，同時為向上生長提供源源不絕的養分。自我演化也是如此，只有當心理需求都獲得滿足時，我們才能站穩腳跟，才有自信推動自己向上演化升級。當然，我還想強調的是，我們目前的自我，只是整個人生時空中的一段剪影。對我們來說，認識自己過去的心理需求滿足程度有多少，只是自我決定的開始。從現在起，我們隨時可以有意識地讓自己獲得更多的自主感、歸屬感和能力感，讓自我演化達到更高的層次。

02 今日行動 三件好事

我想透過正向心理學的一個重要行動，幫你從現在開始就體驗更多的能力感、自主感和歸屬感，這項行動叫做：三件好事。

行動很簡單，就是在一天結束之前，記錄一下當天發生的三件好事。這些好事可以來自生活中的點滴，只要是讓你感覺良好，什麼事都行。

例如，我今天的三件好事是：

1. 我跟小孩一起打了羽毛球，我的歸屬感和自主感都獲得滿足，因為我特別喜歡和小孩玩，這是我內心既認同又享受的事情。
2. 我今天寫稿很順利，我的能力感和自主感獲得滿足，因為寫作也是我非常喜歡的事情。
3. 我指導的一位學生來跟我討論論文進展，他做得很出色，這讓我很高興。這件事不只滿足了我的歸屬感，也有能力感，畢竟是我指導的學生，此外，還有自主感，因為我喜歡幫助別人進步。

當然，在進行這項行動的時候，不需要把三件好事和三個心理需求一一對應。這項行動是為了讓你能主動關注生活中的好事，只要這件事情能為你帶來正向能量，就是你能力感、自主感、歸屬感的來源，只不過以前可能被你遺漏，而這項行動就是讓你俯身重新拾起這些事。只要每天都進行這項行動，你的自我就會發生明顯的演化。

03 童年經驗真的會影響一生？

　　我們先從歸屬感說起。

　　經常有人問我：「趙老師，我感覺很沒有歸屬感，但不知道具體原因是什麼，也不知道該怎麼辦，我是不是該找個人來愛我、關心我，才能補回來呢？」

　　這個問題的答案，其實關鍵並不在於現在填補，而是要回到更早期的人生追根溯源。就像是一座冰山，我們意識到的只是水面以上的一小部分，而水面以下的潛意識想法，才是問題的根源所在。這個根源，就來自於我們童年的經歷。現在，我會帶著大家回到小時候，找尋那些有關心理需求問題的由來。

　　當然，我想強調的是，雖然這些問題大多來自過去，但並不代表我們就無法改變。我會用現代正向心理學之父塞利格曼所倡導的方法，告訴大家如何接納過去，並透過行動，從現在就開始有所改變。

　　在此，我會借助依戀模式這個概念來解釋歸屬感的滿足情況如何影響人的一生，這是我們瞭解歸屬感的窗口。

從依戀模式探索你的歸屬感滿足狀態

　　依戀模式的形成，最早源於一個人的童年經驗。

人剛出生的時候，最重要的事情就是活下來。出於生存本能，嬰兒會立刻開始尋找一個可以依靠的對象，不斷向這個對象發出訊號：哭泣、呼喚、爬向對方。這個對象通常是媽媽、爸爸，或是其他主要照顧者。嬰兒希望透過這些方式來跟對方建立關係，進而獲得養育和保護。在這個過程，小孩和主要撫養者形成的關係，在心理學就稱作「依戀」。

由於不同的照顧者對嬰兒有不同的回應方式，因此，嬰兒也會調整自己的策略，不斷試探自己該如何和照顧者互動才最有效。

有些照顧者準備充分，對孩子關懷又周到，由於關愛需求會持續地獲得滿足，因此孩子只要正常、規律地發出訊號就可以了。但是，當照顧者對孩子發出的訊號做不到正確的回饋，對孩子時冷時熱，給的關愛時多時少，孩子為了引起注意，可能就會選擇大哭大鬧；也有照顧者會心不在焉甚至排斥照顧，就像我在前文所提經營電商創業的媽媽一樣，帶孩子的時候總想著打電話，那孩子很可能乾脆放棄做出任何反應。無論是哪種方式，孩子的歸屬感都在這個過程愈來愈匱乏。

嬰兒和主要照顧者就是經由這樣的互動方式慢慢地形成一個穩定而且長期持續的互動風格，這就是所謂的「依戀模式」。

經過心理學家的實證研究和長期觀察，人類的依戀模式大致可以分為三類：安全型依戀、逃避型依戀和焦慮型依戀。

其中，獲得足夠照顧的孩子，更容易形成安全型依戀；而沒能獲得足夠照顧的孩子，則形成非安全型依戀。

非安全型依戀則有兩種常見表現：選擇不再哭泣不再期待的孩子，形成逃避型依戀模式；選擇哭得更響、黏得更緊的孩子，形成焦慮型依戀模式。

這些依戀模式，雖然基於小時候的經驗所形成，卻會持續影響我們對待問題的看法，以及解決問題的方式。

身心記憶對安全型依戀的影響

有人可能會問：一個人的童年記憶和經驗，都已經是過去的事情了，真的會產生這麼大的影響嗎？

我們先來看一個例子。1963 年，美國加州大學醫學院進行了一項心理學研究，記錄了七十六名嬰兒從出生開始，直到三十歲的成長經歷，從實證研究的角度驗證了依戀模式對人的持續影響。

我在看相關研究紀錄時，注意到「尼克」這名男孩。他從小就得到父母充分的回應和照顧，歸屬感獲得充分的滿足，最終形成了安全型依戀模式。

三十歲的尼克在接受訪談時提到，他還記得自己大約三歲時，有一次和媽媽去廣場玩，玩著玩著就突然找不到媽媽，他心裡愈來愈害怕，然後突然看到了媽媽，尼克一下子有種如釋重負的感覺。媽媽當時一把將他抱起來，安撫他，這種溫暖的感覺一直到現在他都還記得。他也記得爸爸經常鑽到被窩裡哄他睡覺，說故事給他聽，兩個人一起編撰幻想故事，一起玩拼圖。雖然爸爸不喜歡體育，但他尊重尼克的愛好，尼克每年生日時，爸爸都會帶他去看一場球賽。

從這些細節片段，我們看到了父母對尼克無條件的愛護，積極參與小孩的日常活動，對他的興趣表示充分的支持和尊重。

在訪談紀錄中，尼克爸爸提到的一句話讓我特別感動，他說：「父母能夠給予孩子的所有東西中最重要的，就是『被愛的感覺』和『在家很安全的感覺』，無論世界如何變化，家裡的事情都不會有任何變化。」

尼克和父母之間這種安全、信任的依戀關係一直在他成長的過程不斷重複、不斷得到強化。因此成年之後，尼克很自然地就把安全依戀模式延續到他的為人處世當中。

尼克幼稚園時期就比同年紀的小朋友更加合群，更容易帶著大家玩成一

片。大學時，朋友也對他留下熱情幽默、穩重真誠的印象。在親密關係中，尼克也懂得支持妻子的工作，為了配合妻子的事業計畫，兩人商量好等過兩年再生小孩。

這就是身心記憶的影響，一個人童年的經驗，構成認知的基礎，一個人對自我、對人際關係、對這個世界的態度和看法，都會受到小時候歸屬感滿足程度的影響。這些對歸屬感的身心記憶會被儲存在一個人的潛意識當中，形成認識世界的背景。

當然，隨著每個人不斷成長，接觸到更多的人事物，認知會發生改變。但是基本待人接物的本能反應，還是基於小時候的依戀模式所產生。

有人對自己示好，安全型依戀的人直覺上會優先感受到對方的善意，而逃避型依戀的人則會因為本能地想保護自己的情感，而優先想要逃避。當然經過一系列理性分析之後，也許這兩種人都會選擇和對方交往，但是這兩種人思考問題、判斷的基礎原點，則來自其本身的身心記憶。

正如尼克的父親所說，安全型的父母會帶給孩子「被愛的感覺」，為孩子營造一種「你很安全」的身心記憶。如果我們從小接收到足夠的關愛，我們的身心記憶就會告訴我們，這個世界是安全的，無論我做什麼決定，都會有人支持我，關愛我。

身心記憶對非安全型依戀的影響

和安全型依戀相比，非安全型依戀的人由於從小缺乏歸屬感，所接受的身心記憶也會是不安全的，他們很容易認為自己不夠好，無論做任何事情，都不一定有人支持自己、無條件地愛自己。

就像前文提到的，那些小時候選擇不哭不鬧、不期待策略的小孩，當遇到事情的時候，他們的身心記憶會告訴自己：期待愛只會帶來失望，父母尚

且會辜負自己，其他人就更不會給自己關愛了。

　　我見過一對夫妻，一吵架丈夫從來不會主動溝通，只會沉默，然後吵凶了就摔門而出，在外面躲上一、兩天才回家。可是只有瞭解這位先生的人才知道，他的父母很早就分開了，他跟著媽媽長大，可是媽媽忙於賺錢養家，沒什麼時間照顧他，除了吃穿用度，其他需求基本都靠自己解決。面對親密關係，他可能都沒有意識到自己受到身心記憶影響，暗暗引導他選擇了讓自己感到舒服的方式來消化負面情緒。

　　而那些小時候選擇哭得更響、黏得更緊的孩子呢？長大後對外界的態度也很焦慮。他們的身心記憶不斷提醒他們：就像自己小時候費盡力氣迎合父母，才能換來關愛，只有努力引起他人注意，他人也注意到自己，才能感到安全。

　　舉個例子，典型的焦慮型依戀的人，談戀愛時，總擔心自己不夠好，擔心對方不夠真心，因此會和對方反覆確認，不停地試探。好像關係一旦歸於平靜，對方就要拋棄自己了。焦慮型的人也會反思，雖然他們明知這樣不好，但就是控制不住自己。這些其實都是焦慮型依戀的身心記憶在背後發生作用。

　　過去已經發生的事情雖然無法改變，但我們還有很多機會改善。就像正向心理學所倡導，我希望大家能夠先意識到，我們有一些直覺反應，其實是受到童年經驗的影響，在潛意識裡保護我們的情感。以此為基礎，人才能做出更好的改變。

　　就歸屬感需求而言，我們現在能夠開始做的，就是在瞭解依戀模式的基礎上，調整自己在一段關係當中的身體反應和情緒反應。這個過程就像學習一段新的雙人舞，因為是陌生的動作、陌生的舞伴，一開始想要克服確實有點難，但只要經過多次反覆練習，就有可能變成我們的肌肉記憶，變成自然而然的舞蹈反應。

03 今日行動 關愛練習

　　童年時期形成的依戀模式會變成烙印在身體、情緒中的記憶，影響人生各個層面。雖然已經無法回到過去，為過去曾經受傷的自己做些什麼，但是，我想發起一項「關愛練習」的行動，讓你有機會為現在的自己做些有意義的事情，一共有三個步驟：

1. 回想一下最近一年來，你曾受過的一次委屈、挫折或傷害。
2. 扮演一次安全型的父親或母親，把自己當成孩子。
3. 面對這個難過的孩子，你做為一個安全型的父母，會產生什麼樣的反應，又會對他說些什麼、做些什麼呢？

　　我希望你可以像尼克的父親一樣，為自己內心的小孩塑造「我是安全的」感覺。

測驗
[依戀模式]

以下有一些對日常生活狀態的描述，請根據實際情況，或者你認為自己可能會有的情況進行選擇。

A. 完全不符合　B. 比較不符合　C. 確定　D. 比較符合　E. 完全符合

01. 我認為自己很容易和人親近。

02. 適度依賴人讓我感到安心。

03. 我不願意和人分享內心深處的感受。

04. 我經常為人際關係感到煩惱。

05. 即使和親友發生爭吵，我也不會全盤否定我們的感情。

06. 如果別人對我的態度有些冷淡，我會冷靜地思考原因，而且我會認為對方的表現也許並不是因為我。

07. 我覺得與人親近會讓我有些不舒服。

08. 我容易對人產生依賴的感覺。

09. 我對自己的人際關係感到很滿意。

10. 如果有人對我突然冷淡，我會覺得是我做錯了什麼。

11. 在和親人朋友發生不愉快時，我有時會說狠話，做偏激的事情，之後又會感到很後悔。

12. 我很少對人際關係感到煩惱，因為我覺得人際關係不那麼重要。

13. 我對他人的情緒變化很敏感。

14. 如果和我很親近的朋友表現得冷淡疏遠，我會感覺無動於衷，甚至如釋重負。

15. 我發現自己很難全心依賴其他人。

16. 向他人傾訴我內心的感受時，我會擔心對方發現我不好的一面。

17. 我發現別人並不樂意像我希望的那樣與我親近。

18. 我很容易和人溝通自己的需要和想法。

19. 在和親人朋友發生不愉快後，我很快就能平靜下來，把心思放在其他事情上。

20. 看到別人傷心的時候，我感覺很難給對方情感上的支持。

21. 我擔心如果我離開現在的朋友，很難再結交其他的朋友。

22. 即使與好友曾經有過不愉快，我們仍然可以繼續做朋友。

23. 當別人與我很親近的時候，我會感到不安。

24. 和別人意見不一致的時候，我也能心平氣和地表達。

計算各題得分，A ＝ 1、B ＝ 2、C ＝ 3、D ＝ 4、E ＝ 5。按照以下三種維度的題目計分，計算各維度的總分。

焦慮維度：4、8、10、11、13、16、17、21 題。

安全維度：1、2、5、6、9、18、22、24 題。

逃避維度：3、7、12、14、15、19、20、23 題。

當焦慮維度得分最高，且「焦慮維度－安全維度 ≧ 16，焦慮維度－逃避維度 ≧ 16」時，你傾向於焦慮型依戀模式。

你渴望親近的人際關係，然而又常常處於不確定狀態，擔心他人不想和你親近，害怕被拒絕。人際關係消耗你許多心力，讓你感到很疲倦。你很容易察覺人際關係的細微波動，對他人的情緒和行為非常敏感。在人際關係當中，你經常會給自己消極的暗示，情緒容易波動。有時候，你會在人際交往中衝動行事，可能會為他人和自己帶來傷害，讓人際關係受損；當你意識

到自己的負面情緒之後，又會感到後悔。

當安全維度得分最高，且「安全維度－焦慮維度 ≧ 16，安全維度－逃避維度 ≧ 16」時，你傾向於安全型依戀模式。

你 很容易和人親近，樂於和他人分享自己的事情和內心感受。可以很好地調整自己的情緒，很少陷入情緒困擾。你的人際關係很好，不會對你造成困擾。對待人際交往中的不愉快，你也可以透過和他人進行溝通而解決。

當逃避維度得分最高，且「逃避維度－焦慮維度 ≧ 16，逃避維度－安全維度 ≧ 16」時，你傾向於逃避型依戀模式。

你 喜歡獨立、自由，不喜歡和他人過於親近。其實，你也需要和人產生親密的連結，你只是不願意太過於親近，喜歡和人保持一定的距離。你不願意和人說自己的事情和內心感受，其他人可能會覺得和你有距離感。

當三者互相相減都少於 16 時，你屬於混合型依戀模式。

你 在焦慮型依戀模式和逃避型依戀模式的得分相當，在不同程度上兼有兩種依戀模式的特點。你想要情感上的親密關係，但是有時又不能完全信任和依賴對方。你有時會擔心如果和人靠得太近，自己可能會受到傷害。對你而言，和他人親近會讓你感到不舒服。在生活中會習慣把關係往壞的方面想，明明想要建立情感連結，但是又因為害怕受傷不敢前行。

當焦慮維度得分最高，且滿足「焦慮維度－安全維度＜16」或「焦慮維度－逃避維度＜ 16」其中之一（滿足一個即可，如滿足兩個就是混合型依戀）時，你在依戀模式各類型得分較為平均，但更傾向於焦慮型依戀模式。

你渴望親近的人際關係，有時可以和人建立起比較親密的關係，但在這個過程，有時你會擔心其他人不想和你親近。和人相處讓你感到快樂，但是因為你不時地擔心，會對他人的情緒比較敏感，你的情緒也會隨之波動。總而言之，你渴望與人連結，這個過程讓你快樂，也讓你煩惱。

當逃避維度得分最高，且滿足「逃避維度－焦慮維度＜16」或「逃避維度－安全維度＜ 16」其中之一時，你在依戀模式各類型得分較為平均，但更傾向於逃避型依戀模式。

你可以和人建立看起來還不錯的人際關係，但是有時你不願意將關係進一步深入，你不太喜歡和人過於親近。你會和人分享關於自己的事情，也會和人說到自己的內心感受；但有時也會把自己的真實感受隱藏起來，讓自己獨立於人群之外。整體而言，你總是和人保持著不遠不近的距離，這樣讓你感到更舒服。

當安全維度得分最高，且滿足「安全維度－焦慮維度＜16」或「安全維度－逃避維度＜ 16」其中之一時，你在依戀模式各類型得分較為平均，但更傾向於安全型依戀模式。

你比較容易跟人親近，也比較樂於和人分享自己的事情和內心感受。你的人際關係比較好，有時也會因為他人的言行產生焦慮的情緒，進而產生不愉快。不過在一般情況，你能夠比較妥善地解決這些問題。

04 為何會有
愈需要愈遠離自己心理？

人的依戀模式大致可以分為三類：安全型依戀、逃避型依戀和焦慮型依戀。

透過之前的依戀模式測驗，如果發現自己有逃避型或者焦慮型的傾向，其實也很正常。我在近十五年的許多相關文獻發現，以中國為例，成年人的依戀模式分布，安全型在 23 ～ 41% 之間浮動，非安全型的總數則超過一半。也就是說，我們每天到公司上班，見到的十位同事當中，很可能有五位以上就是非安全型依戀模式。因此，瞭解這兩類依戀模式，既是為了更理解自己，也是為了和他人好好相處。

逃避型依戀的好處

說到逃避型依戀，我想起曾經有個學生小李，因為工作上的來往，我和他有過不少的交流。小李給我的印象是，有禮貌，含蓄低調，雖然平時話不多，但是能感覺到他其實很有自己的想法。他課業優秀，做事也很俐落，他的導師經常在每週例會上誇他。除了工作學習，私底下小李和朋友、同學的關係不算差，不過也沒有聽說有誰跟他特別親近，倒是經常看到他獨來獨往。前一陣子，我偶然看到他發了一則動態，說他趁週末又自己一個人去逛了北京的十三陵，那是他最喜歡、最放鬆的人生時刻。

小李的性格特質概括而言有三點。第一，很理性。處理工作、個人生活中的問題非常有條理。第二，獨立。有自己的朋友，但獨立性強，別人通常不會討厭他，他自己能完成的事也絕不麻煩別人。第三，非常善於自得其樂。不需要黏著誰，自己就能過得很好。

　　這樣聽來，許多人應該都很羨慕小李這樣自在的活法。但是，在我和小李有了多次比較深入的對話後才瞭解，其實小李的這三個特質，是來自於他的逃避型依戀模式。

　　理性、獨立、自得其樂，這就是逃避型依戀者的三個普遍特質。這是美國知名臨床心理學家大衛・沃林（David Wallin）根據對依戀理論的研究和多年的臨床實驗整理得出的結論。

　　而對逃避型依戀模式的人而言，這三個特質，就像三枚硬幣，既有正面，也有反面。正面是，保護了逃避型依戀者的自我；反面是，這樣的特質多少也限制了逃避型依戀者的發展。

　　在和小李進行了多次比較深入的對話後，我也從他身上慢慢地看清這三枚硬幣的全貌。

　　我最早意識到小李的依戀模式傾向，其實是在和他聊到家庭的時候。當我提到父母時，小李的神色稍微有些變化。他猶豫了很久以後，才說起自己直到上了大學，跟室友聊天後才發現，原來小時候父母和自己的互動是有問題的。

　　在他的回憶裡，從小他跟父母之間很少有情感互動。父母生下他之後，除了照顧吃穿，其他一概不管，好像認為所有事情等他自己長大之後自然就會懂。結果，小李不得不獨自面對生活中的各種問題，在沒有人指導的情況下，他當然是狀況百出，只能用不斷試錯的方式來掌握生活常識，這也為他的生活帶來許多原本不必要的麻煩。

　　親戚朋友倒是經常誇他懂事，他的父母也會自豪地說：「這孩子從小到

大我們就沒操過心！」可是每次聽到這類話，他都會覺得特別諷刺，明明是自己迫不得已才如此，父母不但沒有意識到對自己的關愛不夠，還認為這是件光采的事情，這也讓小李對父母更加失望。

在他的依戀模式當中，包含了太多失望，太多求助無用的情緒記憶和身體記憶。而他必須反覆適應調整，才能在孤立無援的情感世界活下來。

小李的故事並不是特例，我們的生活中其實有許多像小李一樣的人，他們都曾經像我在前文提到的嬰兒，父母忙於事業，自己無論做什麼都得不到回饋。當發現哭鬧或開心都沒有用之後，就會開始採取逃避的策略，其實這是出於一個人從小對自己內心的保護。

因此現在我們再回頭來看，一開始所提的三個逃避型依戀的特質，只相信理性、高度獨立、自得自樂，其實都是一個人選擇迴避策略後所帶來的副加產品，是不得已用來保護自己的鎧甲。

逃避型依戀的壞處

照顧者的持續忽視和拒絕，讓逃避型依戀者意識到自己無論再怎麼努力都沒有用。我發現，小李很難對人敞開心扉。有一次，他小心翼翼地跟我說起，其實很羨慕一位室友，那位室友的情商非常高，跟誰都能很快打成一片。我很開心小李能對我說出他的真正想法，但是當我進一步詢問原因時，他又有點猶豫，然後很不好意思地說：「可能是我想要有幾個真正關係很好的朋友吧！」

就在我準備進一步聆聽時，他又話鋒一轉：「不過我總不能一直跟你說這些，你聽多了一定也覺得很煩。」沒等我回答，他又接著說：「而且，像他那樣迎合周圍的人應該也很累，我也模仿不來，每天主動跟人打招呼，好像我有什麼企圖一樣，還是照舊過日子吧！」

坦白說，當時聽到小李這樣說，我立刻產生一種挫敗感。在我看來，小李跟我聊了這麼多，我還以為我們的關係已經很不錯了，結果他還是這麼見外，一下子感覺被他推得老遠。相處時總是有距離感，這可能就是我們遇到逃避型依戀者經常會有的感受。

　　小李的例子也展現了一個典型的逃避型依戀者常常會有的人際循環。

　　眼看著關係有點進展，對方有了更多善意的期待，想進一步做點什麼的時候，逃避型依戀者就立刻緊繃起來，就怕自己萬一表現出依賴，對方就會嫌棄，同時也怕自己白期待一場，被對方辜負。於是，他們通常會躲回自己的舒適圈，同時以理性自圓其說，告訴自己沒關係、無所謂、不需要。

　　因此，逃避型依戀的本質，其實是一個人基於從小累積的失望和不信任，條件反射地使用各種迴避策略，好讓自己在人際關係中不再期待、不再受傷、不再被羞辱。即使早已脫離以前的環境，一時也很難改掉這種反應慣性。

　　在工作關係當中，他們傾向於公事公辦，避免和主管或同事產生更深的交情，容易讓人留下不近人情、高冷的印象；在戀愛中，當喜歡的人有所示好的時候，會莫名地感到壓力，想要排斥，而且愈是面對重要的人，愈會下意識推遠距離，最後索性選擇回到單身狀態。他們之所以不斷地重複一樣的行為模式，追本溯源，其實還是來自逃避型依戀模式。

　　這就是逃避型依戀那三個特質——理性、獨立、自得其樂——的反面。

　　第一，只相信理性確實能讓人不容易衝動行事，但這個信念的背後其實是逃避型在刻意疏遠自己的真實情緒。例如，失眠了，第一個反應不是思考心裡壓著什麼情緒，而是跑到醫院檢查，希望找出一個明確的病因。

　　第二，高度獨立，確實讓人覺得很可靠，交辦事情會很放心。但對逃避型而言，這只是隱藏失望和不信任的方式。這會阻礙他們和人發展長遠、認真的關係。

　　第三，自得其樂，一個人獨自消化情緒的背後，其實是對關係破裂的恐

懼。「沒有希望，就沒有失望」、「如果得到又失去，還不如從來就沒有過」。那些因為主動放棄、切斷聯繫而導致的負面經驗，其實從來未被消化，只是被否認和壓抑而已。

現在，我們可以很清楚地知道，為什麼逃避型依戀的人總是抱著愈需要愈遠離的心理。因為逃避型依戀的人，內心深處一直有兩個「不相信」：

第一，不相信有人會對盔甲之下的自己給予長期穩定的關愛；

第二，不相信自己脫下盔甲之後，還有能力可以日益成長，抵禦風浪。

因而逃避型的人，就像是穿著高級盔甲的戰士，防衛能力看似極強，但盔甲內部有一個柔軟弱小的情緒自我，一直沒有機會被照顧、被餵養，因此也一直沒有機會成長壯大。

逃避型依戀的改善方法

看似完整、獨立的逃避型，其實也需要適當地調整和改變。而修復的關鍵就在於先接納盔甲裡的自我，接納自己最真實的情緒感受，接納自己對愛的需求。

具體可以怎麼做呢？

第一個方法是，寫下身體日記。

情緒和身體的感受其實是緊密結合的關係，但我們在生活中常常會忽視這一點，尤其是逃避型依戀的人，從小習慣依靠理性，習慣壓抑真實的情緒感受，把身體感受和情緒感受硬生生割裂開來。因此，探索身體感受，觀察和記錄自己的身體變化，對逃避型的人很有幫助。

可以試著每天睡前，寫下自己今天的身體日記，例如：在什麼時候容易眉頭緊皺？什麼時候忍不住拉高聲調？什麼時候容易心慌？什麼時候四肢發冷？……試著持續一週，看看能發現哪些規律。

練習這個過程，就好像是額外創造機會，讓那個盔甲裡的自我偶爾跳脫出來。當我們對自己的身心反應愈來愈熟悉，熟悉到能跟場景有所對應的時候，就會慢慢發現，究竟我們忽略了什麼情緒。對於逃避型依戀的人而言，這就是重新喚醒生命活力的開始。

第二個方法是，主動在重要的人面前坦白自我，消化表達真實情感帶來的羞恥感受，一點一點地走出，習慣性否認對愛有所需求的狀態。

這個過程要循序漸進。「選擇坦露什麼」可以遵循從容易到困難的原則，一般而言，表露開心、正向的感受比暴露負面感受更容易，因此，可以從坦白一件讓我們感到正向、高興的事情開始。此外，「選擇向誰坦露」也要循序漸進，盡可能挑選一個安全而值得信任的人開始自我坦露，以免受到二次傷害。

04 今日行動 自我袒露

真實地體驗一次「自我坦露」。

拿起手機，從好友名單或聯絡人找一個對你而言非常重要的人，主動聯繫對方，和對方分享最近一週讓你感到開心，但你一直不好意思和其他人說起的事情。

這是一次非常積極正向的行動。如果你是逃避型依戀模式，這將是你跨出非常有意義的一步；如果你不是逃避型依戀模式也沒有關係，這也能幫助你強化已有的情緒表達優勢，繼續和人建立正向的連結。

05 經常在關係中患得患失怎麼辦？

焦慮型依戀模式的人經常會在關係中患得患失，在這裡，我會談談焦慮型依戀是如何患得患失，為什麼會這樣，以及應該如何避免。

焦慮型依戀的人有何不同

如果身邊有逃避型依戀的朋友，也有焦慮型依戀的朋友，那可能早就會感受到這兩種人的不同之處了。

首先，這兩種人對於自己的信任感非常不同。

逃避型的人通常覺得別人靠不住，只能靠自己；但焦慮型的人覺得光靠自己一定不行，還需要別人的情感支持。同樣是丟了工作，逃避型的人會選擇打落牙齒和血吞，自己尋找解決方案；但焦慮型的人，則會第一時間找信賴的人傾訴，希望有人陪他度過這個難關。

此外，逃避型和焦慮型在理智與感受層面的表現也有所不同。

簡單而言，逃避型能夠處理應對事情，但是不太能夠感受，也很少表達自己的真實感受；而焦慮型特別會感受，表達也很多，只是太容易被感受淹沒，以至於無法專心做事。

例如戀愛分手，逃避型的人會想盡快掩蓋這件事，刪掉前任的聯繫方式，丟棄兩人的回憶等，即使再痛苦也不承認；可是焦慮型會向朋友哭訴痛苦，

並且把前任的聯繫方式刪了又加、加了又刪，沒有心思做別的事情。

只要相處的時間長一點，距離近一點，大概就很容易發現自己身邊，哪些人是焦慮型依戀，因為他們特別善於傳遞情緒感受，就怕身邊的人錯過自己發出的訊號。

那麼焦慮型依戀的人為何如此患得患失，生怕別人沒注意到自己的情緒呢？我想以一個故事來分析說明。

2019 年，我在一個心理學研究專案，就曾遇過這樣一位焦慮型依戀的訪談對象，她叫小敏。

小敏在一所知名大學攻讀碩士，前兩年她交了個男友，是另一所學校的博士生。小敏經常誇讚男友，覺得他又聰明又理性，每次不管遇到什麼問題，都可以從他那裡得到建議。

不過，兩個人的交往不太順利。小敏好像總是忍不住反覆地考驗這段感情，時不時就找個理由對男友發脾氣，但其實又都不是什麼要緊的事。後來連她自己都意識到，她好像就是不習慣關係風平浪靜，一段時間不吵一吵，就會感到極度不安。

大多數人都會覺得風平浪靜、和和美美的關係才更好。但對於小敏這樣的焦慮型依戀者而言，持續太久的風平浪靜，反而好像是兩個人在精神上失去聯繫，她會開始患得患失，因此總忍不住製造點動靜，希望得到對方足夠的反應訊號。

為什麼會這樣呢？

從依戀模式的角度來看，這種回應策略很可能在她過去的人生當中，曾經讓她從照顧者那裡爭取到更多的照顧和回應。小時候使用這種策略得到關愛，這種反覆持續的經歷，就會變成身心記憶，深深刻在小敏的潛意識裡，直到多年後她開始建立親密關係，也會持續對她有所影響。

回溯小敏的原生家庭之後，我的推測得到進一步的證實。

小敏表示自從她有記憶以來，父母就經常吵架。小敏感受到的是，正常溝通在他們家會被忽略不計，如果不做點特別的事情，或是把情緒爆發出來，家裡的注意力永遠不會到自己身上。

此外，小敏的爸爸更寵愛功課好的孩子，因此當小敏有好成績時，爸爸就很高興，對小敏也會格外關心。但是成績不好的時候，爸爸的態度就會冷淡許多。

她的描述暗示了一個重要的訊息：如果她想要得到父母的關注和回應，得靠自己「爭取」，如果不努力，就會被忽略。這就讓小敏在無形中形成「博取關注」的策略。

焦慮型依戀的人經常如此，不斷地博取關注，試圖爭取更多的關愛。但是追根究柢，其實是因為小時候沒有得到父母無條件的愛，因此，父母對自己的回應方式不即時，給的關愛時斷時續或者時好時壞，這就會讓他們長期處於被忽略或者被拋棄的恐懼之中。

也正因為如此，焦慮型依戀的人才必須加倍表現，發出比一般人更多的訊號，來表達自己對歸屬感的訴求。

這種爭取和訴求通常會表現為兩種形式。首先，常見的形式是：過度付出。

就如同小敏為了使看重學業成績的爸爸更加關注自己，她為自己植入了一個信念：我一定要努力學習，保持好成績，這樣爸爸才會更愛我。因此，小敏說自己以前經常熬夜讀書到深夜，即使已經掌握內容，她也要再多看一會兒，讓爸爸誇自己努力。這樣時間一長，難免會發展出一個過度迎合他人要求的自我。

其次，有些孩子還會經由不斷製造新的焦點，來引起父母的關注。而且這種策略，通常是發生在潛意識的過程當中，孩子自己都沒有意識到。

有些焦慮型的孩子會透過極端的表現來「製造」焦點，像是打架、曠課

等「叛逆」的行為，表面上好像是為了標新立異，實際上大多數孩子潛意識的目的，依然是喚起父母的關注，獲取自己需要的關愛；或者是試探父母，我這麼壞、這麼叛逆，你們到底還愛不愛我？

小敏也有過這樣「製造」焦點的經驗。她在小學六年級的時候，有段時間父母吵架狀況嚴重，好像要鬧離婚了。沒過多久，小敏就突然出現了一個症狀，只要在上課的時候，她就說不出話。小敏的父母嚇壞了，帶她去醫院，結果沒有檢查出身體方面的任何問題，醫生說可能是精神情緒的失調所引起。由於小敏的突發症狀，她的父母暫停爭吵，把注意力全都放到小敏的身上。上了國中以後，她說不出話的狀況也漸漸消失。

小敏為什麼只在上課的時候無法說話呢？從心理動力學的角度來看，小敏從小就發現，自己在學業上的表現最能夠吸引父母關注，在課堂上說不了話，就會影響學習，而一旦學業出問題，才最有可能引起父母的重視。因此，很可能是父母吵架離婚的氛圍，引發小敏對失去關係的焦慮，因而無意識地形成這樣的反應。

焦慮型依戀的人發現拚命迎合他人的要求，或者是製造大動靜的策略非常有效，這些策略就會被身體和情緒所記住。焦慮型依戀模式正是經由身心記憶一直延續到長大成人的為人處世之中。

被焦慮型依戀支配的結果

在日常生活中，親密關係很容易觸發焦慮、憤怒等情緒，在其他人際關係當中，也可能經常引發焦慮型依戀者的負面情緒。

例如在工作職場與老闆的關係，一個焦慮型依戀的員工，可能本來對老闆很佩服，覺得老闆懂管理，會識人。可是忽然有一天，主管拒絕了他所提交的企劃或請求，他就立刻覺得被忽視，後悔自己看錯了人。

因此追根究柢，焦慮型依戀會對人產生兩個重要影響。

第一，可能把重要的人際關係推向惡性循環。由於從小形成的慣性，焦慮型依戀者很容易在關係中過度依賴對方、從情感層面束縛對方。為了搶占對方的注意力，他們會過度付出，無論這種付出是不是對方真正想要的。對於這樣的互動方式，一開始對方可能會回應、接納，但時間一長，也會忍不住想要推開，這就更加引發焦慮型依戀者的焦慮……就像一隻關在籠子裡奔跑的倉鼠，疲於奔命卻永無止境。

第二，焦慮型依戀模式也可能會讓人的自我評價變低，因為他們把自我評價建立在他人對自己的反應上：「別人怎麼評價我？他們會不會拋棄我？」這都會影響焦慮型依戀者對自己的看法。因為太在意別人，他們就更可能遺失自我。

焦慮型依戀的改變方法

那麼，如果你是焦慮型依戀者，如何才能走出這個混亂的情緒世界呢？

第一，重新訓練自己的理性思維。

前面我提到逃避型依戀的人太過理性，壓抑真實情感，因此他們要做的是坦露真實感受；而焦慮型正好相反，他們要做的是讓洪水般的情緒有個緩衝區。

因此，我提供一個心理學練習方法，叫做「情緒按鈕」。當你發現在某些情境特別容易感到焦慮時，你就按下情緒按鈕，及時喊停，找回理性思考的空間，覺察情緒背後的真實需求。

前一陣子有個朋友找我聊天，他說他太太在一家網路公司擔任部門經理，經常要忙到晚上十點才能回家。他雖然知道太太很忙，但還是忍不住會打電話過去，而且如果打了三通電話太太都沒接，他就會焦慮到在屋子裡走來走

去，等太太開完會回電話，他又忍不住大發脾氣，鬧得兩個人都不愉快。

我就建議他下次再遇到這種情況，就在心裡默念：「我要按下我的情緒按鈕了。」然後停下來問問自己：「我為什麼會這麼焦慮？明明知道對方不接電話是因為太忙，那我是在擔心什麼？是擔心她故意不回我電話嗎？還是我潛意識擔心她會離開我，希望她多多關注我呢？」

我希望他做的事，其實就是透過情緒按鈕提醒自己進行反思，到底是理性意識在驅使行動，還是潛意識的焦慮，促使情緒化地表達對歸屬感的需求。

過了幾天我又聯繫他，他說自己還是會焦慮，但是情況有比之前改善，現在他和太太把「情緒按鈕」這句話當成暗號，一有焦慮的苗頭出現，就念幾次「我要按下情緒按鈕了」，然後停下來分析，慢慢地就找回更多的理性。

第二個方法，就是跟那些對自己「有幫助的人」多多交流相處，重新累積安全而真實的人際體驗。

所謂「有幫助的人」，可以是身邊比較接近安全型依戀的人。因為他們通常情緒更平和，人際界限更清晰，多和他們相處，無論是聊天、工作、戀愛，都會有助於累積安全的人際回憶。而且他們還會照亮他人身上一直被自己忽略的優勢和力量，這對焦慮型依戀者提升自我價值感非常有幫助。

對於小敏而言，那個「有幫助的人」就是她的男友。他曾對小敏提到，其實小敏對別人的情緒高度敏感有時候也是優勢。就像他們每次吵完架，小敏總能體會男友的心情，想辦法補救，而且補救的重點通常都很準確，總是能打動男友。也正是這種敏銳，讓小敏周圍的人際關係雖然起起伏伏，但最後總是能得救。與男友的這種交流，就讓小敏有機會從焦慮型依戀的模式冷靜下來，看到自己的優勢和力量。

當然，如果焦慮型依戀已經明顯嚴重到破壞關係，影響生活品質和情緒，只靠自我反思並不足夠，建議還是要找專業的心理人士尋求幫助。

05
今日行動 情緒按鈕

　　首先，請你想一想，在你的人際關係中，有沒有讓你感到焦慮、憤怒或者被拋棄的場景？當時你如何回應？是激烈爭吵，還是委曲求全？

　　現在，我將這個「情緒按鈕」交到你的手裡，請你回到當時的場景，暫停你的情緒反應，分析一下：

　　第一，在你當時焦慮、無助、憤怒的背後，隱藏的需求是什麼？

　　第二，除了條件反射的回應方式，有沒有其他更溫和的處理方式呢？

　　如果你是焦慮型依戀，我希望你可以像我那位不停打電話給太太的朋友一樣，透過情緒按鈕，做自己情緒的主人，真正認識自己的需求是什麼。如果你期待的是獲得關愛，不妨直接說出來，以理智調節自己的情緒。

　　如果你不是焦慮型依戀，也歡迎你把這個方法分享給身邊偏向焦慮型的朋友，相信會對他有所幫助。

06 無法做決定，是因為缺少情感

我在介紹三大基本心理需求時說過，當一個人做任何事情都符合自己的價值觀、意義和興趣時，內在自我就是和諧的，所有的心理資源都在往同一個方向努力，這就是我們所說的自主。

而能否達到這樣的狀態，主要取決於自主感的需求是否獲得充分的滿足。一旦沒有得到滿足，人就會出現兩種傾向，那就是無主和他主。

以「留在大城市，還是回老家」為例，無主傾向的人會想：怎麼辦呢？大城市和小縣城，各有各的好，也各有各的不好，對我而言好像沒什麼差別，我也不知道自己更喜歡哪個。

而他主傾向的人就會想：我更喜歡大城市，可是爸媽就我一個孩子，他們非常希望我回老家，我若不回去他們就會傷心，別人會說我不孝，我也覺得對不起他們。

因此，無主，就是我不知道自己要什麼；他主，就是我在追求他人所想。雖然無主和他主都是自主感缺失的表現，但症狀不同，背後的成因也不一樣。

決策需要理智與情感合作完成

想要討論清楚這一點，我們不妨先往極端的情況想一想：在什麼樣的情況下，一個人會完全無法做出決策？

美國腦神經科學家安東尼歐‧達馬吉歐（Antonio Damasio）曾經有一個知名的案例，他有一位病人做過腦部手術，腦部負責情緒的區域受到損傷，以至於他再也不能產生情緒。

如果你給這位病人看一些場面比較極端的照片，他會說：「嗯，我記得我以前看這種照片會有強烈的情緒，但我現在什麼感受都沒有。」當他對達馬吉歐說到自己生活有多艱難時，達馬吉歐都已聽得淚眼汪汪，但他自己卻沒有任何反應。

雖然這位病人感受不到情緒，但他的智力仍然正常，從數學運算、公司業務到人際往來，他還是對其中的規則瞭如指掌。許多人都以為，既然他理智還在，那麼在不受情緒干擾的情況下，一定能獲得更多的人生成就。

然而，事實正好相反，本來他是大家公認的模範員工，現在他卻失業了。因為他感受不到情緒之後，也做不了任何決定。稍微複雜一點的事情，他雖然知道所有可能的選項，但他不知道該選哪個。光是為了將檔案歸類，他就能想一個下午，還是不知道這些文件到底是該按日期排序，還是按大小分類。再則像是，用什麼顏色的筆、在哪裡停車、穿什麼衣服等在我們看來最簡單的決定，卻成了他難以跨越的關卡。

為什麼會這樣呢？既然他受損的是情感而不是理智，難道不是應該更能好好地推理分析並做決策嗎？

不只我們覺得意外，就連柏拉圖（Plato）、笛卡兒（René Descartes）、康德（Immanuel Kant）這些偉大的哲學家也認為，人的最佳決策都是來自「高級推理」，要獲得最佳解決方案，就必須將情緒排除在外，依靠理性來分析。

決策是理性分析的結果，這是千百年來大家認定的結論。但是達馬吉歐的研究卻顯示，這個千百年來認定的結論，其實是個錯誤。

細究這位病人之所以無法做出決策，就是因為他缺乏情緒。我們都知道，理性分析是一個複雜的過程，需要經過運算、分析和評估以後，從眾多選項

當中選出最好的一個。照理說，如果能像人工智慧一樣單純地運算，只要推理分析就能得出結論，反倒容易。但現實情況是，當一個人透過理性做決策的時候，面對海量的資訊，又要推理分析又要權衡比較，壓力非常大。在這個過程當中，如果沒有情感的參與，沒有潛意識的情緒告訴我們如何趨利避害，我們很可能就會迷失在複雜的推理過程，花再長的時間也無法做決定。

也就是說，那位病人的問題並不是在於沒有理性思維，而是在於沒有感性輔助做決定。因此，在我們看來很簡單的決策，到了他那裡，反而會變成一項非常艱難的任務。

因為人在做決定時，不只是依靠理智分析，也非常仰賴情感感受。當我們對著衣櫃決定自己要穿什麼時，潛意識正在快速想像穿著這件衣服的樣子、別人的反應，以及自己的感受，是感受和理智一起最終推動我們做出選擇。

人的決策是理智和情感共同作用的結果。一個人之所以無法自主地進行決策，就是因為理智和情感沒有好好地合作。

美國知名正向心理學家強納森・海德（Jonathan Haidt）的著作《象與騎象人：全球百大思想家的正向心理學經典》（The Happiness Hypothesis: Putting Ancient Wisdom and Philosophy to the Test of Modern Science）也對這點做了極佳的驗證。

我和強納森・海德曾經一起討論過中美文化心理的比較，其中就涉及自主這個話題。我們都認為，一個人自主的喪失，能不能做出獨立自主的決策，有很大的程度取決於情感是否出現問題。

強納森以大象和騎象人形容情感和理智的關係，大象代表情感，騎象人代表理智。我們的理智就像手裡握著韁繩的騎象人，但並不表示只要動動韁繩，我們就可以指揮情感的大象轉彎、停止或向前走，因為大象的力量比騎象人大上許多。當一個人感性欲望很強烈時，理智又怎麼可能完全控制感性呢？就如同每個人都知道要維持健康飲食，但又有多少人真的能靠理性意志

拒絕美食的誘惑？因此，一旦大象真的想做什麼，騎象人根本鬥不過大象。

在絕大多數的時候，騎象人只能選擇和大象合作，才有可能往更好的方向前進。也只有當情感的大象願意相信理智的騎象人，信任騎象人的指揮時，我們才能獨立自主地做出決策。

真正能讓人往前走的是情感，只靠理智無法實現。理智沒有了情感，就像內心空有騎象人，但是沒有了大象，當然哪裡都去不了。

無主的人為何難以做決定

大多數人形成無主傾向，是理智和情感無法好好合作的結果。但是，這樣的問題又是怎麼形成的呢？

一般而言，無主的形成有兩種。第一，是一個人的大象不被允許存在，也就是情感遭到否認；第二，是一個人的大象不信任騎象人，也就是情感抗拒理智的判斷。

我前面提到過學生小冰，她從小就是在這樣的環境中長大。父母從小對她管教很嚴，但孩子總有自己的意志，當小冰聽從內心大象的召喚，不聽父母的話時，她的父母是怎麼做的呢？

否認情感

首先，在小冰的記憶當中，父母經常否認她的情感表達。七歲生日時，姨媽送了小冰一條裙子，大家都誇好看，小冰開心極了，結果回家後卻被媽媽數落了一頓：「一條裙子就讓你開心成這樣？小小年紀就愛慕虛榮！」還有一次，媽媽讓她跳舞給大家欣賞，結果她摔了一跤，坐在地上哇哇大哭，媽媽不但沒有安慰她，還說：「快起來，摔一跤就哭，丟不丟臉啊！」

可是，被誇了高興，摔疼了想哭，這些都是自然的情感，是孩子內心的

大象感到強烈的衝動，想要有所表達。但是媽媽的數落、批評，讓小冰開始批評自己：「原來我開心是不對的，原來難過是不被允許的。我不應該有這些情緒感受。」這個過程就像騎象人強行勒住大象，不允許大象自然地奔跑，大象就會愈來愈虛弱，也就是說，小冰大腦中的情感系統發展受到了阻礙。

阻礙孩子最真實的情感表達，就是不斷否認、打壓孩子情感的大象，大象不會變得更懂事，只會變得更虛弱。最終孩子就會錯失情感功能發展的機會，影響將來做決定的能力。

影響情感對理智的判斷

除了打壓情感大象的存在，許多父母還會想方設法，讓孩子內心的大象失去對騎象人的信任，讓孩子潛意識就覺得自己的理智不可靠。

從小，媽媽對小冰說得最多的一句話就是：「我還不是為你好？你聽我的就行了。」而她爸爸的口頭禪則是：「等你以後長大就知道了，將來你謝謝我都還來不及呢！」你看，在小冰生活中充斥大量這樣的聲音：你不需要做任何決定，我們替你做決定。無論你再怎麼想，都沒有我們深謀遠慮。

可是如果一個人從小就不能做決定，那長大以後也就很難自我決定。為什麼？因為人類的大腦具有很強的可塑性，遵循一個最基本的原理，就是用進廢退，也就是愈用愈發達，不用就退化。就好像如果孩子小時候就經常運動，那麼主掌運動的大腦區域和神經迴路就會愈來愈強，反之，如果從小缺乏運動，那麼這方面的大腦區域和神經迴路就會愈來愈弱，長大之後的運動能力也會比較差。同樣地，大腦負責理性決策的部位叫做前額葉，如果一個人從小就經常自己做決定，那麼前額葉就經常需要和情感系統對話，兩者之間的連結就會變得愈來愈強，但如果從小就沒機會根據自己的情緒整合理性做決定，那麼理智和情感之間的連結能力就會愈來愈差。

這就如同騎象人和大象之間相互磨合，如果騎象人想指揮大象去一個地

方，那就必須和大象協商、磨合，最終說服大象一起上路。

可是小冰父母的壓制，代表直接告訴她：「你的騎象人靠不住，別用他了。」小冰剛開始可能還會掙扎，但掙扎之後發現沒有用，內心就會開始自暴自棄，最後情感上就放棄了對自己理性判斷的信任。

當一個人的情感層面都已經不再接納自己理性思考的意義和結論時，做任何事情都會覺得「就那樣吧」、「無所謂」、「怎麼樣都可以」。即使有一天，好像擺脫他人的控制，騎象人又回到大象背上，好像各就各位了，但缺乏指揮經驗的騎象人，就算有想法也幫不上忙。這就是小冰早已長大成人，有了自己做決定的自由，可是在她面對選擇時，卻依然手足無措的原因。

如何擺脫無主，做到自主決定

因此，如果想走出無主的狀態，還是得回到情感上。是豐富而流暢的情感，讓一個人知道自己討厭什麼、害怕什麼、喜歡什麼、渴望什麼，然後才能做決定。不用立刻強求自己邁入充滿意義的自主境界。需要做的是，把心裡那頭大象重新養育健壯，感受大象帶來的各種最深層的情緒。

我們可以試著回顧，什麼時候會被喚起開心喜悅的感受？什麼時候產生過真實的感動？又在什麼時候毫無保留地表達過憤怒？可以把相對應的經歷和感受聯繫起來。

除此之外，還可以在日常生活中主動去做一些事情，餵養內心的那頭大象。例如：當發現去博物館看一件文物能引發對歷史和文明的敬畏；看一部電影或小說能觸動內心莫名的感動；或與家人朋友一起聊天，讓人感到溫暖等等，這些都可以。

最後，我還想強調，人經常容易被表面的痛苦所迷惑，例如，無主的人總覺得做任何事都沒有動力、沒有意義，就會想直接去尋求意義，但是到頭

來又會發現，自己根本無法一下子體驗到別人常說的那種意義感，於是對自我的存在價值就感到更深的懷疑。這是因為步伐邁得太大，只會走得更艱難。我們不能剛走幾步路，就指望大象能飛奔。請給大象多點時間，多點耐心，讓大象有機會慢慢長大。

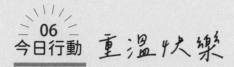

今日行動　重溫快樂

　和內心的大象一起重溫快樂。

　　請打開手機相簿，把過去一年因為開心、好玩而拍過的一張照片發給朋友，也說一說照片背後的故事，盡量多描述自己當時的感受。

　　例如，我有一張照片，是不久前去廣東潮州出差時拍的，那時候發現當地的氣候比北京溫暖多了，空氣也乾淨許多，於是我高高興興換上慢跑服，到江邊來回跑了一趟。我很喜歡跑步時那種竭盡全力、大汗淋漓的感受，尤其是到了一個新地方，看著新風景、新的人群，就跑得更開心了。
　　你在過去一年裡，肯定也有這樣的開心記憶。

07 為什麼你一直在意別人的想法？

為什麼許多人總是非常在意別人的想法，甚至終其一生都在追求他人想要的目標？背後的原因是什麼，我們又應該如何調整這種傾向？

迎合原生家庭的期待

前不久，我有個學生小萍來向我告別，說要離開北京回老家的一家國營企業工作。我覺得有點意外，她當時在一家剛成立的網路公司工作，雖然累，但是做得很開心，跟同事相處也很融洽。為什麼突然就要回去了？她能適應老家國營企業的工作氛圍嗎？

小萍說她其實也不想回去，但沒辦法，父母不放心。小萍常常晚上九點多還在公司加班。父母就非常擔心，覺得工作累就算了，離家遠，還不是什麼「鐵飯碗」。因此就經常在電話裡勸小萍回去，有時也拉著親戚在家族群組一起勸。最近，他們又花了很大的力氣幫小萍爭取到一家國有企業的名額，小萍覺得，要是再不回去，就真的對不起他們了。雖然很想留在北京，但最後她還是聽從了父母的安排。

為什麼小萍最終還是妥協了呢？因為，比起自己的想法，她更在乎父母的想法。當雙方的想法出現矛盾時，她選擇聽從父母的意願。這就是他主的典型表現。

他主傾向的形成其實和一個人小時候的環境有關。

小萍出生在一個普通家庭，是家裡的獨生女，全家人都對她抱有極高的期待。從小爸媽就經常對她說：「我們這輩子也就這樣了，你可一定要有出息啊！」這種期待也讓他們的心情隨著小萍的表現起起伏伏。小萍表現好的時候，他們就喜形於色，對她親熱得不得了；表現不好的時候，他們也不自覺地愁容滿面、唉聲嘆氣。

小萍印象最深刻的，就是某次月考，數學只考了六十幾分，媽媽看了成績以後，一句話也沒有說，就是對著考卷發呆，家裡的氣氛變得非常凝重。爸爸把她拉到一旁跟她說：「你看看你媽多不容易。為了你的學業，每天早上五點就起來幫你做早餐，無論颱風下雨，都接送你上學。你就考成這樣，對得起她嗎？」小萍形容說，這種感覺比直接挨罵還難受。

當父母的情緒起伏就像磅秤，隨時在衡量孩子表現的時候，這些行為和言語都是在告訴孩子：「你讓我們失望，就是對不起我們。只有實現我們的願望，我們才會對你滿意。」

在這種情況下，人就很容易形成迎合父母的傾向，也就是他主。用前文象與騎象人的比喻而言，這就代表父母把孩子從大象身上擠了下來，自己騎上去控制大象前進的方向。結果就會如小萍所說：「我覺得心裡同時擠進了三個人：我自己，還有我爸媽。每次遇到什麼事，他們總是壓過我。我感覺我已經不是自己了。」

即使成年後脫離原本的成長環境，也很容易再度引發他主的傾向。雖然小萍更希望繼續留在北京工作，但是一想到自己做出這樣的決定，父母會對她感到失望，她也會內疚不安，這種痛苦是她無法承受的。這就是「他主」的身心記憶所帶來的行為習慣。

他人的失望就像一張判決書，讓人備受煎熬。比起追求理想帶來的快樂，讓父母失望是他主傾向者更無法承受的結果。當他們發現只要向父母妥協，

就能獲得喘息的機會，暫時逃避痛苦時，他們自然就會選擇聽從父母。

外在事物的操控

當然，在日常生活中，導致一個人形成他主傾向的原因，除了追求他人的目標，還有可能是過分追求某種外在的事物。就像是大象身上除了騎著其他人，還有可能是騎著別的事物，例如：金錢、地位、外貌、面子等等。

如果你從小成長的環境，周圍的人都很在意互相比較，在這樣的環境下，如果我們不認同這些事物的價值，就很可能被其他人排擠、貶低。有的人會選擇接受這些事物的價值，以換取大環境的認同，最終也陷入了他主的狀態。就像有人追逐金錢名利，並不是因為享受得到財富的幸福，更多的其實是害怕被比下去的痛苦。

你可能會有疑問：「不是說情感才是做決定的基礎嗎？」出於情感，人必定會去做自己喜歡而認同的決定啊，為什麼還會選擇迎合呢？

是的，追求內心想要的才是真正的快樂。但如果這樣的快樂，代表要和外部大環境抗爭，並且有可能會被排擠，這些隨之而來的痛苦反而讓人更難承受。比起追求滿足帶來的快樂，他主傾向的人更害怕抗爭所產生的痛苦。

父母的期待，或者對外在事物的過度追求，就會在無形之中成為情感控制的枷鎖。那些因此而被觸發的負面情緒，對於大象而言，就如同鞭子一般。大象是因為害怕鞭打才前進，而不是因為真正喜歡才朝這個目標奔跑。從表面上看，他主傾向的人也可能表現非常優秀，但其實他們內在並沒有多少幸福和充實的感覺，因為他們做這一切只是為了獲得喘息，避免遭受身心記憶裡的痛苦和煎熬。

過度迎合他人期待的風險

有人可能會說：「被負面情緒驅使有何不好？我焦慮才會拚命賺錢，嫉妒才能出人頭地，無論這些目標是我的還是別人的，不都是動力嗎？」

但其實，過度迎合外在因素，最大的風險就在於會忘記自己內心的想法，澈底陷入被外在事物操控的漩渦裡。我舉個例子：四年前，我邀請北京大學心理健康教育與諮詢中心的副主任徐凱文老師到清華講課。徐老師經調查發現，北大有四成的學生覺得人生活著沒有意義，他說：「他們已經獲得一般社會上認同的榮譽和成就，但內心還是瀰漫著強烈的無意義感。」

徐老師還談到一位高考榜首，那位榜首說：「功課好、工作好只是基本要求，如果功課不好，工作不夠好，我就活不下去。但也不是說因為功課好，工作好我就開心，我不知道為什麼要活著，我對自己總是不滿足，總是想在各方面做得更好，但是這樣的人生似乎沒有一個盡頭。」

你看，這個孩子也在努力學習、努力工作，並且已經有傑出的成就，但他不是因為這樣做能為自己帶來快樂和意義，而只是因為這樣做能夠避免不被認同的痛苦。

陷入他主狀態的本質就是一個人去做那些看似被社會稱讚的行為，爭取那些看似光鮮亮麗的成就，卻不是為了追求滿足，而是為了逃避痛苦。當這樣的傾向變成一個人唯一的追求時，這個人可能也在拚命奔跑，但是奔跑的同時，又伴隨著強烈的無意義感。就像一個人內心的大象，一直是在被鞭子抽打著前進。終於有一天，大象會放棄掙扎，認為人生無非就是一場鞭打加上另一場鞭打，逃避也只能獲得短暫的喘息。於是就可能會放棄自己，澈底陷入他主的漩渦之中。

如何逐漸擺脫迎合別人的傾向

因此，當我們意識到自己處於他主狀態時，最重要的事情，就是要想辦法讓騎象人重新回到大象的背上。無論騎在自己大象身上的，是其他人還是其他事物，終歸都不是自己。只有自己才最清楚內心的需求和渴望。

其實，在每個人身上，無主、他主和自主之間並沒有明顯的分界線，有時候甚至可能會共存，有時候也會因為一些調整而相互轉化。因此我們一定可以調整自己，讓自己變得更自主。調整的方式就是找到自己的正向情緒。因為真正的自主，帶來的都是正向的情緒。當你選擇做一件事情，做之前充滿期待，做的時候盡情投入、滿心歡喜，做完之後感到充實而有意義，那才是大象和騎象人處於統一和諧，那就是自主。

只有從正向情緒出發做選擇，才是大象真心所喜歡，也才能夠讓大象重新認同我們騎回到牠身上。按照美國心理學家芭芭拉·費德瑞克森（Barbara Fredrickson）的分類，正向情緒有十種之多，包括喜悅、感恩、寧靜、好玩、敬畏和愛等。

我自己在生活當中，就會有意識地去觸發更多的正向情緒。最能讓我感到喜悅的事情之一，就是跟家人在一起，因此我晚上通常都不應酬，總是要回家吃晚飯，飯後跟孩子玩。而最能讓我覺得平靜、安寧的，就是讀書，因此我再忙，都會擠出時間來讀一本好書。還有一種正向情緒是我個人特別喜歡的，就是敬畏和昇華感，因此我比較少看場面熱鬧的動作片或恐怖片，而是喜歡看那些能打動深層情感、使人感到悲喜交集的電影，深深敬畏於生命和人性的偉大。

在生活當中，也一定有許多事物能夠打動我們、震撼我們的正向情緒，只是過去可能被負面情緒擠到角落，落滿了灰塵。當然，這做起來並不容易，但是沒關係，我們可以慢慢來。

我希望大家的生命之樹，不只是為了逃避痛苦而加深向下生根，更可以慢慢地做到因為追求快樂而向上生長。

07 今日行動　探索自己的象與騎象人

探索屬於你自己的象與騎象人，這個行動分為兩步驟。

第一步，請拿出一張 A4 大小的紙，畫出你內心的大象。牠的體型有多大？誰騎在大象身上？是你嗎？除了你，還有別人或者其他事物嗎？這些事物看起來重嗎？對於這個人或事物，大象是怎麼想的？牠有什麼感受，又會說些什麼？請你邊畫邊想這些問題。這一步的目的是讓你找到，自己的行為背後到底是自己的願望，還是父母的期待？又或者是外在環境的壓力？

第二步，請在畫完之後，仔細地欣賞畫中的大象，和牠安靜地相處幾分鐘，感覺一下，你的心裡產生了什麼感受？你可以經由這一步感受自己的情緒。大象到底是開心、感激、喜悅，還是畏懼、垂頭喪氣？

如果實在不方便畫，也可以直接想想這些問題，並且將你的感受記錄下來。這會是一次很難得的內心探索之旅，你將會更深入地探索自己和大象的關係，瞭解你的自主感狀態。

08 如何變得更自主

　　無主和他主這兩種狀態，經常會讓人失去對生活的掌控感，不知道如何做選擇，或者選擇之後，仍然伴隨著強烈的無意義感，做起事情缺乏動力。

　　而自主就不一樣了，當一個人處於自主的狀態時，就會對自己所做的事情抱持正向的態度，自我內部是和諧的狀態，會感受到自己的行動能反映真實的內心渴望，表現價值觀、意義和興趣，做事也會充滿熱情和期待，勇敢挑戰更艱難的任務。

　　不過，雖然無主和他主是在年幼的生長環境，不得已而發展的生存策略，但是，無論過去的境遇如何塑造了我們，我們都可以從現在開始，選擇變得更自主。

無主、他主、自主可同時存在

　　自我決定理論認為：做為一種複雜的生物體，沒有人是始終處於哪種絕對的單一狀態。

　　我們在日常生活中，尤其是面對一件事情的時候，經常是自主、無主和他主的傾向同時存在，三者混合在一起；也可能根據時間和情境的變化，在三種傾向之間來回切換。如果主管調整我們的工作，要求我們加入另一個專案團隊，我們可能會想：「既然主管已經安排，那就去吧！」這是無主傾向。

我們可能也會想：「我不想手上的專案做一半停掉，但是聽說那個專案能夠拿到更多獎金！」這是他主。當然，我們還可能有自主的念頭，例如：「那個專案應該更有意思，能學到更多東西吧！」當我們在面對選擇的時候，這些傾向通常同時存在，這就是我所說的三種傾向同時存在的情況。

第二種情況，是在三種傾向之間來回切換。

對於這樣的狀況，我自己就深有體會。我剛上大學時並不喜歡踢足球，但是因為學校舉辦新生足球比賽，所有男生都要參加，我也就跟著參與，那時候我踢足球，主要是出於無主，隨波逐流。後來我發現，宿舍同寢室六個人，除了我之外的其他五個人都喜歡足球，如果我不參與，就很難融入他們。這個時候我去踢球，更多的是出於他主。但是在持續踢球之後，我發現足球還真是蠻好玩的，也就慢慢喜歡上踢球，這個時候我再去踢球，就變成自主了。

也就是說，隨著時間的推移或者某些條件的變化，這三種傾向可以有所轉換。

因此，對於一個人而言，無主、他主、自主之間並沒有一條涇渭分明的分界線，三者之間其實是可以相互轉化的。

無主、他主、自主如何轉化

自我決定理論的創始人愛德華・迪西在 1971 年做的一個實驗，就展現了外部因素能夠如何轉化人的自主狀態。

當時迪西把一群孩子隨機分為兩組，一個是實驗組，另一個是對照組。迪西讓兩組孩子連續三天都去玩一個立體積木遊戲。針對實驗組的孩子，迪西第一天讓他們隨便玩，第二天遊戲結束的時候給了他們一些錢做為獎勵，第三天又不給錢。而對照組則是三天都不給錢。

結果發現，對照組的孩子，對遊戲的熱情在三天當中沒什麼變化。但是

實驗組就不同了，第二天拿到錢之後，他們對遊戲的熱情大幅上升，但是第三天發現沒有錢，他們的熱情一下子大幅下降，還遠遠低於第一天了。

為什麼會這樣呢？迪西的解釋是，本來孩子玩遊戲主要是出於興趣，是自主的傾向，但是突然加入金錢獎勵之後，孩子會覺得自己不是因為興趣在玩，而是為了錢在玩，狀態就轉換到他主。在他主的狀態下，金錢、權力、他人的認同等外部因素都不是由自己所掌控，得到的時候很快樂，但失去時更痛苦。因此後來一旦沒有錢了，孩子不但失去了外部刺激，原來的樂趣又遭到破壞，就會覺得玩積木沒樂趣而且不公平，也就不想玩了。

其實這種事情，不只出現在孩子身上，我們成年人也一樣，當我們單純地對一件事情感興趣時，我們會很享受地去做這件事，然而當這件事突然摻雜利益時，我們就很容易患得患失。就像一個人原本因為喜歡創作而進入設計產業，但是如果周圍的同事，每天討論的不是如何做出更好的設計，而是怎麼賺到更多錢的時候，這個人也會慢慢地覺得：原來做設計並不是因為自己內心的興趣，更多的是出於利益；在這個時候，其實就喪失了許多做這件事的自主感。

因此，我們要如何才能提升做事的自主性呢？接下來這個案例，會告訴我們答案。

華頓商學院管理學教授亞當・格蘭特（Adam Grant）曾幫助一所大學的話務員成功地在工作中找到了更多的自主性。

這些話務員每天的工作就是打電話給校友，請校友捐款資助學校的貧困學生。但可以想像，大部分的時候他們都是被人拒絕。因此他們無法體會自己的工作價值，缺乏工作動力，有嚴重的職業倦怠。後來，電話中心的主管就邀請格蘭特教授協助。格蘭特提出建議，邀請被資助的學生到電話中心，跟這些話務員面對面交談五分鐘。自此以後，話務員每週打電話的時間增加了一・五倍，而且每個人拉到的捐款差不多增加了二倍。

只是五分鐘的交談，為什麼能夠為話務員帶來這麼大的變化？因為這五分鐘，就可以讓話務員意識到自己工作的意義和價值所在。面對面交談的時候，受資助的學生可能會講述自己的經歷、表達感謝；而話務員可能會介紹自己的工作內容，詢問學生的個人情況。雙方就建立起一種人與人之間的連結，這種面對面的真實交流，可以讓話務員強烈感受到自己工作的意義和價值，引發內心積極正面的情感。而正是這種正面情感的啟發，才使得他們心中的大象開始認同現在所做的事情。

如何提升做事的自主性

因此，想要讓自己變得更自主，核心和關鍵就是從所做的事情裡，找到其中的興趣、價值和意義。具體要怎麼做？通常有三種方式。

第一種方式，是在我們所做的事情當中，想辦法增加我們和他人之間的連結。

這就是格蘭特教授使用的方法，其實所有的工作都有連結的對象，如：老師和學生，醫生和病人，編輯和讀者，工程師和用戶等等。許多時候，我們覺得工作沒有意義，是因為分工太細，流程太長，那些因為我們的工作而變得更好的人，不一定就在眼前。

正是這種關聯斷裂，讓人產生了對工作意義的懷疑。因此，如果能夠直接接觸到那些我們工作服務的對象，看到自己的工作為對方帶來的變化，蒐集到對方真實的情感回饋，同時也讓對方多瞭解我們，這個雙向的連結，就能帶來許多意想不到的情感動力，能夠再次激起我們的價值感和意義感。

第二種方式，是環境觸發，也就是營造能夠激發意義感的環境。代表情感的大象很容易從外界環境捕捉到情緒線索，因此我們可以製造一個充滿意義感的環境，來獲得更多的自主感。

我在清華大學積極心理學中心就是這麼做，我們做的正向教育專案，一直在為中國許多老師提供正向心理學培訓。我就會把那些教過的學生和老師的照片列印出來，貼在辦公室。每次看到這些照片的時候，就會感到一陣溫暖，覺得自己再辛苦也值得。其他還有許多常見的方法，如：把喜歡的座右銘設成電腦桌面，把從其他人那邊獲得的正向回饋、感謝讚賞，列印出來貼在辦公桌，這些都屬於環境觸發。

第三種方式，是定期進行自我反思記錄。反思什麼呢，就是在做每件事、每個選擇的時候，其中的自主傾向有多少。我們可以問問自己：對這件事情有興趣嗎？享受這個過程嗎？能不能為人生帶來更多意義呢？能獲得成長嗎？即使面對同一件事情，人的自主傾向也會有變化，因此養成定期反思的習慣，可以讓我們持續保持明確的方向。

舉例而言，如果一個人一直是為了滿足父母的期待而活，可以追問自己幾個問題：滿足父母期待背後的真正目的是什麼？是為了逃避某些負面情緒，還是在積極追求家庭幸福？在實現父母期待的過程，自己的心情和感受是如何呢？

如果答案是正向的，則我們的內在自我會因為這樣的反思而變得更和諧。如果答案有衝突，那麼這樣的反思則提醒我們該進行調整了。

當然，有人可能會說：「可是有些事情，我實在找不到任何意義。我真的就是迫不得已去做的，一點喜歡的因素也找不到。」這怎麼辦呢？根據自我決定理論，我整理了一套方法，總共分為三步驟。

第一步，接納情緒。在被迫的情況下，我們一定有許多負面情緒，沒關係，接納它，不要強迫自己還要高高興興地去做這件事情。當人在不自主的情況下，就應該產生負面情緒。

第二步，理解原因。深入剖析自己，既然不願意，為什麼還要做這件事情？一定還有深層的原因。追根究柢，是不是這件事還是和自己的價值觀、

意義、興趣有關係？

　　第三步，提供選擇。即使看似是我們迫不得已要去做的事情，我們也還是有選擇的空間。在那些壞選擇當中選擇最不壞的，總比連這個選擇都放棄得好。

　　這個三步驟法，要如何運用呢？我就以自己為例說明。

　　我因為工作需要經常到處出差，但其實我很討厭在路上奔波，每次出差我都特別不情願。

　　此時，我第一步就會先同理自己：「唉，出差又花時間，又累，還要離開家人，是很討厭。」

　　第二步，我也試著理解為什麼必須如此奔波：「這是我工作的一部分，我那麼喜歡正向心理學，到外地去，不就可以把正向心理學帶給更多人嗎？」這就是為一件本來令我頭痛的事找到意義了。

　　第三步，我會思考這裡面有何選擇：「這次出差，我帶什麼書看呢？」因為我很喜歡讀書，所以做這樣的選擇能讓我感到非常愉快。這樣的正面情緒，會使我在做不喜歡的事情時，多了一份自主感。

08 今日行動 　自主行動

　　我想邀請你一起加入一場「自主行動」。

　　請結合「環境觸發」的方法，把目前所在的環境裡，最能夠激發你自主感的東西拍照傳給一位信任的朋友。可以是手機桌布，也可以是對你很重要的紀念品等等，然後和這位朋友說說它背後的故事。

我也來分享自己的故事：我有一張照片，那是一個紀念品——一所學校的校旗。這所學校名為坤成中學，是一所馬來西亞的華文學校。華文學校在馬來西亞的處境非常艱難，無法得到政府的撥款，學歷也不被公立大學承認。但是機緣巧合之下，校方知道我們做的正向教育專案，因此學校管理層在這種艱難的情況下，還來到清華接受我們的培訓，這讓我非常感動。

　　因此，我就把他們送給我的校旗掛在辦公室的牆上，每次看見它，都讓我體會到自己工作的意義。而在這次疫情期間，坤成中學的老師還發消息問候我，為我們加油打氣。

09 你不缺能力，只是缺少能力感

　　除了歸屬感與自主感，能力感是第三種基本心理需求。

　　能力感是指一種主觀的感受：我們感到自己是自信的、有能力的，我們感到自己想去尋找更高級的挑戰。因此要注意：能力感和能力本身，並非一一對應。一個人很可能並不缺能力，但是缺少能力感。

　　「哈利波特」系列電影中飾演妙麗（Hermione Granger）的演員艾瑪·華森（Emma Watson），一出道演技就獲得肯定，成績又好，被三所常春藤大學錄取，是許多人心目中的女神學霸。但其實，她對自己獲得的成就並不自信，她對自己的表演總是覺得「不舒服」，她做為聯合國婦女權能署親善大使，在聯合國發表演說的前一天晚上，還會因為「恐懼感」而無法入睡。

　　她說有時候會覺得自己像是欺騙大眾的騙子。用她自己的話來說，就是：「進步愈大，我的自我懷疑就愈強烈，這就像一個怪圈。」在心理學上，這種心理模式被稱為「冒牌者症候群」（Impostor Syndrome），這類人總覺得自己是「冒牌的成功者」，習慣把自己的成功歸於運氣，並認為別人高估了自己的能力。

　　其實，像這種「贏了是運氣，輸了是自己不行」的心態也廣泛存在於人群之中，而一個人之所以容易產生這樣的心態，有很大的原因，就是來自內心能力感的缺失。這種人通常有三個特點：第一，不敢走出舒適圈，碰到挑戰就會繞著走；第二，即便嘗試挑戰，一旦碰壁就會迅速放棄，不太能堅持；

第三，特別在意他人如何評價自己。

因此，能力感缺失通常會在潛意識層面，影響我們面對挑戰、挫折和外在評價的態度和行為。

影響能力感的核心關鍵

但是，為什麼在客觀條件能力差不多的人，在主觀的能力感上會有如此大的差異，表現出如此不同的行為特點呢？

對於這個問題，史丹佛大學卡蘿‧杜維克（Carol Dweck）教授已研究超過五十年。我和杜維克也曾一起合作研究，我發現她是分為三方面，來探索能力感背後的核心機制。

兩種目標：學習型目標與表現型目標

首先，想要瞭解行為，得先看行為背後的目標。人經常是為了實現自己的目標，或者滿足需要而採取行動。杜維克認為，人的目標可以分為兩種，一種是學習型目標，一種是表現型目標。

簡單地說，學習型目標就是做一件事情，是為了學到新東西，能夠有所提升；而表現型目標則是做一件事情，是為了有所表現，為了在別人面前展現才華、證明自己。

兩種心態：成長心態與定型心態

但是，為什麼人會追求這樣兩種不同的目標呢？這背後其實反映了兩種不同的底層認知。

追求表現型目標的人，考了一個壞成績，輸了一場比賽，工作上一個專案失敗，跟喜歡的人告白被拒，經常會帶來毀滅性的打擊，他們會因此否定

自己的價值。

　　為什麼呢？因為在他們看來，能力是固定不變的，失敗，就代表自己不行。杜維克把這種底層認知稱為定型心態。定型心態的人會把每一次行動，都看成對能力的評判。因此他們所做的，就是不斷向外界證明自己的能力。為了避免出醜、避免暴露自己的不足，最保險的辦法就是只做自己有十足把握的事情。

　　而追求學習型目標的人則正好相反。他們之所以願意專注於學習技能，是因為他們骨子裡就認定了，能力本來就是可以經由努力而有所提升，因此他們所做的一切不是為了證明自己，而是為了自我提升、為了成長。這種心態就稱為成長心態。

能力感背後的思維模式

　　但是，為什麼人會發展出不同的心態與思維模式呢？

　　杜維克和她的團隊透過二十多年的研究發現，一個人看待能力的思維方式，主要和從小到大獲得的外界回饋，尤其是小時候父母、老師等權威角色所給的回饋有關。

　　當完成一件事情的時候，權威角色是如何給予肯定；當遭遇挫折的時候，他們又是怎麼回饋，這些都會對一個人的思維方式產生影響。

　　我們先來看不同的肯定方式，是如何影響一個孩子的思維模式。

　　杜維克團隊曾經在一所小學做過一個實驗。研究者把小孩分為三組，讓他們先做一個非常簡單的任務，當然每個小孩都做得很好。研究者對三組小孩的回應卻不一樣。他們對第一組小孩說：「你做得這麼好，一定很聰明！」對第二組小孩說：「你做得這麼好，一定很努力！」第三組是對照組，是為了與前兩組進行比較，具體呈現不同誇獎方式所帶來的影響。研究者對對照組的小孩只是簡單地說：「你做得很好！」後面就沒有再做特別的原因總結。

但是，只是這麼一句不同的回應，就會對小孩的表現產生很大的影響。隨後，研究者安排了一系列的場景測驗。

第一個場景是，研究者問小孩：「我這裡還有兩組問題，一組比較簡單，另一組比較難，你想選哪一組呢？」

結果，對照組的小孩有一半選擇簡單的題目，一半選擇比較難的題目，但被誇聰明的小孩有三分之二選了簡單的題目，而被誇努力的小孩幾乎都選了比較難的題目。

第二個場景是，研究者特意準備了非常難的題目，遠遠超出小孩的能力程度。當然，每個小孩都錯得一塌糊塗。這就是人為設定的一個挫折。然後研究者問小孩：「你覺得這些題目好玩嗎？想帶回家繼續做嗎？」

結果，跟對照組相比，被誇聰明的小孩更可能說：「我討厭這些題目，再也不想做了。」而被誇努力的小孩更可能說：「這些題目還挺刺激的，我想回帶回家再繼續研究。」

第三個場景是，研究者給了小孩兩個信封，一個上面寫著「解題策略」，另一個上面寫著「平均分數」。結果發現，被誇聰明的小孩絕大多數會選擇看平均分數，因為他們更想跟別人比較自己到底表現如何，而被誇努力的小孩大多數會選擇解題策略，因為他們更想提升自己的能力。

最後，研究者又給了小孩中等難度的題目，測試他們在遭遇前面挫折之後的表現。結果發現，被誇聰明的小孩平均成績下降了18%，而被誇努力的小孩平均成績上升了25%。

因此，如果從小得到的肯定，是著重強調固有的天賦，那麼就很容易引發定型心態。一旦小孩接受了這個觀點，就會盡力維護自己的形象。不再關注挑戰本身，而是在反覆跟別人比較：自己是不是聰明，有能力？這樣一來，反而不敢走出能力的舒適圈，能力感就很難獲得滿足。

相反地，如果小時候所得到的表揚，更多的是在強調過程中的努力和投

入，暗示其中獲得成長，那就會啟發成長心態。這時不再需要為了證明自己而做，而是自然而然地願意挑戰，而且愈戰愈勇，從微小的進步也能獲得能力感。

不過，比起表揚，大人在小孩遇到挫折時的回饋方式，對小孩的思維模式影響更大。杜維克研究發現，父母對失敗的信念，會經由言行表現出來，進而影響孩子的思維模式。

請你回憶一下，小時候如果你數學考砸了，父母通常會怎麼安慰你呢？也許他們會說：「別擔心，孩子，雖然數學不好，但是你國語好啊，國語能學好就行了。」或者會說：「沒關係，我知道你盡力了。」或者會說：「沒考好就沒考好，別太在意了，爸爸媽媽還是一樣愛你的。」

當然，比起教訓、批評，這些安慰的話語的確能夠滿足我們對歸屬感的需求。但是其實，父母也沒有意識到，這些話已在無意中傳遞他們對失敗的負面想法。久而久之，這就會影響到日後小孩對能力感的滿足狀態。

為什麼說這些話是負面消極信念的表現呢？我來翻譯一下剛才安慰的話語，你就明白了。「數學不好沒關係，國語能學好就行」背後的意思其實是：「那就放棄數學吧！」「沒關係，我知道你盡力了」背後的意思是：「看來你再努力數學也就只能這樣，很難有進步的空間了。」「沒考好就沒考好，別太在意了」其實是在說：「算了，這件事就這樣了，讓它過去吧！」

父母無意識地把這樣的負面想法傳遞給小孩，而這樣的消極信念就會在長期互動中，經由語言、行為等方式被小孩吸收，最終發展出定型心態。

那麼反過來，對於失敗有著正面積極信念的父母又會怎麼說呢？他們雖然也會承認失敗的結果是不好的，但他們會把重點放在過程。例如：「沒考好？是不是最近對數學學習的投入不夠呢？」「我們問問老師，看看是不是學習方法不太對。」「哦，沒考好沒關係，正好來看看問題出在哪裡。」

像這樣就是在告訴小孩，進步是可以期待的，只要不斷調整過程。關鍵

在於，雖然對於結果沒有把握，但過程卻是可以掌控，這樣孩子的能力就會增強，並且可以強化成長心態，而成長心態又能促進孩子在將來獲得更多的能力感，這就形成一個正向循環。

因此，回頭來看能力感缺失，本質上是因為一個人從小就吸收、內化了外界對能力的消極信念，形成了關於能力的定型心態。因為認為能力是固定的，輸一次，就傷一次，於是為了避免能力感缺失，打從潛意識就害怕挑戰，停留在原地。可是愈停留，不就愈缺少機會去滿足能力感了嗎？

自我決定理論的創始人愛德華‧迪西和理查‧萊恩指出，真正的能力感，來自於克服困難的過程，而不是輕易獲得的成就。當人在竭盡全力，遇到一個個障礙又不斷地克服障礙，即使跟別人相比仍然不足，但這種大汗淋漓用盡全力激發出渾身潛力的感覺，也遠遠勝過輕鬆擊敗別人時那種沒有用力的感受。

09 今日行動　找回能力感

請你回想一下，在你的生活經歷當中，有沒有曾經你認為很困難做不到的事情，後來經過你的努力，獲得了很好的結果，讓你的能力感在那一刻蓬勃湧出？

這個行動的目的是透過回想，幫助你找回自己的能力感，經由這樣的良性刺激，你也會逐漸鞏固自己的成長心態，更積極正面地迎接未來人生道路上的挑戰。

10 如何獲得更多能力感的滿足

　　能力感缺失的本質，是因為一個人從小就吸收、內化了外界對能力的消極信念，形成了關於能力的定型心態。因此，想要獲得更多能力感的滿足，關鍵在於，從底層認知改變對能力的思維模式，從定型心態轉變為成長心態。

　　要如何改變調整呢？我會分為三步驟來說明具體的方法。

第一步：相信能力是可變的

　　首先，我們需要重新看待自己對能力的思維模式。可能有些人會因為自己更傾向於定型心態，而感到失落，但其實完全沒有必要。

　　第一，人在遇到困難的時候，或多或少都會產生定型心態，其實，定型心態就像人的防衛機制，是為了讓人感到安全才存在的，因此我們大可不必對定型心態有所責備。而且，成長心態本身就代表無論現狀如何，都只是暫時的，要相信改變的力量。因此，我們不要對自己的思維模式有定型心態。

　　第二，絕大多數人在對待能力的時候，本來就會兼具兩種心態。

　　有些人可能會覺得寫作能力能夠透過練習不斷提升，但是一提到數學能力，就會面露難色；也有些人覺得自己四肢不協調，運動能力再怎麼練都比不過別人，但如果是注意力、記憶力等腦力，又會覺得多多鍛鍊就能提升。

　　其實，每個人的思維都是成長心態和定型心態的混合物。只是在不同的

能力領域，由於每個人的成長經歷不同，從外部接收到的回饋也不同，因此兩種心態會出現不同的領域劃分。

從成長心態的思維模式看來，任何能力都可以經由後天的努力而有所提升。你沒有聽錯，是任何能力，沒有例外。

為什麼呢，因為人天生就有一個可塑性高的大腦。

我曾經提到，人類的大腦是用進廢退，愈用愈靈活，不用就會退化。這個說的就是大腦的可塑性。

大腦的運轉是經由神經元之間的連結來傳遞資訊，新的連結會不斷產生，舊的連結也可能失去，關鍵就是看給予刺激的多寡。如果經常練習一件事情，一些原本不太相關的神經元就會在大腦建立起一個新的連結。愈練習，相關腦神經的連結就愈強壯。反過來如果有一個能力原本確實很強，但是很少練習，相關的神經元很少受到活化，它們之間的連結就會逐漸削弱甚至斷開，原本覺得很強的能力也就會退化。

因此，每當我們發起一個行為，無論是打球、寫作，還是演講等，都是在刺激大腦中特定的神經元，讓它們之間形成更強有力的神經迴路。這個迴路愈強大，就是能力不斷提升的過程。

請你回想以前在學校的時候，一定也從老師口中聽過這樣的話：「這個小孩其實蠻聰明的，但就是不努力。要是再努力一點，成績一定會很好。」或者：「別看那個小孩不怎麼聰明，但是踏實勤學，因此現在成績一直很穩定。」

你聽，這些話聽起來是在強調努力的重要性，可是更多的弦外之音還是在說，天資聰穎還是比勤奮好學高一等。努力很多時候是為了彌補人太笨這個改變不了的事實。

因此，許多人不承認自己為了拿高分，挑燈夜戰多少個時日；也不願意承認自己為了拿下一個專案，加班熬了多久。這樣他們就可以看起來更聰明、

輕鬆成功。

但神經可塑性的意義在於，我們完全可以打從心裡相信，能力可以透過有效的努力而成長。這種成長不只表現在外在成果，甚至還會刻入大腦，改變神經結構，真的讓人變得愈來愈聰明。因為反覆地嘗試和投入，還有反覆地整理覆盤，不是「笨方法」，反而是一個人不斷累積聰明才智的象徵。

因此，成長心態就是建立在相信能力是可以改變的基礎之上。正是這個信念，才會讓人有走出定型心態，邁向新挑戰的內在動力。這是克服定型心態，走向成長心態的第一步，在我看來也是最重要的一步。

第二步：覺察定型心態

第二步，是進行自我觀察，看看哪些場景，特別容易引發自己的定型心態，觀察當時的內心感受。只有充分摸透定型心態出現的規律，才能更有效地應對。

具體的作法是，我們可以自己想一想，觀察一下，通常定型心態會在什麼時候跳出來？對我們表達什麼？為什麼會有這樣的感受呢？

定型心態可能會在我們面對一項重大的工作挑戰時，從腦子裡蹦出來，在耳邊說：「沒有本事就不要強出頭，同事會發現你的能力不足，那時候就丟臉丟到家了。」

也可能是本來自豪擅長的領域，出現了一個比自己厲害的同事，這個時候定型心態又跳出來了：「之前覺得混得還可以，但是跟他一比，還是差遠了。算了吧，我永遠比不過人家。」

當然了，還有可能在搞砸了一件事情、受到主管批評或者被 deadline 緊緊追趕的時候……

我自己也會經常進行自我觀察。在學術界，大家常常都在爭論和批評，

我就發現自己每當投了篇學術文章，被審稿人挑剔；或者在學術會議被同行質疑的時候，我腦中的定型心態也會跳出來：「唉，果然不是科班出身就是不行啊！」

由於我本科學的其實是化學物理，雖然現在已經是心理學博士，也做了不少業內認可的成績，但面對質疑的時候仍然會本能地擔心，覺得好像一個人的本科專業就決定了一輩子的知識程度一樣。

這當然是一種定型心態。不過一旦我意識到這個思維之後，我就可以做出相對的回應了。

第三步：用成長心態對話

如何回應呢？就是進行第三步，自我對話。

透過第二步的自我觀察，我們會發現在工作、生活當中誘發定型心態的誘因實在太多。但是沒關係，這些都是正常現象，在覺察到定型心態後，我們就可以用成長的心態自我對話，讓思維模式跟著自我對話往成長心態的方向走。

還是以我剛才舉的例子來說吧！專業上的挫折會引發我的定型心態，但是我已經知道如何因應了。

首先，我不會急著壓制自己的定型心態，而是先接納，讓它折騰一下子，等它稍微安靜下來之後，我再開始進行自我對話。我會這麼跟自己說：「你這十幾年來讀了那麼多文獻和書籍，做了那麼多研究，跟那麼多心理學大師交流，都是在學習啊，就是這些學習讓你一直在進步！那麼，這個人的批評，不是正好又提供你一個新的學習機會嗎？別著急，還是先看看他說得有沒有道理吧！」

其實，一件事如何影響我們，通常並不取決於這件事情是如何，而是取

決於我們怎麼想。為什麼要進行自我對話呢，就是要在那些讓自己緊張的場景當中，透過內心模擬的語言表達，召喚出自己的成長心態，來主動介入、戰勝定型心態。

實現自我能力感的提升

到這裡，克服定型心態的三步驟就講完了。但是，我還想再做一些延伸。

其實除了能力之外，和自我相關的每一個領域，都會受到心態與思維模式的影響，包括：性格塑造、情緒管理甚至興趣培養等等。

舉個例子，對性格抱持定型心態的人，容易遇到事情就對一個人下結論。同事遲到了，就想：「這個人真懶！」自己忘了回朋友電話，就會想：「我這個人真差勁！」但是對性格抱持成長心態的人，考慮問題就經常能夠做到對事不對人：「哦，他遲到了，可能是因為今天塞車特別嚴重。」或者：「唉，我最近太忙，連回朋友電話都忘了。」比較不會直接對一個人的性格下定論。

情緒管理也一樣。如果有人對情緒抱持定型心態，可能會覺得：「我天生就是容易情緒激動。」當遇到事情的時候，可能就會肆意地宣洩情緒，反正自己也對情緒無可奈何。但是對情緒持成長心態的人就會覺得，無論自己天生有什麼樣的情緒傾向，都可以保持一個更好的情緒狀態，總是可以經由努力來控制自己的情緒。

興趣也是一樣，我們大概也經常聽到「找到興趣、追隨熱情」這樣的說法，但是，這其實就是一種定型心態。這種說法在暗示每個人的興趣都早已形成，只要找到它，就能擁有無限的力量。但是這可能會造成一種後果：如果過程中遇到挫折，我們更可能會放棄這個興趣，因為我們會覺得：既然發展不順利，就代表這個興趣不是我命中註定的。

相反，成長心態的人知道，一個人的興趣也是可以不斷變化，興趣可以

經由努力，還有跟外界的互動而逐漸發展。因此，沒有興趣就去培養興趣，具備成長心態的人會對新的興趣依然抱持好奇心，而且知道興趣本身並不能解決所有問題，追求興趣的時候還是會遇到挑戰，因此在遇到挑戰之後還能保持興趣。

而最重要的，其實就是我們對自我本身的看法與心態。無論是能力，還是性格、興趣、情緒，其實都是自我在不同方面的表現。對自我抱有定型心態的人，會早早地開始畫地自限，不願意改變；但是抱有成長心態的人，能夠勇敢地面對暫時的缺陷，把所有精力都放在如何彌補不足與持續提升。

因此，請務必對自我抱持成長心態。無論何時我們都可以開始進行自我決定。

而成長心態能夠開啟一個正循環，為我們帶來更多能力感的滿足。當你閱讀到這裡，相信關係模式和依戀可以修復，相信自主的狀態可以改善調整，並且願意開始行動，不怕暫時的挫折和失敗，這就代表你正在啟動自己的成長心態。你持續進行的每日行動，也都是為你的能力感進行補強。你的自我，就會在這三大心理需求相輔相成的調整和改善中，不斷演化與成長。

10 今日行動　設計語言清單

為自己設計一份成長心態的「語言清單」。

我們都知道，心態的轉變需要一個訓練和適應的過程，如果覺得無從下手，就可以像我一樣，為自己設計一份「語言清單」，在生活中更頻繁地使用前面所提到的三個步驟。因為語言擁有非常神奇的力量，許多時候換一種說法，其實就是在換一種思維。持續做下去，思維模式就能

夠發生轉變。具體作法如下：

　　第一步，列出自己最常出現定型心態的場景，當再次遇到這個場景時，這個步驟會有助於提醒自己轉換思維。

　　第二步，記下在這個場景當中，定型心態通常會表達什麼，這個步驟可以幫助覺察心中暗藏的消極信念。

　　第三步，轉換為成長心態自我對話，寫下成長心態的對話。這個步驟就可以讓人逐漸擁抱成長心態。

11 容易受傷玻璃心？
你是真自尊，還是假自尊

讀到這裡，相信你已經知道自己在依戀關係中是安全型、焦慮型還是逃避型，內心是傾向於自主、無主還是他主，是成長心態還是定型心態等等。

這些相當於各種觀察指標，幫助看到自我的多種剖面。如果我們想從整體看到自我發展的全貌，該怎麼做呢？當三大基本心理需求都獲得滿足的時候，自己是什麼樣子？有的缺失，有的滿足，對個人而言又代表什麼？最終，個人的自我要朝哪個方向演化，又該怎麼做呢？

想要解決這麼多疑問，實在不容易。因此我一直在思考，有沒有什麼更好的方式，能夠與前面的主題有所聯繫，又能反映一個人自我整體發展的程度，後來我終於找到了答案，那就是自尊。

為什麼你需要瞭解自尊

為什麼要進一步瞭解自尊，有兩個原因。第一，自尊是自我演化過程中，三大心理需求狀況的綜合反映，可以讓人從一個既核心又本質的角度，整體掌握自我的發展程度。第二，自尊是一個大家既熟悉又陌生的字彙。許多人經常使用「自尊」一詞，但不見得人人都理解真正的含義，甚至還有不少誤解。

首先，我來問你兩個問題。

第一個問題是：「如果你是異性，你會不會喜歡自己？」可能有人會毫

不猶豫地點頭表示願意，但也可能有人會搖搖頭。那麼，你呢？

第二個問題是：「如果你是老闆，你會雇用自己嗎？」對於這個問題，你又會怎麼回答？

其實，這兩個問題探問的就是你的自尊程度。

所謂自尊，在心理學上，是指一個人對自我的整體評價和感受。具體而言：你覺得自己有價值嗎？有能力嗎？值得被愛嗎？整體來說你喜歡自己嗎？

心理學對自尊的定義是指我們整體上如何看待自己，跟別人沒有關係。可是日常生活中許多人在談到自尊時，卻經常跟他人的行為反應有所連結。我就經常聽到這種說法：「我這個人自尊心強，就算喜歡別人也不會主動，要是被拒絕，我的自尊心受不了。」或者：「你跟他說話時要注意，那個人自尊心很強，受不了批評。」這就奇怪了，如果一個人本身很認同自己的內在價值，為什麼又要這麼在意外在的評價或打擊呢？

其實，說這些話的人，對自尊的理解和評估，只停留在單一的高低維度上。也就是說，覺得自己有價值、值得被愛，就是高自尊；反過來，對自己的整體評價比較低，就是低自尊。

如果只是從高低維度來理解自尊，也不能算錯，只不過如此一來，日常生活中許多人的行為反應就無法得到完整的解釋。想要清晰地理解和評估自己的自尊程度，還需要再加一個維度，那就是穩定性。就拿前面的例子來說，一個人對自己的整體評價很高，但是日常生活中的許多行為反應，又表現出受不了外在的批評。如此基本上就可以說明，這個人的自尊程度是不穩定的。

你是哪一種自尊類型

美國心理學教授麥可・柯尼斯（Michael Kernis）提出，人的自尊分為兩層：一層是外顯自尊（Explicit Self-Esteem），一層是內隱自尊（Implicit Self-

Esteem）。

外顯自尊，是指一個人顯示於外，在意識層面對自己的整體評價。而內隱自尊指的是隱藏在內，潛意識對自己的自我價值感。每個人在日常生活中都會從外界得到各式各樣的回饋，當這些回饋內化了之後，人就會對自我產生一種本能的判斷，常常連自己都意識不到。

如果一個人的內隱自尊和外顯自尊一致，那麼這個人的自尊程度就比較穩定，不會經常受外界環境影響而產生波動。反之，內隱自尊和外顯自尊不一致，這個衝突就會讓人反覆從外界尋找線索來確認自己的價值。可是，外界的回饋總是起起伏伏，因此愈是從外界尋找線索，自尊程度程度就愈不穩定。

接下來，我們就能畫出一個完整的自我評估輪廓。從高低和穩定這兩個維度，可以把自尊分為四個類型：穩定高自尊、不穩定高自尊、穩定低自尊和不穩定低自尊。透過這些分類，更能理解我們在日常生活中的行為反應。

穩定高自尊

整體而言，穩定高自尊的人，外顯自尊和內隱自尊的程度都比較高，因此內心衝突很小。這類型的人在意識層面知道自己的價值，對自己抱持正面、積極的看法，內心深處也有堅定的信念。

因此在現實生活中，穩定高自尊的人看起來簡單、自然、真實，成功的時候開心，失敗時也不掩飾難過。受到表揚就感謝對方，遭受批評就思考對方有無道理，就事論事，不會因此而否定自己或是埋怨他人，其他人跟他相處也很愉快。

《紅樓夢》的賈寶玉就是典型的穩定高自尊。他一出生就是集萬千寵愛於一身，幾乎所有人都喜歡他，因此他從潛意識就知道自己非常有價值。對於外界的打擊能夠處之泰然，受到批評也不會急著跳腳、爭辯。林黛玉對他發脾氣，他也不會因此就覺得自我價值受到否定，反而還會主動安慰情緒無

常的林黛玉。

不穩定高自尊

不穩定高自尊通常外顯自尊程度比較高，在意識層面相信自己的價值和能力。但是，在他們內心深處，對自己並不是那麼有把握。因此「容易受到打擊」是不穩定高自尊最典型的特點。

不穩定高自尊周圍的人都會有一種感覺，不敢輕易在他們面前表達反對或批評，就怕好像要戳破什麼，擔心他們生氣。這種感覺是對的，這類型的人其憤怒來自內心無意識的恐懼，擔心弱小的內隱自尊會受到傷害。

林黛玉就是典型的不穩定高自尊。她在主觀層面知道自己有價值，外貌出眾，飽讀詩書、高雅不俗。可是在潛意識她知道，自己的母親去世，父親也不在身邊，如今只能寄人籬下戰戰兢兢地生活，內心非常沒有安全感。因此，她在遇到刺激的時經常會過度反應。

有一回大家聚在賈府看戲，史湘雲開林黛玉的玩笑，說台上一個戲子長得跟她很像。林黛玉當場就感到不舒服，只是礙於大家都在，不好當面發作。回到住處，她把所有負面情緒一股腦地發洩到寶玉身上。林黛玉這種敏感、孤傲的背後，其實說明了一點：好像外在的任何評價，都證實了她自己心裡覺得沒有價值、不值得被愛的擔憂，都變成她否定自我價值的存在。

現實生活中，不穩定高自尊的人，內心深處常常隱含不安，總想經由外界的評價和反應來證明自己有價值。可是外界因素很不可控，誰都會遇到主管的批評、同事的反對、客戶的不滿等，這些負面資訊彷彿都在告訴他們：「你確實不行，你很糟。」於是他們常常會陷入對外界評價過激的反應之中。

穩定低自尊

如果一個人意識層面認為自己沒價值，內心深處也覺得自己沒價值、不

喜歡自己，那就代表這個人的外顯自尊和內隱自尊都相對較低。這類型的人典型特徵就是「逆來順受」。

在職場上可能也會遇到這樣的人，他們在自己的崗位默默工作，總是傾向選擇附和他人的意見。如果請他表達自己的意見和想法，對他而言很難，因為他總覺得自己不值得信賴。受到表揚時，會覺得不自在，認為自己配不上。受到批評時，反而會笑著承認：「是啊，我真的很糟糕。」當自己順利完成事情時，也會誠惶誠恐：「真的沒搞砸嗎？是我運氣好吧？」因為習慣接受自己的低自尊，因此不管外界的好事壞事，都不會影響他們的自尊程度。

不穩定低自尊

最後則是不穩定低自尊，無論正面或負面的外在事件，都會對他們有所影響。這類型的人雖然在意識層面常常覺得自己不夠好，但內心隱隱覺得自己可能還是有些價值。

這種人最大的特點就是「容易變化」。平時表現得很謙虛，在人多的場合很少發言，習慣小心翼翼地觀察別人的反應。如果察覺到周圍的氣氛比較輕鬆，他們才會好好地表達自己的想法。但是一旦有人強烈反對，他們很快就會亂了陣腳退縮，無法堅持己見。完成一件事情的時候，他們會短暫地感覺良好，自尊程度會提升一些，但也維持不了太久，等下一次出現困難的時候，他們又會容易洩氣。

誰影響了你的自尊類型

這四種不同自尊類型的人，各有各的特點，都表現了一個人在適應外在環境的過程，曾經怎樣選擇了最適合自己的方式。

那麼，這四種不同類型的自尊是如何而來呢？

我說過，自尊，其實是能夠用來觀察自我發展程度的綜合指標，和三大心理需求的滿足程度息息相關。

首先，自尊程度的高低，整體而言和一個人心理需求滿足的多寡有關。

如果一個人的歸屬感、自主感和能力感從小就獲得持續而充分的滿足，通常就能發展出比較穩定的高自尊。相反地，如果這些需求長期無法有所滿足，因為缺少歸屬感而覺得自己不值得被愛，缺少能力感因此對自己沒有信心，缺乏自主感因此找不到自己的價值。這樣就很容易發展成穩定的低自尊。

那麼不穩定高自尊又是如何形成的呢？最普遍的原因就是來自原生家庭「有條件的愛」。

如果父母只在小孩表現好的時候才愛他、誇獎他，表現差的時候就冷若冰霜，甚至說「你不好好讀書，我就不要你了」之類的話，那一個人的歸屬感就會時有時無，時斷時續；這個人可能會有一定的能力感，因為和父母的連結是我們兒時最本能的需求，因此小孩經常會努力迎合父母的期望，達到一定的成績；但在這個過程，自主感又會受到父母或者外在事物的壓制，造成他主或者無主傾向，結果就導致自我價值感混亂。

因此，不穩定的自尊，又稱為「有條件的自尊」。「有條件的愛」通常會帶來「有條件的自尊」。小時候一個人習慣達到特定條件，才感覺自己有價值、有能力、值得愛，沒達到條件，就自我否定。那麼在長大以後，這種身心記憶會對他有所影響，把外在表現和他人的評價當作自尊的衡量標準。如果平時表現還不錯，那就會傾向於不穩定高自尊，而如果經常達不到他人的要求，反覆受挫、反覆陷入自我懷疑，就可能形成不穩定低自尊。但無論如何，這個人內心對自己沒有穩定的認識和評價，自尊總是隨著外界的回饋而有所起伏。

最後，我想再整體強調一次，認識自尊、理解自尊，最大的意義在於，讓每個人都充分意識到，外界的聲音常常只是一種參考，不能做為我們看待

自我的關鍵。我們想要的尊重，不應該來自外界的評價，而應該來自我們和自己的關係。

11 今日行動 自尊類型分析

請試著分析一下自己的自尊類型。

我會為你設置一個場景，請根據對自己的理解，從「想法」和「行為」兩個面向來回答。這個場景是這樣的：

你在參加一個重要的企劃會議，會議上一位經驗比你豐富的同職級前輩提出了一個方案，一半的同事聽完後覺得還不錯，另外有一半沒有明顯表態。而你覺得這個方案有個不太行得通的地方。

第一步，想像一下，如果你在這樣的場景，你的內心想法是什麼？

第二步，想一下你實際上會有什麼行為？

第三步，結合你內心所想與實際行動，你覺得這跟你的自尊類型有關係嗎？

這是一個簡單的自我分析，能夠幫助你更加瞭解自己。

12 滋養自己，邁向穩定的高自尊

自尊是衡量一個人自我發展程度的綜合指標，根據高低和穩定兩個維度，自尊又能分成四個類型：穩定高自尊、不穩定高自尊、穩定低自尊以及不穩定低自尊。

這四種不同的自尊類型，各有各的特點。我想強調的是，這些自尊類型沒有絕對的好壞對錯。因為這些都是每個人的自我在適應生活過程的當下，曾經提供最佳生存策略的發展類型。

當然，整體來看，穩定高自尊對個人的發展更為有利，因為這樣的人，會把外界的評價和回饋視為參考，而不是衡量自我的標準。由於相信自己有價值、有能力也值得被愛，因此更能放開手腳追求自己理想的生活。那麼，該如何調整自己的自尊程度，往穩定的高自尊方向發展呢？

我們如何「錯誤」地維護了自尊

首先，非常重要的前提是，要先避免使用錯誤的方式維護自尊。

當一個人的自尊在面臨威脅和壓力的時候，會自然地產生痛苦、衝突的情緒和想法，通常這時就會本能地做出緩解不適感受的行為，以維護或增強我們的自尊心。這種內在調整機制，在心理學上就叫做心理防衛機制。

不過，有些內在防衛機制雖然能夠幫助我們獲得短暫的安全感，但同時

也會很容易讓我們失去發展自我的機會。

如果一位同事對你說：「我覺得你的性格有些問題，最好改一改。」你會怎麼想？這是一個很典型讓人覺得自尊受到威脅的狀況。

穩定高自尊的人可能會想：「噢？先聽聽你說得有沒有道理吧！」由於他們對自己的價值認同比較高也比較穩定，因此就會直接面對問題。

但其他三種自尊類型，通常會啟動心理防衛機制。不穩定高自尊的人可能會想：「你憑什麼對我的性格指指點點，還不先反省一下你自己的情商？」因此，不穩定高自尊的人會下意識地選擇反擊：「這不是我的問題，而是你的問題，我不需要改。」

而不穩定低自尊的人就會想：「我是不是做錯了什麼，好想逃走，不想聽下去，要被同事發現我這個人不行了。」當他們這麼想時，其實是下意識地想要逃避直接面對問題。

而穩定的低自尊更可能會想：「唉，我早就知道我的性格有問題，果然如此。」看起來他是在直面問題，但其實是透過承認自己果然不行的方式來逃避，既然自己本來就是如此，那也就沒必要改了。

雖然不同自尊類型的人想法不太一樣，但都是為了能讓自己在當下的環境好受一些。但問題是，下意識地推卸問題、迴避問題，或者向問題妥協，類似這樣的防衛機制都有一定的自我欺騙性，在幫助我們緩解痛苦的同時，也讓我們誤以為這個令人痛苦的問題不復存在。

因此，為了在保護自尊的路上走對方向，也為了將自尊程度調整得更健康，我會先帶大家瞭解幾種短期有效卻比較消極的心理防衛機制。

穩定的低自尊：逃避和退縮

穩定低自尊的人最常用的防衛機制是逃避和退縮。簡單而言，就是為了

避免失敗、避免眾人的評價，乾脆選擇躲起來，什麼也不做。

對穩定低自尊的人而言，逃避和退縮能夠有效幫助維護自己本來就已經很低的自尊。在職場上，愈沒有存在感，對他們而言愈舒服，為了避免出現負面評價，乾脆連獲得正面評價的機會都不要了。

但是，這並不代表穩定低自尊的人不渴望成功和獎勵，而是因為他們已經不相信自己有能力成功。因此，他們會選擇透過「間接成功」的方式尋求自尊的補償。例如從跟他們關係親近的人那裡獲得自尊。最典型的例子，就是父母把教養優秀的孩子當成唯一的自尊來源。這些穩定低自尊的父母內心想法是：「我這輩子就這樣了，不過我雖然平凡庸碌，但我的孩子很出色。你看他現在發展得多好。」這麼一想，就感覺自己的自尊也獲得維護。

當然，我並不是說不應該把孩子培養得出色，或者孩子出色不應該感到驕傲。只是許多穩定低自尊的人，自己並沒有意識到，他們把「別人成功，我也跟著成功」當成提升個人價值的唯一途徑。這樣一來，他們自己就失去許多獨立發展的機會，他們的孩子或者其他被他們當成自尊補償對象的人，也會被綁得喘不過氣。

不穩定的低自尊：防禦性悲觀

不穩定低自尊的人雖然常常覺得自己不行，但他們內心還是隱隱相信自己是有價值的，因此當碰到一件事情時，他們雖然非常害怕失敗帶來的打擊，但還是會想著試試看，萬一成功了呢？

可是既然要嘗試、想成功，那他們就得做更多的心理準備來因應失敗的風險。

我在學生時代，就一直遇到這樣的同學。他們經常在考試前會到處跟別人說：「唉，這次沒有好好複習，不行了，肯定考砸。」或者：「唉，這門

課我真的聽不懂，沒指望了。」說是這麼說，最後他們的考試結果並沒有那麼糟，甚至有時候還考得很好。

當然我也很瞭解這些同學，他們並不是虛偽或者假謙虛，而是下意識地做了這樣的心理準備。這樣一來，如果真的失敗了，那失敗帶來的自尊衝擊也會小很多。不但外在的面子掛得住，最重要的是，心裡也不至於把自己否定得一無是處。

這樣的防衛機制，叫做「防禦性悲觀」，就是因為一個人害怕失敗所帶來的打擊，所以先悲觀地預期自己會失敗，這樣就能防禦失敗後他人的評價和自我的否定。

在他們的眼裡，失敗當然很糟糕，但比失敗更糟的是「失敗了還沒有藉口」，因此他必須事先為自己鋪好台階，然後才敢迎接挑戰。

不穩定的高自尊：投射

不穩定高自尊的人，因為表面上非常認同自己的價值和能力，因此他們更願意迎接各種挑戰。但正因為如此，他們容易獲得更多成就，也容易遭受更多失敗。

不穩定高自尊的人因為內心深處藏著一個脆弱幼小的自尊，因此對於失敗，包括他人的負評等等，幾乎都會本能地感到恐懼。

為了保護弱小的內在自尊，他們最常用的防衛方式，就是把那些負面感受投射出去。什麼是投射呢？舉兩個例子你就知道了。

工作出錯時，不穩定高自尊的人會想：「雖然確實我在執行的環節發生錯誤，但是這回負責統籌決定的是另一位同事，他才應該負最大的責任。」

這種想法聽起來像是故意推卸責任。但是推卸責任是由一個人主觀意識層面故意發起，而內在防衛機制則是人的本能反應。對於不穩定高自尊的人

而言，出錯就得反省，就代表要承認自己的不足，這是一件很難受的事情。因為無法承受，因此他們會本能地把這種負面感受拋出去。這個過程就是投射。

同樣地，情侶吵架的時候，如果不穩定高自尊的人被伴侶挑毛病，他們也會下意識地啟動投射機制：「是，我是有這些小毛病，但你比我更糟，你怎麼好意思說我？」

總之，為了避免看到自己的弱小，投射就成為不穩定高自尊的人常用的防衛機制。但是從長期來看，這麼做其實會對人際關係造成許多負面的影響。

總而言之，逃避和退縮、防禦性悲觀、投射，這些維護自尊的防衛機制雖然有效卻不健康，反而會讓人在原本的自尊類型原地打轉，限制自我的演化。

提升自尊的正確方法

穩定良好的自尊，是三大基本心理需求滿足的結果，自尊出現問題的根源，都可以在心理需求的缺失中找到答案。但這並不代表我們只能去追究過去的傷害，彌補過去的錯失。

其實還有更直接的方式。在宴會上大家用香檳杯疊成高塔。如果把香檳塔比喻為一個人的自我，自尊就像是墊在底層的香檳杯，愈往上，愈是一些看得見、摸得著的行為表現。提升自尊的過程就像倒香檳一樣，往最上層的香檳杯開始倒，最終底層的酒杯也會被注滿香檳。這裡的香檳，就相當於我們在行動過程獲得的成功體驗。

美國心理學之父威廉・詹姆斯是最早研究自尊問題的先驅，他認為一個人的自尊程度，不只取決於個人有多少成功經驗，還取決於對成功的判斷標準。如果以公式表示，就是「自尊＝成功／自我要求」。

這個公式可以做為自我觀察的參考，隨時進行調整。當我們在一件事情上獲得成功，可以停下來思考：這件事的成果能讓我感到自尊有所提升嗎？如果成績遠遠超出預期，自然會感受到自尊的提升；但如果成績不如預期，那可能就無法感受到自尊有所提升了。這個時候，我們需要重新評估：到底是這件事本身對我們而言微不足道，還是我們確實對自己的要求過高了？

因此簡單而言，無論哪種自尊類型，想要穩步提升自尊程度，都要從二方面著手。第一，不斷累積成功經驗；第二，及時調整對於成功的期望值。

首先，一個人的自尊，需要從體驗到更多的成功中獲得滋養和提升。我們每一次獲得的成功經驗，都像是從香檳塔的最上層開始一點點地倒香檳。

昨天我幫同事解決了他困擾已久的問題，得到正面的評價和肯定，我在自我的香檳塔多倒了一點香檳；今天忙了三個月的專案終於結束，獲得漂亮的成績，我又往香檳塔倒了滿滿的一杯香檳；記錄一個個成就，嘗試一個小挑戰，使用一次情緒按鈕，找到一個生活的樂趣等等。這些成功看似與提升底層的自尊還有很遠的距離，但是倒香檳的過程就是不斷行動和成長的過程，香檳最終會從上層慢慢流到中層，最後注滿下層，最終讓自尊程度獲得提升。

還記得我在前面關於心理需求篇章所提到的「三件好事」行動嗎？其實這跟這裡強調的累積成功經驗，有異曲同工之處。持續記錄三件好事，能夠幫助獲得更多歸屬感、自主感和能力感的滿足，自尊程度自然也能在這個過程持續有所提升。

當然，光是累積成功的體驗還不夠，還需要及時調整自己對於成功的期望值。

我們都有過這樣的體會。第一次完成一件事情時，成就感和幸福感通常是最強的，我們的自尊程度也因此上漲一大截；但是接下來，類似的成功體驗多了，我們就變得習以為常，甚至開始不滿足。久而久之，我們對成功的期望值就愈來愈高，對自己的要求也愈來愈高……

對自己有所要求當然是好事，但如果只是為了要求而要求，反而會陷入對自我的苛責，產生受挫的感受，降低自己的自尊程度。因此，在追求更高的成功時，也不要忘了回首來時路。再確認一下，自己現在的追求，是希望獲得真實的成功，還是獲得好高騖遠的「成就感」。從這個角度而言，有時候學會管理自己的渴望，甚至學會放棄，反而更有利於提高自尊程度。許多時候，我們都想追求完美，卻在無形之中拔高了對成功的期待值，反而為自己帶來更多的壓力。

12 今日行動　注滿香檳塔

　　結合香檳塔原理，倒入「成功」的香檳，滋養香檳塔底的自尊。行動主要分三步驟來進行。

　　第一步，回憶最近一週內，你在工作或生活上有獲得什麼成功的體驗？請至少列出一項。

　　第二步，請你把這些成功體驗看做香檳，然後將香檳從上而下注入香檳塔，香檳塔底層的香檳杯代表自尊，經由這一步你可以看出，那些成功經驗是否能夠滋養你的自尊。

　　第三步，請重新調整一下期望值，看看能否往香檳塔倒入更多的香檳。

測驗
[自尊類型]

以下各題描述了一些生活中的場景以及可能的反應，請根據自己的實際情況進行選擇。

01. 當你成功完成了一件有難度的事情時，你的想法是：

A 雖然完成了，但我知道其實做得並不好。

B 快看看，就說我很厲害嘛！

C 這次大家應該覺得我還可以了吧！

D 能完成這件事，我很開心。

02. 當你做一件有難度的事情卻失敗時，你的想法是：

A 我總是這樣，什麼事都做不好。

B 其他人還不如我，怎麼就成功了呢？

C 是準備的時間太短了，所以我才做不好。

D 是這次沒有成功，並不能說明什麼。

03. 受人讚美時，你的想法是：

A 他們一定是有什麼誤會，或者是在嘲笑我。

B 非常開心，希望能聽到更多的讚美。

C 哪裡哪裡，並不都是我的功勞。

D 感謝他人的讚美。

04. 遭受外界的負面評價時，你的想法是：

A 就是這樣，事實上我比你說得還要糟糕。

B 為什麼說我呢？別人做得還不如我啊！

C 我確實是這樣，終於瞞不住了。

D 思考哪裡出了問題，不會太過在意。

05. 以下關於自己的描述，比較符合你的是：

A 我經常覺得自己一無是處，什麼也做不好。

B 我認為自己很有價值，當其他人不認同時，我會感到憤怒。

C 我認為自己值得驕傲之處不多，但是當其他人指出我的不足時，我
會感到生氣。

D 我肯定自己的價值，並且很少受到他人的影響。

06. 同學聚會時，有人無意間提到你過去的糗事，你的想法是：

A 感到有些傷心，又回憶起當年自己更多不好的事情。

B 對說的人感到很生氣，也說一件對方不好的事情。

C 感到很尷尬，試圖轉移話題。

D 和大家一起笑，回憶青春歲月。

07. 你負責了一項專案，在專案結束後對方對自己評價較低，你的想法是：

A 有些難過，但也在意料之中，因為自己本來就做不好負責人。

B 感到很生氣，自己付出這麼多，對方還不滿意。

C 感到有些擔憂，因為主管也會知道這個結果。

D 感到有些意外，與對方進行溝通，看看是遇到什麼問題。

08. 你在工作中參與團隊討論，當遇到反對意見時，你會：

A 在團隊中，你基本不會發表意見，都是順從大家的決定。

B 證明自己見解的好處，指出對方意見的不足。

C 感覺對方所說更有道理，並改變自己的想法。

D 和對方就事論事，求同存異。

09. 當你邀請別人遭到拒絕時，你的想法是：

A 平時很少主動邀請別人，被拒絕後，就更不會再主動邀請了。

B 感覺自己沒有受到重視，會感到生氣。

C 他可能不太想跟我一起參加，下次不邀請他了。

D 他可能有事，或者對這件事不感興趣，下次有適合的活動再邀他。

10. 在新接手的工作，你遇到了一些困難，你會：

A 覺得自己能力不夠，沒有辦法解決。

B 自己鑽研，即使需要花費很多時間。

C 讓主管知道自己的困境，以免責怪自己。

D 試著向同事尋求幫助，因為他們可能更熟悉情況。

11. 在工作上，當你想請同事幫忙卻被拒絕時，你的想法是：

A 自己平時不會和同事建立關係，關鍵時刻都沒有人幫助自己。

B 這個人比較勢利，下次他若需要我幫忙，我也不會幫他。

C 他覺得我沒有那麼重要，因此才不幫忙。

D 每個人都有自己的事情，不能幫忙也很正常。

12. 你完成了一個專案，主管誇獎了你的表現，同時也指出了不足，你的
想法是：

A 當誇獎自己時會感覺不自在，倒是指出不足更容易接受。

B 對於誇獎的部分，覺得自己確實如此，針對不足之處，其實很多並
不是自己的原因。

C 主管對如何評價員工很在行，其實重點就在於指出不足。

D 仔細記錄，幫助自己覆盤分析。

13. 當同事把事情搞砸，但主管卻是批評你，你的想法是：

A 連這樣的事情也批評我，可見我真的很不討人喜歡。

B 明明主要的責任不在我，為何偏偏是我受到批評！

C 主管就是針對我，可能早就看我有些不順眼了。

D 主管只是當時很生氣，需要發洩一下情緒，之後再找機會澄清。

14. 關於對自我的肯定，更符合你的是：

A 我對自己不是很滿意，其他人對我有所質疑也很正常。

B 我為自己感到驕傲，有人質疑我時我會很不舒服。

C 我對自己的認同度一般，但是有人質疑我時，我會感到不舒服。

D 整體而言我對自己比較滿意，即使受到質疑也是如此。

15. 下面的描述，你覺得更符合自己的是：

A 我覺得自己很普通，不像其他人有許多的優點。

B 為了贏得他人的尊重，我會努力發揮自己的優勢。

C 我認為自己有一些美好的特質，期待有人能夠發現。

D 無論其他人是否在意，我認為自己身上有許多美好的特質。

計算各維度題目得分：

A 穩定低自尊：外顯－1，內在－1。

B 不穩定高自尊：外顯＋1，內在－1。

C 不穩定低自尊：外顯－1，內在＋0。

D 穩定高自尊：外顯＋1，內在 +1。

把十五道題目的分數相加，會得到一對數字（外顯＝x，內在＝y）。測驗的結果可能會落在四個象限：穩定高自尊，不穩定高自尊，穩定低自尊，不穩定低自尊。（以 x 為縱軸，y 為橫軸）

當 x ＞ 0 且 y ＞ 0 時，你是一個穩定高自尊類型的人。

穩定高自尊類型傾向的人，整體而言對於自己非常滿意。你對自己的看法積極正向，而且能從心底認同自己的價值，內心深處有堅定的信念，因此不需要向外界刻意證明自己的價值。當其他人抱持不同的意見，面臨批評時，你也不會懷疑自己的能力和價值。勝不驕，敗不餒，受到讚賞會很自然地感謝對方，受到質疑也會就事論事。因此在人際交往，也會讓其他人感到輕鬆愉快。

你也許會因為他人的評價而沮喪，但你內心深處並不會把他人的評價當作為人處世的標準，始終堅守自己內心的價值觀。

相信你能夠繼續保持，面對困難永不氣餒，發展為更好的自我。

當 x ＞ 0 且 y ＜ 0 時，你是一個不穩定高自尊類型的人。

不穩定高自尊類型傾向的人，表面看似自尊很高，但是內心卻懷有低自我價值的感覺，這種感覺會讓你非常不安。你很在意自己是不是有價值，也一直試圖證明自己的價值。你的自尊比較脆弱，比較容易受到打擊。當你受到外界的質疑，遭到批評或是失敗時，你會放大負面內容，當成威脅和敵

意，感到生氣甚至憤怒，引發過激行為。因此其他人在和你相處時，有時會擔心自己說錯話而傷害到你。

穩定低自尊類型傾向的人，對自己的評價比較低，不認同自己，而且不只是表現得對自己不滿意，從內心深處也認為自己沒有價值。即使獲得成功，得到別人的讚賞，仍然不能改變你對自己的持續貶低，而且會感到不自在。你認為自己的想法不重要，也經常缺乏自己的想法，願意附和他人。甚至受到不公平對待時，你也會覺得這很正常，有時會過於「逆來順受」。

不穩定低自尊類型傾向的人，會覺得自己不夠好，但是內心深處還是隱隱覺得自己有價值。你的內心沒有很堅定的信念，因此比較容易受到外界的影響，無論是正面的讚賞，還是負面的批評，都會讓你的想法發生變化。需要表達觀點的時候，經常會小心翼翼。如果周圍的人表現接受的態度，就可以比較好地繼續表達自己的想法；但是當有人反對時，就會陷入自我質疑。

　　如果有 x ＝ 0 或 y ＝ 0 的情況，那就表示你的自尊類型處於相鄰二象限不同自尊類型的中間。

13 完美主義的恐懼與陷阱

也許你會有這樣的困惑：這些方法確實對我有所啟發，但是，我到底什麼時候才能變好呢？

關於這個問題，其實多年來我已經被人問過無數遍了。過去我可能會非常耐心地解釋，你已經在變好的路上了，你在行動過程覺得懷疑、焦慮和挫敗，是每個人都會有的正常情緒。你應該感到高興，這本書的內容不只停留在你的頭腦當中，而是實實在在地促使你實際行動。

但是後來我才知道，這個答案沒辦法讓他們感到滿意。因為他們所說的變好，並不是指「改善」或「進步」，這對他們而言遠遠不夠。他們想要的是立刻擺脫那個有缺陷而不足的自己。他們想要的變好，其實是變得「完美」。

當然，你可能覺得疑問，想要變得完美有什麼不對嗎？做一個完美主義者，正是一個人追求上進、注重細節的表現。

想要變得完美當然沒錯，這是每個人都會有的心態，我們也正是因為想要變得完美，才有動力不斷向那個理想的自己靠近。但問題是，大家通常只熱愛想像那個完美的結果，卻對變得完美的過程和代價缺乏預期。只幻想最後的完美結果，卻不肯面對變化的過程。這個時候完美主義就會變成一個陷阱，不但沒有讓我們變得更好，反而會阻礙發展，甚至成為自我演化過程中最大的絆腳石。

完美主義者的恐懼：面對過程

為了不讓完美主義成為自我發展的阻礙與陷阱，我們就來好好聊聊完美主義者無法面對的「過程」，以及造成對「過程」恐懼的心態。

無法跨出行動的第一步

完美主義者對過程的恐懼，會表現在許多行為方面。最典型的就是遲遲無法開始行動。

我就認識幾位博士研究生，總是在糾結博士論文到底要做什麼題目，覺得手邊有的選項，不是太小，沒有意義，就是太大，無法進行，要不然就是沒有突破性。結果，他們的論文就這麼一天一天地拖下去了，其他同學都已經開始做實驗、蒐集數據，他們卻連題目確立都還沒有。

拖延問題的背後，其實暴露了完美主義者最常有的心態，那就是一個完美的目標，必須在開始後就迅速邁入完美的結果，否則就會像多米諾骨牌一樣，在骨牌陣還沒排好前，就因為第一張骨牌沒排好，連帶影響後面的骨牌。他們希望一出手就贏得滿堂喝采，一次解決所有問題。但現實情況通常無法如此理想化。想法愈多，就會愈焦慮、愈糾結，也就愈無法開始行動。

容易自暴自棄，破罐子破摔

此外，基於對過程的恐懼，通常會讓完美主義者極其想要控制過程中的每一個環節。完美主義者在做一件事情時，無論是開始前的計畫，還是過程中的執行，都希望能夠如自己預期般進行，一旦出現絲毫偏差，就會產生自暴自棄的心理機制，也就是我們常說的：破罐子破摔。

舉個例子，許多人其實都曾經嘗試早起計畫、減重計畫或者閱讀計畫。在制定計畫的過程，我們獲得對事情滿滿的掌控感，這讓我們感受很好，好

像接下來只要按照計畫走，就一定會有完美的結果。但現實情況經常是，中間只要有一天中斷，我們就不想繼續了。

為什麼會這樣呢？因為對完美主義者而言，這些計畫和行動的背後，包含他們對完美自我的幻想，因此必須小心翼翼地控制一切，不能允許過程有任何偏差。一旦行動、計畫和預期偏離，那個完美的自己也就跟著破滅。既然不「完美」，那還不如歸零、重啟。

但問題是，這個世界上並不存在按照預期「完美」發展下去的事情。絕對的完美只存在於理想之中，出現偏差本來就是追求完美的宿命。

完美主義背後：被忽視的過程

為什麼這麼多人希望追求完美，卻對成就完美的過程有這麼多抗拒的情緒呢？

總而言之，這是整個社會合力施加影響的結果。很少有人能夠向我們展現完美結果背後的過程。外界的更多聲音，反而是在強化「要不就完美、要不就失敗」的極端思維。

在我們對完美的過度追求當中，有兩個推波助瀾的重要角色，一個是之前已經多次提及，父母師長的權威角色，以及社會上的評價系統；另一個就是現代社會氾濫的媒體資訊。

小時候，要是考試考不好，糟糕的情況是被父母教訓一頓；好一點的情況，是父母安慰兩句「算了，別太在意。」這句安慰的背後，其實也傳達了父母對失敗的消極信念。

有些小孩就算考了九十五分，父母也忍不住追問：「這剩下的五分是怎麼扣的，怎麼這麼不小心？」在他們看來，被扣掉的五分比拿到的九十五分還要重要。很少有父母會陪孩子耐心反思取得結果的過程，他們更習慣確認

考卷呈現的結果。

　　長大後，社會上的評價系統也同樣在告訴我們：完美的結果比過程更重要。企業強調業績，一個員工的價值必須透過業績呈現，只有苦勞等於沒有價值。新聞媒體幾乎只呈現極少數人職業生涯中的巔峰時刻。我們只看得見年少成名的天才運動員，一億元只是個小目標的大企業家，或是拿了無數獎項的作家等等。而榮譽背後無數次失敗的嘗試、曲折艱辛的過程統統都被剪輯掉了。

　　如今，社群媒體的流行也加劇了人對完美結果的渴望。社群上到處都是去國外度假的人生贏家、和產業大佬談笑風生的風雲人物，還有每天運動打卡的自律狂人，以及容光煥發的美顏照片。我們經常反覆地看到各種輕鬆成功、永遠吃不胖、天天廿四小時敬業的完美形象，然後我們也下意識地要求自己下一分鐘也變成這樣。

　　這些我們反覆看到的完美結果，不知不覺中讓我們形成對完美的狹隘認知：誤以為完美是一步到位，不接受過程。但是我們卻忘記，大多數運動員在成名之前可能連登上競賽擂台的機會都沒有，大多數企業在上市前都經歷過大大小小的危機，大多數作家在寫出成名作之前往往無人問津。其實，大多數人的生活跟你我差不多，有輝煌時刻，但絕大多數時候也很平凡。缺陷和不完美才是絕大多數人的人生真相。

　　因此，所謂的完美主義，更像是一個由社會合力包裝出來的謊言。這個謊言放大了完美的結果，抹去過程中反覆的嘗試和無數次的試錯。

否認過程會讓我們失去喜悅

　　也許你可能還是會認為，抱持完美主義的心態不也確實更容易成功嗎？其實並非如此，完美主義會讓人更加拖延與焦慮，因此並不見得更容易使人

成功，而且關鍵在於即使成功了，他們也無法好好享受成功的喜悅，享受獲得成功的過程。

這讓我想起曾經在一次心理諮商活動中，認識的一位學生小張。從小學起，小張就非常努力地學習。因為父母告訴他，全市最好的私中就那麼一所，如果不努力學習，花再多的錢都無法入學。後來小張如願考上那所私中，他很高興，但他只是短暫開心了一下，因為從私中開始，他又要為三年後的高中入學考試做準備了。

小張很快又陷入新一輪的焦慮和壓力。他安慰自己，再撐一撐，考上明星高中之後就好了。會考成績公布的那一刻，小張長長地舒了口氣，他終於憑藉自己的努力和付出考上心儀的高中。可是兩個月後，小張開始了他的高中生活，他又把目標瞄準了頂尖大學，這次和他一起競爭的同學都是來自各地優秀的人，他的壓力愈來愈大，他努力學習的過程變得愈來愈痛苦。小張苦笑著跟我說：「唉，我再撐一撐，搞不好考完就好了。」

小張的人生還很長，我們假設這麼努力的小張，確實能夠獲得許多世俗標準定義的成功。可是你發現了嗎？他從來沒有真正享受過成功帶來的喜悅。

因為在小張眼裡，每一次成功都只是奔向下一個成功的起點，成功帶給他的，不過是片刻喘息的機會。對完美主義者而言，只有盡快從起點到達終點才是重要的，到達目標就代表全部。

一旦抱有這樣的認知，當然就永遠無法享受過程中的樂趣。只能永遠望著前方的目標，以為只要實現目標就能獲得幸福。但當我們跑到第一個終點，才發現這不過是下一趟旅程的起點。

如何從否認過程走向接納過程

哈佛大學最受學生歡迎的心理學講師塔爾・班夏哈（Tal Ben-Shahar）認

為，擺脫完美主義的最好方式，就是在生活中，更加追求最優主義。

所謂最優主義，其實就代表坦然接受過程中的不完美。承認現實條件的限制，並且想辦法在有限的條件當中，爭取最佳的選項。

最優主義承認在追求目標的過程中，失敗存在的合理性和必然性，他們雖然也不喜歡失敗，但他們願意擁抱失敗。簡單而言，就是如果完美主義從起點到目標是一條直線，那麼最優主義就是一條起起伏伏，但是大方向朝著目標前進的曲線。

那麼，具體應該怎麼做呢？

首先，分解你的完美主義心態。

從心理學的角度而言，當我們很難改變一個習慣、行為時，通常是因為我們潛意識裡相信，這個行為能夠帶來好處。完美主義也一樣。我們經常把完美主義和許多美好的特質有所連結，像是：注重細節、精益求精。因此許多人求職面試的時候，如果被問到缺點是什麼，標準答案都是完美主義。想要讓自己真正改變，我們需要重新分解完美主義，這個方法可以幫助我們開始接納過程、承認過程。

可以試著問自己：完美主義對我的意義是什麼？在哪個層面會讓我感到驕傲？為了更完美，我需要經歷什麼樣的過程？這個過程有哪些部分是我想拋開的？有人也許想要保留上進心，但要消除對於過程的強烈控制欲。當我們把這些分解清楚，並真正做好準備進行改變的時候，內心對過程的恐懼和排斥就會減少許多。

其次，是培養「夠好」的思維方式。

我們常常會有這樣的野心，想要在生活各方面都表現完美，既想要更投入工作，追求升職加薪，又不希望冷落伴侶，還想擁有足夠的時間發展自己的興趣。雄心壯志當然很重要，但有時也會帶來不必要的壓力和恐慌。結果可能是，什麼都想要，就什麼都得不到。

而「夠好」的思維能讓我們開始學會接受存在偏差的過程。這個方法是為了讓我們學會享受過程，坦然接受過程中的不完美。例如：每天重複的工作也許會讓人感到倦怠，但能夠提供生活穩定的基礎，甚至因為工作結交到志同道合的朋友，這就已經「夠好了」。

不要因為過程中的跌跌撞撞而太過苛責自己，我們可以用「夠好」的思維享受當下過程的快樂。此時會發現，生活中許多微小的喜悅都是夠好的精采時刻。

具體可以這樣做，先找到對自己而言生活中最重要的幾個層面，如：工作、朋友、獨處的時間。再試著思考：在這幾個方面，到什麼程度就已經「夠好了」？例如：在最完美的情況下，原本應該每天跑步一小時，再去健身房重訓一小時。但是對我而言，只要能維持每週運動三次，每次半小時就已經夠好了。同樣地，每週能和好友聊上一次，有時間能陪家人孩子也就夠好了。

採取這樣的思維，能讓我們在有限的條件，找到分配時間和精力的最佳方式。當然，每個人「夠好」的標準可能都不一樣，在不同階段不同狀態，「夠好」的標準也會有所改變。因此我們一開始需要花一點時間識別出那些對自己最重要的事情。這種調整策略，將會幫助平衡我們的精力和行動效果。

人本心理學家卡爾・羅哲斯（Carl Rogers）曾經說過：「美好的生命是一個過程。是一個方向，而不是一個終點。」生命是一個不斷前行的過程，不要因為追求成功的結果，而忽略對過程給予足夠的耐心和等待。完美和過程並不互斥，反而是過程中的嘗試、失敗讓人更接近完美。希望大家能夠逐漸擺脫追求完美時否定過程的心態，體驗自我演化的美好過程。

13 今日行動 「夠好」的思維方式

練習培養「夠好」的思維方式，主要有三步驟。

第一步，仔細思考，你想要改善自我的哪些方面？可以列出三到五個，然後按照重要性排序。

第二步，針對你所列出的這些層面，達到「夠好」的狀態分別是什麼樣子？

第三步，為了達到這個「夠好」的狀態，你會先做什麼？

這個行動的目的有兩個。第一，能夠幫助釐清優先順序，更高效地展開自我演化；第二，進行這個行動本身就能夠有效幫助接納過程、享受過程，體會自我演化過程中的美好。

14 放下自我
是認識自我的最後一步

由於每個人和環境的互動方式天差地別，因此每個人的自我都獨一無二。為了幫助大家更加理解自我，之前我們將所有的注意力都放在不斷深挖和剖析每個人的獨特自我。但最後，我想告訴大家的是，認識自我的最後一步，正是學會放下自我。別把自我看得太重，尤其是別把自我的獨特性看得太重。

每個人都覺得自己最特別

承認並接納自我的平凡，對每個人都是一件困難的事情。

從發展心理學的角度而言，追求自我的獨特性，是每個人與生俱來的本能。我們生來就覺得自己才是生活的主角。當我們還是嬰兒時，覺得整個世界都圍繞著自己轉，餓了有人餵，哭了有人哄。

稍微長大一點，雖然知道自己不再萬能，但我們依然覺得自己會對周圍的人產生重大的影響。如果有人感到快樂，那一定是我做對了什麼；如果有人生氣或難過，那一定是我做錯了什麼。

後來，隨著年齡漸長，我們隱約發現，自己好像並沒有這麼特別。每個人都有自己的事要忙，沒有人能真正關心我們想什麼、做什麼。但是，我們並沒有放棄對獨特性的追求，反而形成一種信念，為了獲取他人的目光，必須讓自己顯得與眾不同。

在某個程度上來說，追求自我的獨特性，確實有其合理性。

一方面，這樣會讓人距離成功更近一些。這個時代鼓勵追求自我，標榜個性。社會也經常暗示每個人都應該是特別的，不該流於平凡。不夠特別就容易被遺忘或錯過機會。因此，對自我獨特性的追求，讓人更勇於在眾人面前，表達自己的觀點，爭取自己的利益。

另一方面，這也促使我們不斷思考個人價值。我是誰，想要成為什麼樣的人，如何才能活出自我。在思考這些問題的過程，我們的自我也會變得更加深刻。

無法放下自我會如何

但是，執意追求自我獨特性並不必然是件好事，對獨特性的執念正好也是大多數人痛苦的來源。我們可以從三個方面來看。

容易陷入自我憐憫

首先，為了追求自我的獨特性，許多人會讓自己持續沉浸在負面經驗當中。我觀察許多人之後，發現了一個有趣的現象。有不少人在生活中，因為工作或感情不順產生負面情緒時，希望獲得安慰，卻又抱著「我的痛苦，你們無論如何都無法理解」的心態，抗拒他人的同理心。

對於這些人而言，所有的負面經驗最好也只屬於自己，因為如果其他人都能理解，自己就不再特別。因此，即使這些負面經驗令人不舒服，他們也會選擇忍受，而且很容易掉入自我憐憫的陷阱之中。

容易喪失感受快樂與感受自我演化的能力

其次，追求自我獨特性的人，經常會在內心建構一個理想的自我，然後

不斷地朝那個方向努力。問題是，當理想的自我和現實的自我差距過大時，人就很容易為此感到痛苦。

我曾經在美國參加一個正向心理學公益活動。活動中，有一位來自中國的女士和大家分享她個人的經歷。她說自己從小就屬於「別人家的孩子」，家庭環境不錯，學習成績也非常好，考大學時，她成為老家的榜首，順利考進北京大學，她的名字和照片就在學校風雲榜上最顯眼的位置，她非常享受這種成為人群焦點的感覺。大學畢業後，她就來到美國繼續讀研究所，之後任職於一家知名的律師事務所，並認識了現在的丈夫。

聽她講到這裡時，我注意到周圍有不少人露出了羨慕的眼神。可是，這位女士卻說自己過得並不幸福，反而一年比一年焦慮，她覺得考大學那年過後，自己的人生就開始走下坡。她很遺憾自己當時在美國深造讀研究所時，沒能考進頂尖的學府；找工作時，選中自己的律師事務所在美國連前五名都排不上。

可能有人聽了會覺得這位女士好做作，是不是變相炫耀？實在太不知足。明明該有的成就都有，怎麼還不滿足？

但是我發現，她其實一直在忍受一種痛苦，那就是不再有人為自己喝采的痛苦。她希望逃離這種自我被淹沒在人群中的窒息感。但是我也知道，她愈想逃，就愈逃不掉。為什麼呢？因為她把所有的目光都集中在自己身上，看不到別人，也聽不到其他的聲音。

像這位女士一樣非常看重自我的人，經常追求的都是「表現型目標」，而且生存的方式更接近他主傾向。這兩個概念在之前說明能力感和自主感時都曾提到。表現型目標是指一個人一切行為的目的都是證明自己很強，比別人強。他主指的是為他人或者其他事物而活。這位女士看似在追求理想的自我，但其實一直受困於外在的名聲，不停地想要追逐巔峰。

曾經自認為是被命運選中的少數人，到頭來卻要承認自己的平凡無奇。

因為太不甘心，所以他們活得痛苦、焦慮，感到深深的孤獨和無力。由於太過沉溺其中，因此完全沒有意識到，雖然自己沒有進入前五名的律師事務所，但憑著自己的努力，她一樣在現在的公司發揮了重大的價值。她幫助許多企業和個人解決很多法律問題，這個世界上有許多人因為她的努力而變得更加幸福。

這些難道不是人生意義嗎？因此，由於太看重自我的獨特性，她反而喪失了感受快樂的能力，也喪失了感受自我一直在演化的能力，始終活在焦慮和挫敗之中。

限制自我的發展和演化

最後，無法放下自我對一個人最大的影響就是，從長遠來看，將會限制自我的發展和演化。

當我們把所有的能量都放在自己身上時，就很難再有足夠的精力和他人、和世界產生真誠的互動。也許你健身，但你在乎的是健身房的照片能不能凸顯自己精緻的生活理念；也許你閱讀，但你在乎的是能不能在下次討論中說出與眾不同的觀點；也許你談戀愛，但你在乎的是不斷考驗對方，看看對方有多重視你。

你的能量都用來關注自己，沒有足夠的能量向外釋放，投入生活。自我演化是為了幫助你更好地解決和自己、和他人、和世界的關係。如果沒有把更多的能量投入和世界的互動，你的自我就無法獲得進一步的演化。

這個過程就像打球，一頭是自我，另一頭是世界，你來我往。當我們的注意力都集中在觀察對方和如何回球時，我們就更有可能接到球，球技也會在這一來一往的過程中有所提升。可是對自我有執念的人，常常更關注自己，發球的姿勢如何，剛剛輸了的那球太不應該，別人會不會笑我等等，這只會讓我們在球場上愈來愈焦慮煩躁。

總之，努力追求自我的獨特性，確實是自我發展的必經階段，但一定不是自我演化的終點。對每個人而言，這個終點可能都不一樣，但可以肯定的是，只有真正放下自我，才有可能發展自我。

放下自我，才有機會發展自我

那麼，要怎麼做才能放下自我，發展自我呢？我認為最重要的就是，學會以外部視角來看待自己，對自己進行自我疼惜。

自我疼惜是美國心理學家克莉絲汀·娜芙（Kristin Neff）最早提出的一套理論。她認為，關懷疼惜自己，並不需要我們擁有特別的品格，而是我們每個人本來就值得被關愛和理解。這就表示掌握自我疼惜的能力，我們就不必依靠所謂的獨特或是成就來讓自我感覺良好，能夠有效幫助我們放下對自我的執念。

克莉絲汀·娜芙提出，自我疼惜主要包含三個核心。

第一，善待自己，放下自我批判，接納真實的、不完美的自我。

我們通常對自己比對他人嚴格苛刻。寬慰一個失落的朋友對我們來說並不難，但當我們自己犯錯或失意時，我們總是指責自己。因此，自我疼惜的第一個核心，就是學會主動積極地寬慰與善待自己。

第二，平凡和苦難都是人類共同的經驗，時刻提醒自己，你並不孤單。

當我們陷入低潮，常常會落入「只有我這麼痛苦」的自我憐憫之中。但這種孤立無援的感受，除了幫助我們維持虛假的獨特感，並不會令人變得更輕鬆。每個人都會經歷苦難、脆弱和不完美，這些你所面臨的問題並不是個人問題，而是人類的共同經驗。我們也許是跌跌撞撞地前進，但一定不是獨自前行。體認到這點，就會更容易從負面情緒中抽離出來。

第三，靜觀當下。

所謂的靜觀，和正念減壓創始人喬‧卡巴金（Jon Kabat-Zinn）所說的正念冥想類似。

當陷入對自我的執念時，通常引動的是負面能量。做得好的時候也會覺得不足，受挫的時候更失落。卡巴金曾經說過：「你無法阻止波浪，但你可以學會衝浪。」而學習冥想，其實就是用一種平衡的方式來處理我們的負面情緒，既不過度沉溺，也不過度批判。

最基礎的靜觀練習，可以從閉目靜坐開始，把所有的注意力都投注於此時此刻的體驗，可以關注呼吸，或是關注身體的變化。這個過程最重要的就是專注、平靜地觀察當下，不對任何一個想法或情緒進行論斷。

結合以上三個自我疼惜的核心要點，在這裡提供一個日常生活就能使用的心理學練習，叫做「自我疼惜的點心時刻」。

當你發現自己正處於一個壓力情境，感到焦慮不安時，找一個安靜的角落，為自己創造五分鐘的點心時刻。

首先，試著追蹤身體的感受。人的身心反應經常是結合在一起的，從身體感受著手捕捉情緒，更有利於進行覺察。觀察一下，讓我難受的情緒現在堵在我身體的哪個部位？我的身體哪個部位感受最強烈？也許是胸口悶得慌，也許是胃部隱隱作痛，也許是雙肩特別沉重等等。

然後，緩慢地對自己說：「是的，我真的很難受。我知道現在的情況非常艱難。不過，掙扎本來就是生活的一部分。我相信其他人一定也有類似的經驗和感受，不是只有我一個人這樣。」

這一段話包含了自我疼惜的前兩個核心：善待自我，以及連結他人共同經驗，避免自我孤立。

最後，可以試著把雙手輕輕放在心口，感受從雙手傳來的溫柔，然後對自己說：

「願我善待自己」、「願我接納自己原來的樣子」、「願我原諒和寬恕自己」、「願我平安。」、「願我堅強。」

　　這五句話，其實來自佛教慈愛冥想的禱告。可以幫助我們訓練對自己的同理心和覺察，幫助放下對自我的執著。當然，如果有更適合自己的語句，也可以替換使用。關鍵在於，應該要像說給正在遭遇困難的知心朋友一般，說給自己聽。

　　當我們跳脫自我的束縛，就會釋放更多的注意力。接下來要做的事情就是，將注意力轉移到具體的事情，解決具體的問題。相信我，你的自我將會在和世界的互動中逐漸發展、愈來愈蓬勃豐富。

14 今日行動　製作「疼惜對話」卡片

　　我們知道，過度關注自我，會讓我們陷入對自我的不滿和憎恨之中。我也在「自我疼惜的點心時刻」，教你如何透過關照身體，觀察情緒。接下來，我要教你一個自我疼惜的對話方法，一共有三句。第一句表示接納，第二句是用來連結，第三句是產生行動。

　　例如，如果你無法成功戒掉甜食，對自己感到失望。這時候，你可以透過自我疼惜來調整自己的情緒。

　　首先，先接納、承認現在的痛苦：「確實讓人失望，想建立健康的飲食習慣真不容易！」

　　接著，想想那些同樣決心調整飲食習慣卻失敗的人：「原來我不是一

個人，也有許多人跟我有一樣的煩惱！」

　　最後，可以問問自己，該怎麼做才能更快樂地解決這個問題，例如告訴自己：「維持飲食調整的大方向，但每週允許自己吃一次甜食，給自己一點激勵。」這一步是為了幫我們從自我苛責轉移到解決問題。

　　以下是我製作的「疼惜對話」卡片，想想看，最近一週你在什麼時候對自己感到不滿呢？請試著用這套卡片，進行自我疼惜吧！

對自己不滿的時刻	
對話 1	＿＿＿＿＿＿＿＿＿＿＿＿＿＿＿＿＿＿的確很痛苦。
對話 2	體驗＿＿＿＿＿＿＿＿＿＿是人類生活經驗的一部分。
對話 3	我應該＿＿＿＿＿＿才能讓自己更快樂地解決這個問題。
你的感受	

Q1 許多人發現自己依戀模式測驗的結果是「混合型依戀」，這要如何理解？

關於逃避型和焦慮型的差別之前已經清楚說明了，但是有沒有交叉的情況，一個人同時有兩種表現？這代表一個人有兩種依戀模式嗎？

我的答案是：是的，混合型依戀在人群中是很常見的現象。當初，發展心理學家根據母嬰互動觀察，劃分出兩個顯著的變量，也就是焦慮程度和逃避程度。根據這兩個維度的程度高低，科學家歸納出安全型、焦慮型和逃避型三種典型的依戀模式，並且認為依戀模式一旦形成，就會持續影響到成年。

不過後來發現，雖然最初的撫養經歷會使一個人形成某種核心的依戀模式，但隨著成長環境和人際互動的變化，在核心依戀模式之外，可能會形成新的、透過二次學習而獲得的依戀模式。這種外層依戀模式，不一定更好，也不一定更糟，如果新的依戀模式和一開始的核心依戀模式不同，就會表現出混合型的特點。

如果你在很小的時候就形成焦慮型依戀，上學之後被送到爺爺奶奶家生活，由於祖父母不斷強調自立自強的重要性，再三告誡求人不如求己，不要指望別人，於是你漸漸習得逃避型依戀的特點。長大後，可能你表面看似逃避型，跟你接觸不多的人覺得你不好親近、理性克制，而在與你熟悉親近之後，會重新引發你底層的焦慮型依戀。於是研究者可能會這樣形容你：你的底層是焦慮型，表層是逃避型。

也有相反的情況，例如你小時候有很好的成長環境，底層是安全型依戀。但是後來因為受到霸凌，或是談了一場非常糟糕的戀愛，經歷了一段長時間的關係破壞，由於這些經歷讓你變得不敢期待、不敢相信，因此在表層形成了非安全依戀的模式。

此外，混和型依戀要如何判斷哪個是底層或表層的依戀模式？基本上，當你和親近的人相處，處於放鬆狀態時，比較容易浮現底層的依戀模式。我們還可以結合第下一個問題來看，你會有更多的理解。

Q2 在親密關係中表現出焦慮型，在面對父母時是逃避型，這是正常的嗎？

其實這和混合型依戀的表現是相同的道理。依戀模式不只會因為後天學習，形成表層和底層之分，還會因為面對不同的人，表現出不同的傾向，這都是很常見的狀況。

即使在嬰兒時期，父母對小孩的態度也可能非常不同，例如：小孩呼喚母親得到回應，但呼喚父親卻完全沒有反應，於是就會跟母親之間形成焦慮型，跟父親之間形成逃避型。長大之後，當他面對女性角色時會表現焦慮型的行為模式，面對男性角色就會表現逃避型的行為模式。

許多人成年後，跟原生家庭劃分出更清晰的界限，即使曾經對父母有諸多焦慮和怨言，隨著父母年老與自己能力的提升，權力角色發生轉變，子女通常也會對父母更為寬容或逃避，以免引起衝突。

但面對伴侶，這是一個與自己勢均力敵的角色，於是底層的依戀訴求重新有所引發，會更容易表現底層的依戀模式。

此外，由於人會持續學習，不斷遇到新的人、建立新的人際關係，即使我們無法馬上調整底層的非安全依戀模式，也不表示面對任何人，我們都無法體會安全依戀的感覺。也許你可能在親密關係中會表現非安全依戀，但面對特定的朋友或老師，也可能會表現安全型的特點。

結合前兩個問題，我們可以知道，每個人都可以經由後天學習和療癒修復的經驗，形成一個能夠有所作用的表層安全型依戀。在面對新的對象時，我們也可以形成新的體驗，那個底層的非安全依戀模式，不是必然會在所有人身上有所引發。

 Q3 我是偏焦慮型依戀，小敏和那位焦慮型丈夫的案例都曾經真實發生在我身上。之前有一個今日行動「關愛練習」是讓我們試著做自己的安全型父母，但其實我不清楚安全型到底是什麼樣子，因此不知道該怎麼做。

這真是個好問題，我們花了許多時間剖析問題和症狀，反而對安全型依戀少了許多描繪，到底什麼樣的狀態算是安全型依戀呢？

首先來看心理學家在實驗觀察中，所看到的安全型寶寶是如何表現。

1. 把寶寶放到一個陌生的環境，媽媽在場時，孩子會主動探索，到處爬一爬、摸一摸，偶爾回頭看一眼媽媽，然後繼續探索新環境。

2. 媽媽離開，寶寶產生分離焦慮，變得緊張、沮喪，陌生人安

慰寶寶有一定的效果，但寶寶不怎麼探索環境了。

　　3. 媽媽回來，寶寶主動尋求媽媽的安慰，對媽媽表達依戀，媽媽重新安撫寶寶，寶寶也很快再次平靜，然後繼續玩耍。

　　我們把這三點對應到成年人的關係，你就會看出來安全型依戀的人有哪些表現。

　　1. 來到一個陌生的人際環境，你願意主動探索，到處看一看、交流交流，對周圍的人抱持比較友善信任的預期，因為你內心有安全感，就像內在始終有一個媽媽在護著你。

　　2. 當你在生活中遭遇關係的傷害，你能正常地哭、正常地傾訴，或找到其他健康的排解方式，不會覺得這是羞恥或無能的表現，能夠接受親朋好友的安慰，不會過度壓抑或澈底失控。

　　3. 當關係出現矛盾，你依戀的人回頭找你溝通，你能給予機會溝通，主動表達自己的心聲，而不是讓對方耗盡心力安撫，彼此的感情都能夠持續發展。

　　還要補充一點，安全型依戀的人，有明確的關係底線，當關係不得不結束時，也能認真面對，做好善後和告別，並且妥善照顧自己。

　　說到底，安全型依戀最本質的表現，就是在關係當中有一個穩定、健康的自尊，能夠好好照顧對方，也能好好照顧自己，不會過度自我犧牲，也不會過度以自我為中心。

Q4 我和其他人（尤其是主管）相處，經常會在心裡攻擊自己，覺得自己沒做好、沒注意到，我以為這樣的反思能幫助我下次做得更好，但其實效果非常有限。為什麼我總是這麼懷疑和苛求自己，這種現象和一個人童年的依戀模式也有關嗎？

當然有關係。其實這個問題，問的就是依戀模式和自尊之間的關係。

自我苛求，通常表示某種程度的自我忽視。在心裡攻擊自己，過度反省自己每一個瑕疵。這種行為模式的底層，正是你的內心在發出一種聲音：我要在各方面都做到最好，才配如何如何。

其實這是你的自尊出了問題，而自我苛求成為你調整自尊的方式。自我苛求是一種高度自我競爭的調整方式，為了維護內心的價值感，迫使自己必須滿足許多苛刻的條件。

自我苛求的人，容易忽視真實的自我需求，忽視自我照顧，到最後其實分不清種種反省和整理，到底是為了滿足他人的期待還是在改善自我。已經漸漸失去自主感，當然就沒有效果了。

進一步看，一個人為什麼會形成這種自尊調整方式？為什麼需要這樣來證明自己的價值？確實跟你身邊的人如何撫養你、對待你有關，如果這些人給予的都是「有條件的愛」，你的存在與生命價值就不是原本就自然存在的，而是必須由你拿出東西來交換，因此你可能會內化這些條件，最後告訴自己，整個世界就是如此，如果我沒有能力做到，那麼我就不值得或不配存在。

建立你的

關係

15 自在的人際關係，
自主孤立，還是被動連結

你可能會好奇，一本以認識自我、提升自我為主題的書籍，為什麼要談論關係？首先，做為社會性動物，沒有任何一個個體可以脫離關係存在，每個人都需要在關係中更充分地定義自我。自我決定理論認為，人類最重要的價值觀和動力之一，就是和他人建立有意義的連結。也就是說，當我們在談論關係時，其實就是在談論關係中的自我。

其次，在日常生活中，我們面臨大大小小的人生課題，其實也都是「關係」課題。小到如何拿捏和主管、同事相處的分寸；大到怎麼避免父母過多的干預，或是和什麼樣的人談戀愛、結婚等等。談論關係，就是在談論我們的人生。

最後，也是我最想說的，所謂的關係，並不是由外部掌控如「緣分」或「命運」一般的存在，事實上關係的經營是由我們自己所決定。當我們明白了自己的關係模式，並且瞭解自己在關係中的真實需求，就有能力主動經營讓自己舒適的關係。

我們首先來探討，如何利用「關係模式」釐清複雜的人際關係。接著，我會分別從原生家庭、親密關係和其他社會關係三方面，來討論不同關係的常見問題，並從正向心理學的角度，提供大家具體的方法。

關係只看距離遠近，夠嗎

我先分享一個我自己的真實經歷。

那是十多年前，我還在紐約工作的時候，有一天我和一個中國同事閒聊，偶然聽他說起跟我平時關係還不錯的一個美國同事最近結婚了，而我竟然毫不知情。當時我心中第一個念頭就是：「完了，我人緣太差！每天一起開會的同事，不但婚禮沒邀請我，連結婚都沒跟我說一聲，我是多討人厭啊！」還好這位中國同事又立刻補充：「其實他只邀請幾個親朋好友，不相關的人都沒邀請。」聽他這麼一說，我才鬆了一口氣。

不久之後我也結婚了，我邀請了所有同事。結果不出所料，身邊的中國同事立刻接受了邀請，而美國同事除了幾個跟我特別熟的人，其他都委婉拒絕了。最有意思的是一位印度同事，還沒等我邀請，他就衝過來抓著我說：「聽說你要結婚了？恭喜恭喜！你一定要邀請我啊！」我說：「那當然！」然後跟他半開玩笑地說：「那你結婚的時候，也一定要邀請我！」他說：「當然！我得回印度結婚，到時候你一定要來，讓你看看什麼才叫婚禮。」其實我是見識過的，他曾經給我看過他姊姊結婚的照片，婚禮整整持續一週，賓客有一千多人。

這是兩個非常典型的例子：美國同事的人際距離很遠，結婚不請人，連說都沒說一聲，我當時已經在美國待了十年，仍然無法適應；而印度同事的人際距離則太近，總讓我想起自己老家的情況，三句不離人情，結婚、生小孩、蓋房子都得送禮，雖然你不願意，但又非去不可。

反差這麼大，讓當時的我開始困惑，到底人和人之間的關係是近一點好，還是遠一點好？我們到底應該如何定義這個界限，而這又會為我們帶來什麼影響？

如何衡量自己的人際關係

土耳其心理學家庫查巴沙（Kagitcibasi）研究後發現，人與人的關係不只有距離遠近這個層面，距離遠的相對孤立，距離近的連結較為緊密；還有一個層面是自主程度，就是指人在建立關係時，通常是遵從本心較多，還是受外界因素影響更多，比較被動。

按照這兩個層面，人與人之間的關係模型可以分為四種，分別是：他主連結型、他主孤立型、自主孤立型、自主連結型。

他主連結型

第一種是他主連結型，指的是人與人之間有非常緊密的聯繫，但並不是心甘情願發自內心意願。他主連結型通常在重人情的傳統型社會比較明顯。可能是迫於外界壓力，如果不這麼做會顯得不合群，受到排擠非議；或是為了從關係中得到好處，例如：為了利益跟同事、主管拉近關係；當然，也有人是隨波逐流，既然大家都看重人情往來，那我也就跟著照做！

他主連結型的關係，就像一把雙刃劍，好處是彼此緊密連結，互相帶來方便和照應；但不好之處在於，也會讓人不堪負荷。很多時候陷入這種關係模式的人，在交往的過程並不快樂，只是為了避免痛苦和外界壓力。每個人都不得不戴上適合的面具，不能做真實的自己。

他主孤立型

第二種是他主孤立型，就是指人與人之間保持比較疏遠的人際距離，但這種疏遠卻不是真心所想。可能是由於環境不允許。也許周圍的人都很冷漠，想交朋友交不到；或者是為了其他目標而不得不犧牲關係；也可能是因為過去的關係創傷，擔心和人的關係太近，自己會再次受到傷害等等。

他主孤立，通常會發生在生活環境出現變化的時候。例如：原本從小生活在人情關係緊密的小鄉鎮，突然轉換到大城市學習工作生活。因為脫離了原來的生活圈，和老家朋友聯繫漸漸變少；對父母通常是報喜不報憂，想聊心事，但父母又經常無法抓到重點；新認識的人，則都有自己的生活，看似客氣，卻又像暗藏防備與不信任。雖然身邊看似有很多人，但在關係當中非常孤單，孤獨、憂鬱、焦慮的情緒可能會在內心愈積愈多。

因此整體而言，他主孤立是四種關係類型中最不好的一種。一個人失去原有的連結，深深地壓抑自我，又沒有適應新的文化環境，無法從其他人獲得情感支持，經常就會衍生許多心理問題。

自主孤立型

第三種是自主孤立型，就是一個人主動選擇比較疏遠的人際關係模式。這類型的人經常有這樣的想法，那就是每個人都是一座孤島，大家各過各的井水不犯河水；即使結婚生子，也就維持一個核心家庭，跟原生家庭或其他人都不會有太過密切的往來。我在前面所提沒有邀請我參加婚禮的美國同事，就是比較典型的自主孤立型。大家高度尊重彼此的隱私，沒有人會過多評論其他人的個人生活，更沒有人情束縛。

在華人這樣強調關係連結的文化背景，其實自主孤立型的關係模式對每個人而言有不一樣的意義。尤其是當我們和父母、伴侶、朋友或者孩子之間的關係過度緊密時，主動學習如何劃分人際界限，適當推遠人際距離，堅守自己的人際界限，反而顯得尤為重要。就像梭羅（Henry David Thoreau）在《湖濱散記》（*Walden*）說過：「當一個人離群索居時，才可能體會生命的意義。」適當的疏離是必要的，因為這樣能夠使我們的生命恢復完整，回到自我的根源，尋求身心的安頓，探索內在更深刻的意義。

自主連結型

最後一種是自主連結型，指的是我們自己主動選擇建立關係，和其他人拉近距離。例如你喜歡跟一個人在一起，覺得這段關係是美好而正確的事情，因此主動去愛人，同時，你也欣然接受被愛。歸屬感需求和自主感需求都是人類的基本心理需求，因此只要有適合的機會，其實我們每個人都會本能地想要發展自主連結型的關係模式。

其實在關係之中，相對於距離的遠近，我們是否感受到充分的自主，才是更重要的。無論是連結還是孤立，只要是發自內心自主做出的選擇，對我們而言，都是好的關係。

我們如何客觀看待自己的關係

以下我還是會結合自己的親身經歷，來說明我的關係模型發生了什麼樣的變化，以及我是如何看待與面對變化。

二十二年前，我剛到美國留學時，感到非常不適應，因為還沒出國之前我習慣同學之間的關係都是「好哥們」，打成一片。到了美國之後才發現，同學之間基本上都彬彬有禮地保持距離。

我還記得第一年在美國過感恩節，那是美國人家庭團聚的日子，跟我們的春節差不多。實驗室的同學都早早回家了，就剩下我一個人，我打開收音機，聽著歡快的節日音樂，卻不知道可以找誰聊一聊或喝一杯。雖然我確實擁有很大的個人空間，但我發現自己並沒有像美國人那樣享受這種「孤獨的自由」。對他們而言這是自主孤立的舒服關係，但對我來說，那時候卻是非常糟糕的他主孤立，我想發展關係，但是卻被環境束縛而得不到關係。

還好，人都是有適應性的。我在美國待了一段時間之後，就開始慢慢地被同化了，覺得像這樣的人際疏遠也蠻好的，少了人情束縛，多了獨立發展

的機會。於是我就自顧自地發展我的各種興趣愛好，開始學習享受陡然變大的人際空間。此時，我的關係模式就變成自主孤立型。

這個狀態雖然對我來說不算最理想，卻是我人生非常必要的成長過程。我學會適應這種界限清晰、距離遙遠的人際關係，也學會堅守自己的人際界限。

不過，由於從小就習慣跟別人熱熱鬧鬧地往來，因此我還是很渴望人際連結。於是最後我還是決定主動，並且有選擇地嘗試建立自己的關係。

首先，我認真地發展了親密關係，結婚生子建立自己的小家庭。雖然這並不是每個人必要的選項，但是我知道自己有這樣的需求，並且接納了這樣的需求。

婚後，我和妻子就輪流接雙方的父母來美國住，因為我們夫妻二人都特別重視與原生家庭的關係。這個不是因為外在環境的壓力，而是我們主動的選擇。長輩們來了美國幾次，一開始當然很新鮮，後來也嫌生活不方便、不習慣，我們也不強迫他們再來。雙方都是在自主的狀態下，用愛來連結這些關係，就很溫暖舒暢。

至於和朋友，一方面我們主動尋找志趣相投的中國人，每週舉辦活動，大家一起玩一起學習成長；另一方面，在公司我也不再被動等待，而是主動留心周圍的同事。如之前所提的印度同事，他是個狂熱的曼聯（Manchester United）球迷，而我也喜歡足球，於是我們經常一起聊足球、看比賽，慢慢也就成為工作以外的好朋友。如此一來，我在關係中就變得更加自主了。

我整理一下我的個人經歷，在關係中變得更自主的要點有兩個：

第一，覺察自己真實的人際需求，不去否認和壓抑。

第二，建立自主關係的時候，有重點和選擇。我並不強求要和每個同事都做朋友，有些同事難以接近，不必勉強自己。有些同事人很好，平時雖然也會互相幫忙，但確實沒有共同話題，無法發展共同的情感，那也就算了。

我知道有許多年輕人跟我當年一樣，從強調他主連結的小地方來到大城

市，在面對關係時，經常會面臨兩難的痛苦。這些人通常夾在他主連結和自主孤立之中無法掙脫。一方面，想要擺脫他主連結的束縛，因為這種互相干擾、彼此牽扯的關係讓生活變得太過擁擠，逢年過節回家變成一件痛苦的事情。但另一方面，生活在陌生人社會的城市裡，當醫療保障、消費信貸都可以由制度和機構承擔，不再需要個人慷慨解囊時，他們仍然無法接受自主孤立的關係模式。

為什麼呢？因為我們從小接受的教育就是，無論我們是否願意，只有連結的關係才是好的。因此，我們常常羨慕人緣好的人，走到哪裡都能跟人打成一片，然後給那些主動和大家保持距離的人，貼上不合群的怪咖標籤。

當有一天，來到大城市之後，雖然隱約意識到適當的疏離和獨處，反而讓人有更多機會思考真實的自己，但我們依然會懷疑：我真的可以選擇自主孤立的關係模式嗎？這麼做真的是對的嗎？結果就是，既不敢真正追求自主的關係，又不敢享受孤立所帶來的快樂和意義。

但是，只要是自主的關係，對自己而言就夠好的關係模式。雖然我們生活在眾人之中，但沒有規定必須要像眾人一樣活著。其他人如何發展關係，怎麼看待我們的關係，對我們而言並不重要，重要的是，自己在各種人際關係當中的真實感受是什麼？在理解每種關係類型會帶來的影響之後，只要根據自己的實際情況，分領域、有選擇地做出改變和調整就行了。

15 今日行動　畫出你的人際關係圖

對於關係，每個人都可以選擇自主地連結。你想要如何重新定義和父母、戀人、朋友或同事的人際距離？請用圓圈分別代表你和其他人，然

後畫一畫屬於你的人際圈。行動可以分三步驟進行。

第一步，你目前和父母、戀人、朋友或同事的人際距離分別是遠是近呢？有可能很遠，也有可能有部分重疊，甚至大部分重合。請根據目前的實際情況畫出來。

第二步，再想想從現在開始，你希望自己和他們的人際關係維持在什麼樣的距離呢？你可以再畫出一組。

第三步，請簡單整理你想這麼畫的理由。

我要特別強調，無論最後畫出來的結果是什麼，都沒有對錯之分，只要選擇對你來說最舒服，是內心真正需求的關係模式就好。

16 千錯萬錯，都是父母的錯？

　　原生家庭關係，是所有人出生之後第一個也是最重要的關係。

　　其實我們已經聊了許多原生家庭對自我的影響。許多朋友也跟我說，他們感到很無力，好像原生家庭就這樣決定了他們的一生。

　　前一陣子，也有一位朋友打電話給我，聊沒多久就開始跟我抱怨，說最近三天兩頭跟太太吵架，太太總怪他脾氣太差情緒化，小孩也跟他不親。他想來想去，覺得自己受父親影響太深，因為他父親就是個典型的火爆脾氣，小時候沒少讓他受罪。結果現在，這代際之間的傳承，還連累自己的家庭。

　　我一方面當然表示理解，因為從某種程度上來說，這些痛苦的感受，確實是原生家庭不好的那一面證據；但另一方面，我也擔心，他就這麼困在對於原生家庭的怪罪之中，無法面對真實的生活。

　　因為講原生家庭的問題太多了，我們會不由自主地開始數落原生家庭所帶來的傷害。有人甚至會說：「天下父母皆禍害。」但其實，幾乎每個人在和父母的互動當中，都會帶有衝突和遺憾。這個世界上並沒有完美的家庭，我也從來沒有見過哪個人，小時候的關愛感獲得完美無缺的滿足。關鍵在於我們如何理解和面對傷害，並且從中汲取力量，這才是我最想幫助大家做到的事情。

　　從這個角度來說，我們在本書第一部分對原生家庭的回溯，並不是要讓人絕望，而是要讓我們一起充滿希望地注視每個人身上過去獨特的傷害和傷

痕，然後一起成長為更穩定和強大的人。

　　因此，我想聊聊如何客觀看待父母的過錯，也就是原生家庭中的傷害，再說說可以如何改善調整。

如何客觀看待「傷害」

　　童年確實對於人生初始階段的狀態有重大影響，但自我成長卻是一輩子的事情。因此，客觀看待原生家庭帶來的傷害，也是給自己一次新的成長機會。

父母也是大環境的受害者

　　許多我們認為所謂的父母過錯，其實是我們以今天的文化概念去衡量的結果。這種做法對父母來說並不公平，因為他們也是大環境的受害者。

　　我們知道，父母的養育方式，大部分也是他們的家庭、文化和社會等各種因素相互作用的結果。當我們把自己所受的傷害全都怪罪到父母身上，其實就是讓一個個體背負了整個集體的過錯。

　　許多人從小都是接受打壓式教育，即使考得再好，父母還是會潑冷水，看似在打擊你，其實可能是因為他們從小就接受謙虛是美德，驕傲自滿容易壞事的觀念；當父母要求你找份體制內的工作，不要輕易冒險時，看似缺乏界限感，想要控制你。但如果我們回頭看他們成長的環境就會知道，在他們的年代能夠按部就班、穩定就是最好的生活。

　　當我們把父母放回到他們當時身處的環境就會發現，他們也沒有得到足夠的愛與教育，甚至他們自己就經歷了混亂而破碎的原生家庭。他們的父親也可能為了生計，長期缺席他們的成長；或者他們自己也是重男輕女、不打不成器等觀念的受害者。

　　許多父母其實已經意識到原生家帶給自己的負面影響，因此當他們為人

父母，就會下定決心，絕對不要讓子女承受自己以前經歷過的痛苦。但是許多時候，他們雖然意識到上一代的錯誤為自己帶來傷害，卻又還是延續了這些過錯。這種心理創傷在一個家族代代相傳的現象，在心理學稱為代際創傷。從「受害者」變成新的「加害者」，這個問題本身，就是需要整個社會一起面對和消化。

接受父母必然是不完美的存在

客觀看待原生家庭，代表我們要收起對父母理想化的期待。

小時候我們會很自然地崇拜父母，在非常早期的階段，我們甚至會認為自己的父母是全世界最好最完美的人。

但是，隨著一次次的成長經驗，我們會慢慢調整心目中「理想化父母」的形象。當我們意識到「父母不再完美」的時候，就等於再度經歷一次與「理想父母」關係破碎的過程。

許多人在成年之後，仍然無法對父母的過錯釋懷。其實這個狀況的背後，正是隱含子女內心深處對父母「過於理想化」的期待：「我覺得我應該得到父母所有的愛，得到父母所有的關注，但是我沒有。」或「我覺得父母應該是無所不能而且完美，但是父母並沒有做到。」是這些落空的期待，最終演變成父母的過錯。你對父母的期待有沒有超出他們的能力範圍？太過理想化的期待，也可能是偏見的來源。

因此，理解父母的不完美，是客觀看待傷害很重要的一步。因為總有一天，我們也要接受自己成為不完美的父母，會面臨子女的失望和憤怒，也要接受自己終將成為讓孩子感到掃興的大人這樣的事實。

小時候的傷害很難逃避

童年時期的我們特別容易受到創傷，也是因為在這個時候，我們不得不

依賴自己的父母，這種生存本能，讓小時候的我們很難逃避來自父母的傷害。

美國發展心理學家哈洛（Harry F. Harlow）在二十世紀六〇年代曾經做過一個非常有名的「恆河猴實驗」。

哈洛的研究團隊在一個籠子裡放入兩隻假的母猴，一隻是全身包裹著柔軟絨布的「絨布媽媽」；另一隻是全身纏繞著鐵絲的「鐵絲媽媽」，但胸前裝了一個二十四小時餵奶裝置。然後，實驗者把一隻剛出生的恆河幼猴放到這個籠子裡。除了喝奶，大部分時間，幼猴都趴在「絨布媽媽」身上，因為溫暖的感覺可以給牠安全感和歸屬感。

接著，為了觀察當幼猴受到傷害時會不會離開「絨布媽媽」，他們把「絨布媽媽」做了一番改造：當幼猴靠近時，「絨布媽媽」會吹出強大的冷氣，把幼猴吹得只能緊貼籠子的欄杆，並且不停地尖叫。

可是令人意想不到的是，即使如此，幼猴還是會忍受這些有傷害性的刺激，一直留在「絨布媽媽」的身邊，不會轉而尋找「鐵絲媽媽」。實驗結果證明，出於安全感的需求，即使會受到傷害。幼猴還是不願離開傷害自己的「絨布媽媽」。

這個實驗結果也被投射到人類的依戀關係。而人類的依戀關係也在後來的許多實驗和歷史現象中得到證實。我們生存的本能決定了，在能力尚未發展好之前，會十分依賴主要照顧者，自然也就無法避開來自主要照顧者的傷害，這是人類的通性。在我看來「不禍害，非父母」。其他膚淺、表層的關係，想傷害我們還傷害不到呢。正因為我們和父母的關係如此深厚，來自他們的一點點失誤才會對我們造成那麼大的傷害。但是，這個傷害本身，其實沒有你想像中的大。理解了這一點，我們就能夠以更平靜的心態看待這些傷害。

原生家庭的影響是有限的

不過，必須強調的是，雖然我們必然會受到一些來自原生家庭的傷害，

但這些傷害是有限的，更是可以彌補的。

美國發展心理學家布朗芬布倫納（Urie Bronfenbrenner），最早提出了「生態系統理論」（Ecological Systems Theory），認為「原生家庭」確實是對一個人具有重大影響的子系統，但並不是唯一的系統，除了原生家庭，還有學校、社會等等。而且，無論哪個子系統，對一個人的發展都不是決定性的影響，原生家庭的影響也並非無法彌補。

美國心理學家艾美・維納（Emmy Werner）曾經對二一〇位在貧民區長大的弱勢兒童進行長達二十年的追蹤調查。這些小孩從小生長環境就非常嚴苛，諸如父母貧窮、教育程度低、家庭不和諧等等。如果真的是由原生家庭決定一生，那麼這些小孩根本就不會有美好的未來。

但是後來的調查結果顯示，這些人當中，確實約有三分之二的孩子如同父母一樣沒有走出困境，十歲的時候就出現嚴重的行為偏差或學習障礙，十八歲前就觸犯法律等等。但仍然有三分之一的小孩長大後獲得成功與幸福。

為什麼這三分之一的孩子，能夠擺脫原生家庭的束縛？研究人員發現，與其他孩子相比，這些人有更強的心理復原力，會好好利用環境中的各種資源幫助自己成長，而且會更加樂觀地進行自我修復和自我療癒。

這個研究告訴我們，影響一個人成長的因素實在太多，除了原生家庭環境這個子系統，我們在成長過程也會接觸到學校、朋友等其他子系統，也會透過各種管道獲取知識，而最重要的是，我們的內心還擁有不可忽視的心理復原力，這是屬於我們自身的力量，能夠讓我們好好自我修復和成長。

如何積極改變，走出原生家庭的傷痛

成年之後，許多人還是認為自己對原生家庭帶來的負面影響無能為力。但事實上，只要意識到「改變是可能的」，就有走出傷害的勇氣和可能。因

此最後，我們來聊聊，如何試著做出積極的改變，在此提供兩個方法。

第一，重新認識父母；第二，調整你的認知偏誤，主動挖掘父母好的一面。

首先，我想先問問，你是不是真的瞭解和你已經生活數十年的父母？你知道父母生活的時代是如何呢？父母也有自己的原生家庭，他們之間的關係是什麼樣呢？你知道父母是不是喜歡自己的工作？他們擅長什麼？不擅長什麼呢？

這個問題清單還可以列很長。關於這些問題，能夠清楚回答的人並不多。其實做為子女，我們經常只看到父母身為父母的一面，雖然真實，但還遠遠不夠完整。重新認識父母，最大的意義就在於，我們可以更理性地看待父母的過錯，更容易走出傷害的旋渦。因此，不妨找個機會，和父母直接聊一聊，或者透過其他家人瞭解。

也許他們年輕時，也曾經像我們一樣，對未來既迷惘又嚮往。可是生活的壓力很早就把他們拉回現實之中。我們的父母或許才剛二十出頭，就慌慌張張地背負起整個家庭，他們不夠完美，甚至有許多缺陷。當你看得愈多，就會理解得愈多，也就更容易放下對傷害的執念。

其次，以更正面積極的視角看待父母。

在日常生活中，你可以觀察父母平時對你如何，他們何時會對你表現關懷與愛，會不會因為你已經把父母的關懷與愛當成理所當然，而有所忽略？你可以主動蒐集這些正面的證據，並記錄下來。

除此之外，你還可以觀察父母身上的優點：爸爸行事風格果斷俐落，媽媽擅長人際交流、熱情幽默，每個人至少列出三項，然後想想這些優點在生活中如何表現。當你以優勢取向的視角代替問題取向的視角，就能有效發現生活中的正面積極的力量。

當然，最後我必須提醒，如果你曾經歷比較深的家庭創傷，已經嚴重影響生活，那就不用強迫自己一定要深究正面積極的意義，更不要否認父母對

你的真實傷害。不要想「忍忍就過去了」、「華人家庭都是這樣」，你要知道，事情的發生並不是你的錯，我希望你可以鼓起勇氣，向專業人士尋求幫助。

為了幫你好好地邁出這兩步，我為你準備好一份對談清單，如果你不知道要問父母什麼，可以參考清單上的題目。也許你會經由這些題目發現，關於父母，你不知道的太多；而你過去知道的，也很可能都是錯的。

你可以當面溝通或是經由通訊軟體、打電話等方式，詢問父母其中幾個問題。大多數時候我們都在想，如何讓父母更理解自己、支持自己。但其實，他們也需要一個機會，讓你瞭解他們真實的樣子、真實的想法。

16 今日行動　畫出你的家庭優勢樹

畫一畫你的家庭優勢樹。這個練習能夠以更加視覺化的方式，幫助你從正面積極的視角看待父母，並且加強你對家庭成員之間關係的理解。

第一步，請你畫出樹的主要枝幹，每個家庭成員，你和你的父親、母親、兄弟姊妹都有一個屬於自己的枝幹。

第二步，請以每個家庭成員的優勢裝飾這棵樹。試著寫下每位成員的三個優點，或是正面積極的心理特徵，並把優點填入對應的枝葉。你可以想想對方平時在生活、工作中所發生的事，或是其他人對他的評價，可以從中挖掘對方的優點。

第三步，填滿這棵優勢樹之後，好好欣賞這幾棵樹。看看家庭成員之間有哪些相同類似的優點？又有哪些完全不同的優點？這些背後有沒有更多的小故事？

如果可能，你也可以和父母一起畫這棵樹，或者畫完之後讓父母看看你畫的這棵樹，一起聊聊彼此的優點，相信也會是一次不一樣的體驗。

附錄｜不一樣的對談清單

- 你最近最快樂的一件事是什麼？
- 哪一刻你覺得自己還很年輕？
- 如果能重返二十五歲，你最想做什麼？
- 你到目前為止，做的最讓自己滿意的事情是什麼？
- 你最希望擁有哪種才華或能力？
- 你覺得什麼是婚姻？
- 你最怕什麼？
- 你的個人理想是什麼（跟我無關的）？
- 你和父母的關係好嗎？

［父母影響］

以下問題是關於父母行為的描述，請根據自己青少年時期的情況回答。
如果父母兩方的行為方式不同，你可以針對父親和母親單獨測試。請依據父
母的符合程度進行選擇，答案沒有對錯之分。

A. 非常符合　B. 比較符合　C. 一般　D. 比較不符合　E. 非常不符合

01. 當我在說話，父母會顯得沒有耐心，經常打斷我。

02. 當我做錯事，父母會冷落我。

03. 當我遇到困難，父母會及時給予幫助。

04. 當我沒有按照父母的要求做事，他們會嚴厲地批評我。

05. 當我做一件事，父母經常給予鼓勵。

06. 父母經常會要我向別人家的孩子學習。

07. 父母會和我商量關於我的事情，並尊重我的意見。

08. 父母會干涉我和什麼樣的人做朋友。

09. 父母曾查看我的日記或者手機。

10. 當我向父母說出我的需要，通常他們都會滿足我。

11. 父母曾干涉我選擇學校或是主修科系。

12. 當我獲得好成績或表現不錯，父母會表揚我。

13. 對於我的興趣愛好，父母表示支持。

14. 當我因為成績等問題傷心的時候，父母會鼓勵我。

15. 我的課後生活主要被父母所安排，很少有自己的時間。

16. 父母很喜歡聽我說學校發生的事情。

17. 父母經常對我說他們遇到的事情以及他們的想法。

18. 當父母做了傷害我的事情，他們會向我道歉。

分別計算各題得分，正向計分 A ＝ 5、B ＝ 4、C ＝ 3、D ＝ 2、E ＝ 1；反向計分：A ＝ 1、B ＝ 2、C ＝ 3、D ＝ 4、E ＝ 5。

正向計分題：3、5、7、10、12、13、14、16、17、18。

反向計分題：1、2、4、6、8、9、11、15。

將各題分數相加，計算總分。

當總分＜ 42 時，在你的成長過程，父母對你的控制相對較多。

無論是大事還是小事，你的父母都希望親手幫你安排妥當，甚至在某些事情上，會要求你按照他們所說的去做。當你想表達自己的想法，父母很容易忽略你的感受，因此可能會阻礙你和父母進一步的交流，影響你和父母之間的親密程度。

大多數時候，父母對你的期望比較高，因此對你的批評較多，當你有一定成就時，得到的讚美也相對較少，因此使你對自我的負評增加，導致自尊降低。

成長是一條漫長的道路，父母可能在之前養育你的過程，對你造成一些負面影響，但是這些是過去的經驗，並且影響也有限。希望你能客觀地認識原生家庭帶來的影響，給自己成長的機會。

當 42 ≦總分＜ 66 時，在你的成長過程，父母對你有一定的控制。

父母會希望你按照他們的想法做事，會為你安排許多事情。但是當你提出你的想法時，他們也會加以考慮，不會完全忽視你的請求。在生活中，你們也會互相交流一些自己遇到的事情和想法，你們之間的關係是相對親密，

但也有部分話題會使你們的意見衝突，產生不愉快。

父母對你有適當的期望，當你做事沒有滿足他們的要求，或者犯了一些錯誤，父母也會對你有所批評，使你對自我的負評增加。

當總分 ≧ 66 時，在你的成長過程，父母對你的管理較為寬鬆和民主。

父母給了你較大的自主權，尊重你的選擇，關注你的需求。你們之間的關係比較親密，經常互相交流遇到的事情和想法，你可以比較自在地表達自己內心的想法和需求。

當你犯錯時，遇到困難時，父母也會在你身邊支持你，給你鼓勵，這些關愛和支持會滋養你的自尊。父母給予你的自主和支持，提供比較輕鬆的家庭氛圍，這些都是你成長過程中非常寶貴的人生財富。

17 走自己的路，處理原生家庭關係的原則

　　每個人多少都受過原生家庭的「傷害」，但每個人也都能靠自己的力量面對傷害，發展自我，建立新的生活。

　　雖然原生家庭幾乎必然會帶來傷害，但這並不代表我們在原生家庭必須委曲求全，因此，特別來聊聊如何處理原生家庭中最棘手的關係糾纏問題。

　　前陣子，一位名叫小婷的女孩，機緣巧合地瞭解到我之前所做的正向心理學諮商專案，她經由郵件的方式，和我說了她正面臨的煩惱。她和男友已經戀愛兩年多了，感情一直很不錯，彼此對未來都有所規劃，打算一年內結婚。但她媽媽一直覺得男友的工作不穩定，將來她一定會跟著吃苦，因此對兩人的關係並不認同，甚至要她盡快分手。小婷並不希望和男友的感情就此打住，但是她也不想傷害她與媽媽的關係。她覺得自己面臨一道非常難的選擇題，選擇哪個都會讓自己非常痛苦。

　　她的例子其實呈現了原生家庭非常普遍的情感糾纏問題。對父母而言，經常把子女當成人生的一部分，想要干涉甚至控制子女的生活，如果子女沒有聽從，他們就會覺得心寒；對子女而言，做決定時經常不得不照顧父母的情緒感受，不照做會內疚，照做又會承擔更痛苦的後果，失去一段自己滿意的婚姻。

　　因此，原生家庭的情感糾纏，最讓人痛苦的地方在於，子女和父母雙方由於關係太過緊密，情緒感受和責任都混淆在一起，失去應有的界限。最後，

愈是親近的人反而愈容易互相傷害。那麼，到底該怎麼處理呢？這裡我要介紹一個處理關係糾纏的重要原則——課題分離。

什麼是「課題分離」

「課題分離」的意思是，在生活中，你有你的功課，我有我的功課，大家彼此做好自己的功課，也不要去干涉別人的功課，這樣就能免去無數的人際煩惱。

這裡所說的「課題」，並非複雜的學術概念。我們的人生各種大大小小的事情，大到上學、談戀愛、工作、結婚……小到吃飯、買東西、打電話……都可以叫做「課題」。

那麼，如何區分一件事情到底屬於誰的課題？其實也很簡單，那就是，這個選擇的後果最後由誰承擔，那就是誰的課題。

以小婷為例，她想要和男友結婚，但媽媽不同意，甚至想要強迫她分手。按照課題分離的定義來看，「選擇和誰結婚」就是小婷的課題，而不是媽媽的課題。

因為在結婚這件事，對後果負責的人是小婷，無論將來這段婚姻是好是壞，都是由小婷自己去經歷和承擔，她的媽媽無法代替她和對方過日子。如果小婷的媽媽覺得這個男友靠不住，完全可以提出自己的意見，但不能強迫她分手，更不能代替她做決定。

課題分離為什麼這麼難

課題分離的概念，其實並不難理解。但是在面對原生家庭的關係糾纏時，想要真正做到課題分離，還真蠻難的。這種困難通常會表現為兩種情況。

第一種情況是，明明自己才是課題責任人，但是經常會在不經意間，把自己的課題甩給父母。這種情況本質上，是因為你潛意識無法為自己的課題負責。

我有位同事婚後不久就生了小孩，因為夫妻倆都要繼續工作，因此她請自己的媽媽過來同住，幫忙照顧小孩。

在媽媽的照顧下，她的生活變得輕鬆許多。但是沒過多久，她就有了新的困擾，因為兩代人的育兒觀念不一樣，讓她特別有壓力。孩子三、四個月大的時候，因為她媽媽說小孩要「多餵一點」，結果小孩明顯超重，為此她很有意見。或者是平常小孩出個濕疹，得個小病，她媽媽總想找祕方給小孩試，還跟她說：「你放心，你小時候也有這樣的毛病，我都是這麼做的，很快就好了。」於是她得花許多時間來說服媽媽。

我這位女同事的情況，表面上看似是她媽媽干涉她養育小孩的問題。但是仔細想想，這個困擾的背後，反映了一個更關鍵的問題，那就是她並沒有完全對自己的課題負責。因為育兒這件事情，請媽媽來幫忙的是她本人，因此一開始就需要跟媽媽說清楚，「我才是課題責任人，小孩的各種事項應該以我為主做決定」。而且既然允許媽媽介入，也就要相對應地允許媽媽在育兒上的不完美。當然，她可以提前做好風險警示，確保這個不完美的後果是自己所能承擔，例如：小孩被多餵一點，是自己可以接受的結果。

生活中，面對來自父母的干涉，許多時候我們就會順水推舟地把自己的課題推給父母擔責。如果結果是好的，那當然皆大歡喜，但如果結果不好，之後便感到後悔，然後開始抱怨父母。而這背後更深層的原因，其實是我們並沒有真正做好為自己的選擇負責的準備。

第二種情況是，我們常常為了得到父母的認同，而把父母的課題，當成自己的課題。更本質的原因是，把父母的評價當成自我價值的衡量標準，還沒有做到真正的心理獨立。

去年，在一個正向心理學資助專案，我遇到了安安。她父母的關係不太好，爸爸和家裡比較疏離，主要是媽媽在照顧她。由於母女倆相依為命，許多時候她也成為媽媽的情感寄託。媽媽壓力太大情緒不好時，都會找她傾訴。有時候，也會莫名地對她發火，但發完火之後馬上就會後悔，又緊緊抱著她大哭。

她有時候會覺得很委屈，但也會覺得媽媽很辛苦，我一定要好好保護她。於是，她早早就挑起照顧媽媽所有情感需求的重任。即使後來工作了也依然如此，她下班後的休閒時間都和媽媽在一起，沒什麼朋友，也沒有自己的生活。每晚工作結束，準備回家時，她的心情就開始變得沉重。

有一次我問安安：「你有沒有考慮過離開媽媽，搬出去住？」她沉默了一會兒說：「這些年我都習慣了，而且我擔心如果我不在身邊，她可能會撐不下去。」

我接著問了她一句：「你有沒有想過，其實是你沒有給媽媽機會，讓她試著獨立面對？」

這位年輕的女孩受到成長環境影響，不知不覺承擔了照顧媽媽感受的課題。長大後，她想要擺脫，但一想到要離開媽媽，就會非常內疚自責。

她以為是媽媽離不開自己，其實她並沒有意識到，她也離不開媽媽。是潛意識對連結感的需要，讓她不願意把媽媽的課題交還回去。而對她而言，忍受這種內疚感，接受自己和媽媽是彼此獨立的存在，才是她在個人成長過程中，真正要面對的課題。

生活中有許多人和安安一樣，在做選擇時總會被自己的內疚感所折磨。這種內疚感的背後，通常隱藏著一種恐懼，就是我們有可能讓父母失望、傷心和憤怒的恐懼。從小接受有條件的愛的孩子，長大後會更害怕做出讓父母失望的選擇，好像父母對自己失望，就代表自己不再值得被愛。他們把自己的個人價值建立在父母的評價之上，因此，即使父母的期待很不合理，他們

的內心也會有非常大的內疚感，促使他們做出妥協、犧牲。

可是，無法忍受父母失望和不滿的人，代表還沒有實現真正的成長。你應該知道，對於你做的選擇，父母其實是可以失望的，那是他們的課題，如果你真的很在意，可以選擇透過溝通的方式調整。你應該要知道，我們並不需要父母無時無刻的認同。承擔父母對自己的失望和不滿，也是遲早該面對的人生課題。

課題分離的具體方法

當然，我也要特別強調，其實課題分離本質上，是在父母和我們的關係之間設立一道彈性的界限，要不要分離，分離到什麼地步並不重要，重要的是，我們應該擁有選擇分離的權利。在華人的大環境，確實也有許多家庭不用做課題分離也能找到非常融洽的相處方式。但是，如果這種相處方式已經為你帶來痛苦，就需要面對和解決。應該要怎麼做呢？

一個最重要的前提是，在經濟上做好獨立的準備。

我見過許多原生家庭的例子，子女之所以和父母糾纏不清，是因為他們雖然嘴上抱怨要擺脫父母的控制，想要有所改變，但在經濟和情感上卻仍然依賴父母。這和華人的社會經濟與文化背景有很大的關係，許多人是工作二、三年之後，才逐漸經濟獨立。有些人甚至結婚後，在經濟方面依然受父母掌控。從現實的角度來說，如果無法做到經濟獨立，相當於仍然在讓父母承擔我們的課題，那要如何進行課題分離呢？

說完課題分離的重要前提，再來說說更具體的方法。要做好課題分離，從實際操作層面來講，更多的其實是溝通問題。當父母干涉你的課題時，明明拒絕的話到了嘴邊，卻總是說不出口。或者你曾經試過，但一言不合就和父母有了爭吵。

在此介紹一種叫做「自我堅定」的方法。能夠幫助你在與父母溝通時，堅定地表達自己的想法，同時也尊重父母的觀點，避免衝突升級。簡單來說，自我堅定主要分為三步驟：計畫、表達和回應。

第一步，計畫。就是在和父母溝通之前，你要先確定對這件事的態度和想法。例如，你想辭去現在的工作，在另一個產業尋求新的發展。那麼，就需要自己好好地想一想，為什麼不喜歡現在的工作？新的產業有哪些地方吸引你？轉行可能有何困難和挑戰？你已經做了哪些準備？你必須自己想清楚，在與父母溝通時，才能避免被自己的內疚或憤怒等情緒帶著跑。

第二步，表達。溝通時盡量不用「你們」，而是以「我」開頭表達。我感到、我想、我希望……這樣的表達方式，能客觀陳述自己的感受，又能減少話語中的攻擊性。

想要拒絕父母的相親安排，如果是以「你們」開頭，那就會是：「你們怎麼都不問我就安排了？為什麼你們總是亂操心？」但其實你可以用「我」開頭，那就會這樣說：「我對相親感到很突然，也感到很慌亂。因為我的工作非常忙，我希望等到這個專案結束之後，再考慮感情的事情。你們覺得呢？」

「自我堅定」的第三步，就是回應。在面對父母可能的質疑和指責時，可以採取「非辯護式回應」：不提要求，也不做解釋，只做回應。回應表示你在表達自己的觀念、看法。反之，一旦我們因為父母的負評而急著為自己辯解，就相當於陷入他們的價值判斷系統。這樣一來，在溝通時就會處於被動狀態。

之前提到一直和媽媽生活在一起的安安，在和我深入交流過後，打算試著搬出去住，改變目前不太健康的母女關係。當她提出要搬出去的時候，媽媽情緒非常激動地說：「怎麼？你不要我了？我養你這麼大，你怎麼對得起我！」

安安當下就慌了，為自己辯解起來：「沒有啊！我一直都為你著想。但不管我為你做什麼，你總是不滿意、不滿足。」結果那次交流很快就以失敗告終。

後來我跟她說，當你請求父母的理解時，就已經給他們拒絕你的權利，對話的主動權就掌握在父母手上。因此，回覆指責最好的方法就是非辯護式回應。

也許，安安可以平靜地回答：「媽媽，你不同意我這個決定，我感到很遺憾。」或者：「媽媽，很抱歉，這個決定讓你傷心了。」

因為這樣的回應沒有提出任何要求，因此不太容易遭到拒絕，也避免衝突升級。這時候再試著表達自己的想法：「最近我一直在思考，我對現況並不滿意，也許搬出去住才是最好的。我們都是成年人了，我很關心你，但我並不希望我們總是這個樣子。希望你也能夠尊重我的想法」。

類似這樣的溝通並不表示一次就能見效，但能夠幫助你在面對父母的反對、埋怨和指責時保持冷靜，同時也能爭取更多機會表達自己的想法。我們和父母溝通的目的，也並不是非要尋求他們的認同和贊成，而是找到更多機會讓父母理解你、尊重你。從長期利益來看，課題分離對於父母而言也是好的，他們不應該用一輩子的時間對我們的課題負責，他們值得擁有自己的生活，同樣你也不用一輩子為他們的情感課題負責，你也值得擁有自己的生活。

大家可能還是會有疑惑：如果無論如何溝通，父母非要把我的課題當作自己的課題，那該怎麼辦？我該如何讓他們配合我一起進行課題分離呢？其實，這個想法本身就是對課題分離的誤解。我們只能做好自己的課題，父母是否改變、能改變多少是他們的課題。但是，當我們主動行動、開始有意識地進行課題分離時，就是父母理解我們的開始。

17 今日行動 課題分離

　　我想發起的正是「課題分離」行動，這個行動一共分為三步驟。

　　第一步，請你想一想，最近一年來，你與父母意見不和或者發生爭吵的一件事是什麼？你們之間的分歧點為何？

　　第二步，設想一下，讓你產生困擾和糾結的問題是什麼？

　　第三步，嘗試將問題分類，哪些問題屬於父母應該面對的？哪些屬於你自己的課題？

18 親密戰爭，從權力爭奪到權力共享

我們一起回顧了會對自我發展產生影響的各種因素，也漸漸地把目光從自我轉移到外部世界。

現在，你的旅程到已到新階段。開始尋找同行的伴侶，這和普通朋友不一樣，因為你希望與對方特別親密。會產生許多不同於以往的體驗，關愛感、連結感、歸屬感，好像都朝你而來。但同時，你也和另一個人分享自我、分享生活，也免不了會有衝突、爭吵、妥協。

對於親密關係，我們大多數人都抱著一種既理想化又防備的心態，期待體驗忘我的情感，又害怕失去自我。其實，這背後隱含一個最核心的議題，也是建立親密關係的關鍵，那就是我們在享受親密關係好處的同時，也要學會面對親密關係最重要的課題之一，那就是權力爭奪。

親密關係對自我的好處

在我看來，親密關係是一個人成年之後，對自我演化影響最大的關係。這句話要如何理解呢？

親密關係的工具性價值

我在美國賓州大學的老師詹姆斯・帕維爾斯基教授（James Pawelski）曾

經借用一句電影台詞，來形容親密關係對自我的意義。這句台詞來自《征服情海》（Jerry Maguire）這部電影，男主角對妻子說：「You complete me.」意思是你讓我感到完整。

此處的「完整」實際上表達了親密關係為自我帶來的第一個價值：工具性價值。我們在親密關係當中，能夠從對方提供的資源獲益。無論是金錢支持、時間投入、身體安撫還是情緒精神支持等等。

做為不完美的人，我們可以經由愛上別人來實現自身的完整。例如，一個不穩定高自尊的人，和一個穩定高自尊的人在一起，能夠使自尊類型得到一定程度的修復和滋養。親密關係讓人在原生家庭之後，又提供了一個非常親近的人際環境，讓人可以溫柔地學習如何成長為更好的自己。我們可以成為更好的伴侶，而更重要的，是可以建構更好的自我。

親密關係的終極性價值

此外，親密關係更重要的意義，就是對於一個人的終極性價值。

終極性價值是相對於工具性價值的一個概念，是說某樣事物本身就是目標，其存在本身就是價值，而不是工具，也不是手段。對一個人的自我而言，進入親密關係的世界體驗，其本身就是自我不斷演化、不斷拓展的目標和方向。

德國哲學家馬丁·布伯（Martin Buber）在他的名著《我與你》（*Ich und Du*）當中，對關係的工具性價值和終極性價值的問題做了極為精采的論述。他說，如果把關係看成工具性的，那就是「我與它」，關係是我通往世界和自我的橋梁，我經由關係獲取想要的東西。但若如此，我和關係其實是割裂開的，我身在關係之中，要的卻是關係之外的事物，最後既會傷害關係，也無法與世界和自我融合。

布伯認為，對待關係正確的態度應該是終極性的，不是「我與它」，而

是「我與你」，在每一個關係裡，你不是我達到目的的手段，你就是目的。當我身處親密關係時，我就達到與世界和自我的融合。

一個最自私的人，也會因為愛上另一個人而做出利他的舉動，因為在親密關係裡，自我的界限被拓展和延伸，與所愛之人的自我重疊、共鳴。你會憂他之憂，喜他之喜，願意為對方付出、忍讓，設身處地為對方考慮。

帕維爾斯基教授認為，從第一層工具性價值升級到第二層終極性價值，是一個人在親密關係從他主到自主的升級。古希臘神話中，宙斯把完整的人分為男人和女人，男人和女人從此相愛，因為他們需要對方來使自己變得完整。但是到了亞里斯多德時代，哲學家認為，關係的最高境界是基於善，就是這段關係本身就是好的，而不只是互補、互相吸引。這時候一個人選擇親密關係，已經不再是被神所操縱的安排，而是我們有意識的自主、勇敢而又高貴的選擇。

權力爭奪

不過，親密關係是花園，也是戰場。建立親密關係，代表兩個本來陌生的人要進入對方的圈子，彼此發生連結。我們必然會遇到親密關係最重要的問題之一，那就是權力爭奪。情感問題專家黃煥祥（Bennet Wong）和麥基卓（Jock Mckeen）認為，在親密關係的發展過程中，隨著彼此愈來愈踏入對方的領地，權力爭奪無論表現得有多隱晦，都不可避免。

所謂權力爭奪，指的是在親密關係當中的兩個人，既想控制對方，又被對方不斷拒絕和反抗的過程。

具體來說，從明顯到隱晦，權力爭奪可以分為以下三個類型。

首先，最明顯的是，關於經濟、婚姻、生育等重大問題的權力爭奪，如：家裡錢財該如何分配、歸誰管，房子登記誰的名字，要不要生小孩等等。

其次，是日常生活瑣事的爭奪，如：一起看電影的時候聽誰的選擇；誰

換廚房的垃圾袋；過年去誰家；當然還有上完廁所的時候，馬桶蓋是掀起來還是放下去等等。

最後，還有更為隱晦的爭奪。不一定會有爭執，而是一種暗中較勁，如：兩個人的穿衣打扮風格，在一起之後受誰的影響更多；誰會認為自己的觀點更好，經常教育另一方等等。

對於這些問題，親密關係中的兩個人，有時候是經由爭吵的方式來彰顯各自的權力，有的時候，就是把自己放在受害者的位置，看似被動，其實是主動要求對方順從自己的控制。就像是這種常在親密關係聽到的話：「你若不這麼做，就證明你不夠愛我。」

那麼，為什麼親密關係當中會有權力爭奪呢？其中有三個最核心的原因。

第一，權力爭奪背後是兩個人各自依戀需求的投射。

進入親密關係之後，我們曾經在原生家庭發展出來的依戀模式會在親密關係重現。伴侶成為我們新的依戀對象，你在潛意識中，會把曾經沒有滿足的關愛需求，依照你的期望投射到對方身上。同樣地，你的伴侶也可能會這麼做，但是他對你的期望很可能又不一樣。兩種不同相互碰撞，必然會引發權力爭奪。

我曾經聽同事說過一段朋友的經歷。剛結婚的夫妻住在一起，因為兩個人上班往不同的方向，因此先生買了兩台車，這樣各自開車上班，非常方便。他還特地為太太挑選她喜歡的顏色，想給太太一個驚喜。沒想到太太得知後一點也不開心，車買回來一直停在車庫，仍堅持要先生接送，為此兩人還有所爭執。

因為對太太而言，她心中一直有個執念，覺得如果一個男人能堅持接送上下班，不嫌多繞路，這就比什麼都能證明愛的存在。但是先生對此無法理解，覺得太太違反常情，既然有更方便的方式，家裡經濟狀況也允許，自己特別多買了一台車，還考慮了顏色，這樣還不夠愛她嗎？也就是說，丈夫的

執念在於希望透過提供對方更多、更好的物質資源來表達愛意。

但太太後來才告訴先生，小時候母親撫養她很辛苦，父親則缺乏責任感，只有每月給一些家用，其他一概不管。有一次下大雨，母親到學校接她，擠不上公車，又招不到計程車，她看到班上一個女同學被父親開車來載走，她突然對自己的父親非常憤怒。長大之後，她對錢和物質不那麼在意，但極其看重對自己重要的那個人，願不願意做出照顧和關愛的舉動。更準確地說，她極其看重對方是不是「在場」，在她的潛意識裡，只有「在場」的愛，才是實實在在愛的給予。因此，雖然兩個人都是為了滿足愛和連結的需求，卻引發一場內心拉鋸戰。

第二，引發權力爭奪的原因，跟自我的價值感和自尊穩定性有關。

如果一個人對自己沒有穩定的自我評價，缺乏穩定的自尊，那麼就會需要持續向外尋求彌補。而最方便索求和控制的對象，就是親密關係中的另一半了。例如一個人在職場上被主管批評，自尊和價值感受到嚴重打擊，回到家裡就開始指揮伴侶，挑伴侶的毛病，試圖經由控制伴侶，讓伴侶順從，以消除在其他領域的失控感。或者，需要伴侶一直捧著他、誇他，讓他享受以自我為中心的感覺，藉此彌補價值感和自尊的缺失。

這種需求，偶爾需要不是問題，但如果長期把親密關係當成尋求認同的工具，不但會引發衝突，還會因為無法接納不完美的自我，而在親密關係裡表現得過度自戀。

第三，親密關係的雙方，通常是帶著不同的「心理理論」進入關係。

心理理論是指，一個人根據自己過往的經驗，來推測自己或他人的行為，並對行為做出讓自己信服的詮釋。

有一次大家一起吃飯聊天，同事惠文抱怨：「上週我娘家幾個親戚來找我玩，我想讓他們住在家裡，大家一起說話、吃飯，多熱鬧啊！結果我老公就是不要，非要讓他們住旅館，他寧願出錢。你看家裡又不是住不下，他怎

麼就這麼冷淡，一點家庭觀念都沒有。」

同事安偉說：「也不能這麼說，我也不喜歡親戚來家裡住，有小孩來就更煩人了，這跟你老公有沒有家庭觀念沒關係吧！」

你看，惠文的「家庭觀念」理論，就是要一大家子經常往來，互相都別見外。但很明顯，她的先生對「家庭觀念」有不同的理解。這場權力爭奪不是誰故意發起的，而是因為對某些生活議題的心理理論早已形成，但雙方還不太清楚這種差異，不假思索地認為事情就應該照自己的心理理論發生，並預設對方的想法應該差不多。

總而言之，權力爭奪其實是親密關係處於工具性價值階段的典型表現。兩個人都希望經由控制對方來獲取自己潛意識裡真正需要的事物。不過，經過權力爭奪的洗禮，兩個人將瞭解彼此真實的期待，親密關係也就可以邁入更高的層次，兩個人可以用最真實的自我互相陪伴，走得更遠。

從權力爭奪走向權力共享

進入關係，就代表進入一個權力爭奪的舞台，而良好的親密關係，是兩個人可以發展出一套拋棄預設標準的靈活協商機制，本質上，就是彼此完成權力共享，可以從三個方面著手。

第一，是發現彼此的「心理理論」。

我們每個人都有許多自己的「心理理論」，這些「心理理論」是在從小到大的成長環境中所形成，一直到跟另一個人發生碰撞後，我們才開始意識到，並不是每個人都秉持同樣的行為邏輯。而權力共享的本質就是放下傲慢和固執的想法，不再認為對方一定理解我們日常生活中每一次微妙複雜的情緒運作和行為邏輯，也不再固執地追求輸贏。

因為在關係中，比獲勝重要的是，我們和另一個同樣不完美的人快樂地

生活下去。因此，下一次衝突矛盾發生時，要先按捺想爭輸贏的心情，雙方把自己的心理理論說出來，看看有什麼異同，留出妥協、調和的空間。這是權力共享至關重要的一點。

第二，是設定底線。

在親密關係中，碰觸底線，會導致激烈的權力爭奪。而權力共享，其實就是帶著愛與理解，在彈性的範圍內接受他人為自己施加的影響和束縛，因此設定底線，相當於人為劃定權力共享的安全區。有些人在關係裡的底線是不能說謊和背叛，有些人的底線是不能有暴力，包括語言暴力。如果伴侶不清楚對方的底線，踩到底線時，權力爭奪必然會很激烈，甚至產生嚴重的後果。

那麼這所謂的底線，要如何察覺呢？

對親密關係中底線的設定，通常有兩個重大來源。一是來自原生家庭的經驗。你看到父母之間維持很好的底線，或者父母之間的底線反覆遭到破壞，為你帶來傷害的體驗，這些都很容易影響一個人自我底線的形成。二是成長經歷中的學習和教訓。你一路走來受到怎樣的教育，有怎樣的價值觀，受過怎樣的挫折和失敗等等，也是一個人劃分自己底線的參考。

你們不需要有一模一樣的底線，重要的是確保雙方知道對方的底線。可以在底線碰撞比較溫和的時候，就開誠布公地溝通，盡量不要在心裡默默隱忍或是集中猛烈地爆發，那時候對方通常會感到莫名其妙，甚至覺得委屈。更不要猜測，因為猜測通常都帶著自己的心理理論，很容易猜錯。

第三，是保持親密關係中的「體驗分享」。

人的忘性很大，學過的知識技能也有可能忘記，更別說生活關係裡的細節，以及各種微妙、隱藏的感受。權力共享代表進入關係中，我們學會以友善成熟的姿態完成自我的坦露，邀請對方進入自己的體驗。不要因為感受到權力控制的都是雞毛蒜皮的小事，就不好意思提起，我們完全有正當理由可

以反應。

你可以約定一個雙方都覺得適合的週期，在放鬆的氛圍下，分享討論一些問題，例如：「你做的事情，我欣賞的有……不滿的有……」、「我們都很滿意的是什麼事？」、「還有沒有驚喜的事？」、「還有沒有改善的空間？」、「在關係中，我們對彼此有何感受？」

在這個過程中，反覆檢查彼此的期望、安全感，複習曾經發生過的心理理論碰撞。

18 今日行動　心理理論的探索

我們的「心理理論」，其實就是我們在與人交往時對他人的判斷和預設，通常會受我們過往經驗的影響，如果兩個人的「心理理論」有所偏差，就有可能產生分歧與矛盾。因此，今日行動就是進行心理理論的探索。

第一步，請你列舉自己在親密關係中抱持的三個心理理論。可以是關於角色分工、特定價值觀、娛樂休閒方式，或是消費原則等等。

例如：「我發現，我預設家裡所有的電器，必須是男友或老公來看說明書、教我使用、確保維修事項，這是男人應該做的。」

「我發現，我預設家庭收入的三成一定要投資理財，放在銀行定存真的太傻，連通膨都贏不了。」

「我發現，我預設伴侶之間要常常有驚喜，平淡無奇最可怕，我都為他製造驚喜了，他也必須為我製造驚喜。」

第二步，在這些心理理論中，哪些你沒有跟伴侶說過，或是伴侶還不知道？你可以試著把你的心理理論告訴對方，並與對方討論，哪些是他覺得可以接受，哪些是他希望透過協商互相妥協。這樣就可以讓伴侶更深入地瞭解你。

　　經常進行心理理論的探索，可以幫助你更深入地瞭解自己內心的想法與需求。

19 掌握表達愛的能力

　　良好的親密關係是雙方學會權力共享，這是兩個人相處最重要的原則。但是，在有了權力共享的基本意識後，如何建立好的溝通模式，讓雙方的關係愈來愈親密？

　　美國心理學家約翰・高特曼（John Gottman）曾提出「情感帳戶」概念，他認為，經營親密關係就像經營一個情感帳戶，兩個人的情感帳戶存款餘額愈多，關係就會愈穩定。當危機出現時，這些存款就能夠有緩衝作用，即便有衝突，雙方也更能體諒對方。反過來，如果存款很少，代表雙方的感情基礎比較薄弱，小小的矛盾都有可能讓兩個人的感情出現問題。

　　愛情很抽象，但具體到生活裡，其實就是成千上百次的互動。溝通得好，就相當於往情感帳戶裡存入更多的錢，溝通品質差，就相當於從情感帳戶裡扣錢。

　　那麼要如何判斷溝通品質的好壞呢？高特曼教授經過長達四十年的研究發現，只要觀察情侶彼此在溝通時，回應的一方是積極還是消極就知道了。

　　那麼，什麼是積極回應和消極回應呢？

　　舉個例子，一對夫妻在逛超市的時候，妻子問：「我們的洗手乳快用完了嗎？」消極的回應方式是：聳聳肩，表示不知道，然後自顧自地開始看其他東西，缺乏情感交流。而積極的回應方式則是丈夫會認真地思考，然後回答：「家裡好像還剩一瓶，不過為了以防萬一，我們要不要去拿一瓶？」

因此，積極回應，指的是主動參與溝通，用關注對方的聲音語調、肢體語言來回應對方的情感訊號，這樣能讓兩人的情感連結愈來愈緊密；而消極回應則是一種忽略甚至拒絕情感互動的回應方式，會讓兩人的關係漸漸疏遠。

高特曼教授在美國華盛頓大學主持一個愛情實驗室，他的研究團隊觀察並追蹤了七百多對夫妻的溝通方式。最後發現，夫妻之間交流的積極回應和消極回應的比例只要達到 5：1，就能擁有穩定、幸福的婚姻。如果下降到 3：1，兩個人的情感帳戶就會開始出現危機徵兆，如果再下滑到 1：1，這段關係很可能就會以破裂收場。

利用這個 5：1 原則，高特曼教授只要觀察一對夫妻互動的一開始五分鐘，就能預測他們會不會離婚，準確率高達 91%。

現在，我想請問你，你在親密關係當中，經常如何回應對方？是積極回應比較多還是消極回應比較多？如何更準確更有效地進行積極回應？

你通常如何回應伴侶

對於回應，有兩個層面，一個是你是不是主動參與，還有一個是回應的內容是不是有利於關係的建立。從這兩個層面出發，就可以把回應方式分為四種，分別是：被動建設型、被動破壞型、主動破壞型和主動建設型。

這四種回應類型中，主動建設型就是積極回應，其他的三種都屬於消極回應。接下來我會透過場景模擬，幫助你更容易理解這四種回應方式。

被動建設型（對話殺手）

妻子：「老公，上次我跟你說的心理學志工專案，我被錄取啦！」

丈夫：「嗯，恭喜。」

妻子：「下週我就可以去做志工，開始工作了！」

丈夫：「哦，不錯。」

妻子：「是啊……嗯，那我們吃飯吧！」

丈夫：「好。」

在這段對話中，丈夫的回應方式就屬於被動建設型。雖然丈夫努力表達對妻子的欣賞，回應了「恭喜」、「不錯」這些有利於關係建設的話語，但是很明顯地，丈夫並沒有主動參與妻子快樂的情緒當中。妻子也會明顯感覺到丈夫在應付，因此對話只進行短短三個來回就結束了。

被動建設型回應，又叫做「對話殺手」，看似有回應，但沒什麼情緒表達，連支持和認同都顯得敷衍。其實，現實生活中「對話殺手」非常常見，有時候我們自己就經常這樣。當我們在看手機或是忙工作的時候，很可能就是「嗯嗯」幾句應付過去。

如果只是一兩次，而且雙方的「情感帳戶」存款很多，就沒什麼關係。但是，如果你經常使用這種消極的回應方式，表示你對另一半的情緒、想法和生活中發生的事情，並沒有想像中關心。即使一段關係已經持續一段時間，我們依然需要得到對方的安慰，以確認自己是被愛著的。如果缺少這份確認，對感情的投入度就會減少，很容易在不經意之間，就導致雙方的關係出現裂痕，因為你會懷疑對方已經不能再做為自己的情感寄託了。

被動破壞型（對話小偷）

妻子：「老公，上次我跟你說的心理學志工專案，我被錄取啦！」

丈夫：「哦，恭喜啊！哎，今天孩子的家庭作業做完了嗎？」

妻子：「啊……」

在這段對話中，丈夫的回應方式就屬於被動破壞型，沉浸在自己的世界，

不但沒有回應對方，甚至還岔開話題，講一些毫不相干的事情，因此，被動破壞型又叫做「對話小偷」，顧名思義就是對方發起的話題一下子就被偷走了。

這顯然是一種拒絕溝通的消極回應方式，對方會覺得話題被強行切換，情緒也突然被打斷，令人十分難受，而且還否定對方所說事情的價值，非常容易傷害伴侶的歸屬感和能力感。在親密關係長期使用這種消極回應方式的人，通常比較以自我為中心，伴侶很可能再也不願意和你分享自己的事情，雙方的情感連結也會愈來愈薄弱。

主動破壞型（潑冷水）

妻子：「老公，上次我跟你說的心理學志工專案，我被錄取啦！」

丈夫：「啊？你現在事情這麼多，還有空去做志工？」

妻子：「嗯……我想我能處理好的，而且志工一週只需要半天的時間。」

丈夫：「半天也是時間啊，那你週末還有時間帶孩子嗎？」

妻子：「沒問題的，你放心，我會安排好的。」

丈夫：「哼，最後還不是得我來做。」

相信你已經聽出來了，主動破壞型回應就是典型的「潑冷水」回應方式。在這段對話中，丈夫雖然主動參與並展開話題，但是回應所傳達的全都是否定的訊息，就像一盆冷水，澆熄了妻子的熱情。本來是一件好事，結果反而有可能成為吵架的導火線。

一般而言，使用「潑冷水」的消極回應，可能有三個原因：第一，對伴侶缺乏足夠的瞭解，於是無法意識到這件事對伴侶的重要性；第二，對伴侶的選擇有些擔憂，想要提供更好的方法協助，但缺乏成熟的溝通方式；第三，也是我想強調的，長期採取主動破壞式回應的人，通常在親密關係中會經常

發起權力爭奪，他們不斷地想證明，你是錯的，我才是對的，經由這種方式來獲得缺失的掌控感。從長遠來看，這會嚴重損害雙方的親密連結。

主動建設型（積極回應）

妻子：「老公，上次我跟你說的心理學志工專案，我被錄取啦！」

丈夫：「太好了！你怎麼搞定的？」

妻子：「哈哈，我這次準備得很充分，看了很多書，再加上我之前就有這方面的經驗，所以很順利。」

丈夫：「哇，好厲害！現在確實很多人需要專業的心理學幫助。」

妻子：「是啊！今天剛剛跟負責人聊完，下週就開始線上培訓，希望能幫助更多的人！」

丈夫：「嗯，真是件大好事！我們今天一定要好好慶祝一下！」

在這段對話中，丈夫不只主動參與妻子的話題，還分享並擴大了妻子獲選志工的快樂情緒，讓她充分感受到支持與認同。這就是主動建設型的回應方式，當對方發起一段談話，我們帶著真誠和認同，主動參與對方的話題，並且正面地回應對方的情緒，讓交流持續下去。

持續使用主動建設型回應，能夠為親密關係中的雙方都帶來積極正向的影響。在親密關係中能夠被對方看見，是一件讓人感到幸福的事情。因此，主動建設型回應，讓開啟話題的一方得到良好的回饋，一次簡單的對話，也能滿足對方的歸屬感、能力感等基本心理需求。而積極回應的一方，更能體會到被需要的快樂，我們的自我評價也會更高。

如何做到積極回應

積極回應是在回應過程，主動參與對方的話題與情緒，以全心的投入表達對對方的愛與支持。但這並不表示我們無條件贊成對方的意見。當對方與我們分享開心與喜悅，我們以正面回應擴大對方的喜悅感受。當我們想要給予建議的時候，也是能夠有積極回應的表達方式。

如何表達對對方的認同

當對方與我們分享一件好事的時候，我們要經由主動建設型回應來表達對對方的讚美和認同。要訣就在於追根究柢、重溫細節，讓對方重新體驗這件開心的事情。具體做法可以採用以下二步驟：

第一步，熱情地回應對方。這裡的回應包括運用聲音語調、表情、身體姿態，或者是一些「哇」、「太棒了！」等讚美的言語，充分表達你對另一半的關注和欣賞。

第二步，運用「5W1H」的提問方式展開話題。所謂的「5W1H」是 what、when、where、who、why 和 how，其實就是小時候，老師教過我們的記敘文六要素：何時、何地、何人、何事、為什麼和怎麼回事。你可以用這個方式展開話題。

例如，伴侶今天跟你說，他完成了一個專案受到表揚，你就可以這麼說：「哦，恭喜你，這是什麼時候的事啊？」、「你當時在哪裡，辦公室嗎？」、「是主管當著大家的面誇你嗎？當時都有誰在場？」、「你真厲害，你覺得主管為什麼會表揚你？」、「這個專案確實很不容易，你是怎麼完成的？」當然，你還可以順便聊聊對未來的展望，「接下來你打算怎麼做？」、「我們怎麼慶祝？出去吃飯？」如此一來，對方就會完全沉浸在對這件好事的回憶和慶祝之中。

這個方法雖然聽起來有點呆板，但這相當於一種強制練習，幫助你盡快使用主動建設型的回應方式。等熟練以後，你就可以更靈活地運用，讓對方多說說自己的感受和想法。

如何向對方提建議：三明治溝通法

那麼，當我們想表達對對方的反對意見或是想給建議時，又該如何做到積極回應呢？

心理學上有個很好用的方法，叫做三明治溝通法。就像三明治，最美味的是中間的肉，但是兩邊得用土司夾起來。人在感受到自己是被愛著的時候，更容易接受他人的否定意見。因此，雖然你的目的是提建議，但要注意使用正面積極的語言把建議包夾起來。

舉個例子，如果你回家看見男友重新布置了家裡，但是你覺得窗簾的顏色非常礙眼，你就可以用三明治溝通法：「你把家裡布置得好漂亮，我很喜歡整體的風格。辛苦了！不過那個窗簾有點怪，我覺得顏色不太配，能不能換成藍色，這樣整體就更協調了，以後我們也會住得更舒服。」

因此三明治溝通法的關鍵是：第一，先使用主動建設型的積極回應，支持對方的情緒，並對他的努力和付出表示欣賞。第二，表達你的擔心，並說說這個決定可能的負面影響。第三，提出你的建議，並說說這樣做可能會有什麼好處。

最後，我想強調的是，在此介紹溝通方法並不是讓你透過這些方法控制或討好對方，而是從本質去理解，真正的愛是我們經由溝通和互動，放下對勝利的渴望和對自己的保護，感受並看到對方。也許我們在其他關係暫時做不到，但我們應該在親密關係裡試試看。

19 今日行動 六十秒愉悅點

　　這個行動叫做「六十秒愉悅點」，可以幫助你在日常生活中增加與伴侶之間積極正向的交流與回應，為你們的情感帳戶存入更多的愛。

　　「六十秒愉悅點」也就是每天抽出六十秒，主動向對方發起三個積極正向的回應。這些回應可以是一句溫暖的問候、一句讚美、一個擁抱，這些回應並不會占用你太多的時間，但是會為你們的日常互動帶來許多小幸福。我為你準備了一份「六十秒愉悅點清單」，方便你做為參考。類似這樣的事情並不難，如果每天持續執行，積極回應就會內化成為習慣，能夠讓情感帳戶愈來愈充實。

附錄│六十秒愉悅點清單

- 說出對方一個優點
- 看著對方的眼睛，說一句「謝謝你」
- 早上為對方沖一杯咖啡
- 分別前給對方一個擁抱
- 問候對方今天過得怎麼樣
- 稱讚對方的某些行為和想法
- 與對方回顧曾經的美好時光
- 與對方分享一件今天遇到的有趣事情

20 放下不信任，被愛也需要學習

　　溝通的本質，其實是雙方情感的連結，我們經由溝通傳遞情感資訊，告訴對方，我支持你、相信你、欣賞你。因此，這樣的溝通模式，就是在教我們學會如何愛人。

　　但是，我們要如何學會接受別人的愛？在親密關係當中，許多人都有一個誤解，就是以為「愛別人」比「接受別人的愛」更重要。因為我們從小就被教導要付出，不要索取，只有付出才是美德。

　　但其實，「愛」不只是愛別人，還有接受別人的愛。只有如此才能讓親密關係真正流動起來。愛與被愛的過程就像兩個人打球。學習如何付出和表達愛，相當於學習如何漂亮發球。但是不會接受別人的愛，就相當於我們無法接住對方的球，甚至乾脆不接對方打回來的球。如果對方一次次向我們發出愛的訊號球，卻被我們一次次地錯過，那這場球當然也就無法有來有往地持續下去了。

　　我在美國賓州大學念心理學當研究生時，哈佛大學心理學家喬治‧華倫特（George E. Vaillant）教授曾經來為我們上課，他上完課的最後結論就是：「幸福有兩大支柱，就是愛與被愛。你既要能進入別人的心裡，也要能夠敞開心扉，讓別人進來。」

無法接受愛的人有哪些表現

美國有一對研究親密關係的心理學家夫妻，哈維爾·漢瑞克斯（Harville Hendrix）和海倫·杭特（Helen Hunt），他們經由研究後發現，在親密關係中，無法接受伴侶的愛的人通常分三種類型。

找碴型

第一種類型是找碴型，就是經常曲解伴侶的好意，並且總是把目光聚焦於挑剔和批評。前兩年，我在一個親密關係的研究專案裡看過一個個案。案主是個名叫小周的年輕人。他和女友交往快一年了，在小周的朋友看來，他們二人關係很好，小周平常對女友很體貼，女友也很照顧他，但小周卻總對她感到不滿意。

有一次，小周生病在家，女友燉了湯帶過來看他，他喝了兩口，就嫌湯太鹹。還說自己不過是感冒，睡一覺就好了，不用這麼麻煩。他女友覺得很苦惱，因為小周一直都對自己很好，因此自己也想多照顧他，關心他。但是為什麼想要讓他開心就這麼難呢？為什麼他總是感覺不到自己對他的愛呢？

後來，我在個案的詳細紀錄中發現，因為小周自己就在一個非常挑剔嚴苛的環境中成長，父母的相處模式就是相互打壓。小周的父親，以前經常會買禮物給母親，但母親並沒有因為收到禮物而開心，反而大聲抱怨：「買這些東西做什麼，華而不實。」而父親總是在飯桌上，對著母親做的飯菜，邊吃邊挑剔：「這手藝真是一點進步都沒有。」兩個人就這麼沉浸在權力爭奪的狀態中，互不退讓。而這背後，其實是雙方潛意識裡都想要經由挑剔或冷嘲熱諷的方式，確保自己在親密關係中占上風。長期下來，他們也就無法辨別日常生活中那些最普通的愛的訊號了。

像小周這樣，在冷嘲熱諷的氛圍下長大，也就潛移默化地學到父母的交

流模式。他們沒有把親密關係當成交流真實情感的地方，反而像是打仗，無時無刻都要占上風，而忽略了伴侶的愛意和溫柔的訊號。

內疚型

內疚型的人最典型的特徵是，很擅長付出，但對方給他愛的回饋，就像接到燙手的山芋一般，會讓他手足無措、焦慮不安。

當伴侶誇他的時候，他會下意識地拒絕，說些「這根本沒什麼」之類的話，或者是僵硬地表示感謝。即使口頭上沒有表達拒絕，他們也會忽然顯得很緊張，好像伴侶剛剛並不是讚美他，而是在批評他。例如，我們辦公室有位很優秀的同事，她男友很喜歡送她禮物，有時候會送花到辦公室來。但她自己卻說，雖然很高興，但不知道為什麼，男友對她愈好，她就愈感到不安。

她的不安來自於，她總是擔心自己其實沒有對方想像中的那麼好，對方愛的不是真正的自己。也就是說，內疚型的伴侶無法接受愛，經常是跟較低的自尊程度有關。這些人的內心有一個很不好的自我體驗，認為對方喜歡的只是「對方眼中的自己」，對方其實不知道真實的自己有多差，如果知道了，一定會受不了而離開，因此，伴侶愈表達愛意，內疚型的人就愈有一種要被揭穿、被拋棄的恐懼，就愈不敢接受對方的愛。

此外，這種被動防禦型的姿態，也經常會在逃避型依戀的人身上看到。他們擔心萬一對關係裡的人產生了依戀，最後又失去了怎麼辦？那還不如從來沒有得到愛。因此，他們會小心翼翼地避免更多的依賴和靠近，渴望愛但又不由自主地拒絕愛。

互不相欠型

互不相欠型的人最常見的表現是：你對我好，我就要還回去，絕不虧欠對方。他們在關係中總是顯得很客氣，甚至有些疏離，很難拉近和伴侶的內

心距離。

　　我有一個學生，在對待感情時，就是典型的互不相欠型。談戀愛的時候，男友請吃請喝請看電影，她心中都清楚地記著。如果今天男友請了一頓飯，過幾天她一定要請回去。如果今天收到一份禮物，她也會想辦法查到禮物的價錢，然後下次送一樣價格差不多的回體。男友從來沒有要求她這麼做，但是她自己覺得如果不這麼做，就好像欠了對方似的，心裡很不舒服。

　　愛情在她這裡，好像變成必須等價交換才能持續下去。因為她覺得，對方的禮物，就像是沒有經過她的同意而強行加給她的責任一般，需要她進行物質或情感的償還。

　　可是，為什麼對方自然流露的愛意，會造成她這麼大的情感負擔？這種負擔感到底來自何處？後來她跟我說：「我不希望再有一個人像我媽媽那樣，又用『我做這一切都是為了你好』、『都是因為愛你』這樣的名義來控制我了。」

　　雖然她沒有再往下說，但我知道，父母的過度控制帶給她很深的影響。對於像她這樣在愛情裡表現為互不相欠型的人來說，他們心中雖然渴望被愛，但也擔心對方在給予愛的同時，是不是將來就會向他們再索取更多。即使對方並沒有這樣的動機，他們也無法完全信任對方。因此與其冒著被伴侶控制的風險，還不如互不相欠，保持相對安全的距離，這樣一旦雙方關係有什麼風險，就可以及時退出。他們就這樣保持一隻腳踩在關係裡，一隻腳踩在關係外的狀態。

　　每個無法接受愛的人，其實心底都帶著一份不信任。有的是不相信自己，因此會感到內疚，想要逃避；有的是不相信對方，因此情願互不相欠；還有的則是不相信關係，要經由不斷挑剔的方式確認自己在關係中的位置。

學會接受愛的三個練習

　　無法接受愛的應對方式是過去曾經讓我們感到舒服和安全的策略，這些方式看似安全，卻無法幫助我們和另一個人產生真正的連結。因此學會接受他人的愛，其實代表你需要一點敞開自己的勇氣，以坦露、誠實的姿態，接下對方打過來的球，然後在一來一回的過程不斷思考，怎麼好好地持續接發球。

　　那麼，要如何培養自己「接受愛」的能力？我提供三個平常就能做的小練習。

　　第一，識別並且記錄伴侶愛的表達。

　　我們已經知道，無法接受愛的人經常會忽略或否認伴侶對愛的表達。因此，接受愛的第一步，就是主動識別和記錄伴侶給予的愛。

　　美國知名婚姻家庭專家蓋瑞・巧門博士（Gary Chapman）認為，每個人表達愛的方式都是獨特的，有人擅長透過語言表達愛意，而有人則習慣透過實際行動。

　　你可以多觀察自己的伴侶是如何表達愛意，然後經由書寫「愛的日記」的方式，記錄下來。每次你表達愛的時候，當時是什麼場景，對方說了什麼或做了什麼，是出於什麼理由，你的感受如何等等。時間一長，就如同建立了一份愛的資料庫。你可以拿著日記和伴侶一起討論，你更喜歡或更能夠接受對方哪些表達方式。

　　第二，練習停止內心的負面對話。

　　不會被愛的人，可以經由轉變自己的認知，敞開內心讓愛進來。尤其是那些對他人的愛懷有內疚感的人，他們經常會覺得對方愛的是虛假的自己，如果對方發現自己真實的一面，可能就會選擇離開。雖然這種比較低的自我評價，很難在短時間扭轉，但我們至少要意識到，一件事怎麼影響我們，經

常是取決於我們自己是怎麼想的。

因此，如何第一時間停止內心的負面對話？你可以問自己以下四個問題：我覺得自己不行的想法，有什麼證據嗎？有什麼證據能證明，事實其實正好相反，我是有價值、有能力的？我身邊的朋友，會不會贊成我這樣想？如果我從積極正面的角度思考這個問題，事情會有什麼不同？

下一次，當那種不配接受愛的感覺又跳出來時，你可以停下來，問問自己這四個問題，能夠幫助你逐漸放下內心負面的自動化想法。

第三，練習收到對方表達愛意時的反應。

認知語言學家喬治・雷可夫（George Lakoff）提出「體現認知」的概念，意思是身體並不是大腦的傀儡，認知不只在頭腦，也在身體。

因此要接受愛，你可以先讓身體行動起來，反過來就能促進大腦中關於接受愛的認知和情感體驗。練習看著對方微笑，或是在發現對方愛的訊號時回應一個擁抱，把幾句平常說不出口讚美伴侶的話練成條件反射等等。

最後，如果你是因為想在權力爭奪中占上風，而變得無法接受愛，你可以重溫我已經講過的權力分享。放下防衛是我們在感情之路需要持續學習的能力，我們仍然會不時出現否認自己需要對方，或是無法占上風的憤怒，但只要你和另一半還在一起，如果確信這份關係是你們想要的，那麼你們就可以克服愛情學習之路上的種種障礙。

20 今日行動　覺察愛的訊號

這次的行動，希望你能和伴侶一起完成，這個行動叫做覺察伴侶「愛的訊號」。我為你們準備了「愛的訊號」表格，上面記錄了五個最常見

愛的表達方式，這是來自剛才所提蓋瑞·巧門博士的研究，分別是：肯定的回應、全神貫注、贈予禮物、提供服務以及身體的接觸。

你們可以分成兩個步驟來使用這張表格。

第一步，請你和伴侶分別選出兩個自己最喜歡的「愛的訊號」，並在表格上打勾。這一步可以讓你們瞭解對方接受愛的偏好，更知道如何滿足對方的需求。

第二步，根據這些訊號，馬上為對方做一件事，享受愛與被愛的過程。

愛的訊號	我	伴侶
1. 肯定的回應：你更喜歡伴侶對你的行為或決定做出積極正向的回應		
2. 全神貫注：你更喜歡伴侶在你的身上投入更多精力，如：花時間陪伴，瞭解你的喜好，和你分享趣事，關注你的情緒等等		
3. 贈予禮物：你更喜歡伴侶能在重要的紀念日或在日常生活中準備一些小禮物		
4. 提供服務：你更喜歡伴侶平常能幫忙做家務、送你上班、幫助你解決工作或生活上的問題		
5. 身體的接觸：你更喜歡伴侶的親吻、擁抱、撫摸等等		

[接受愛的能力]

以下各題描述了生活中的一些場景，請根據自己的實際情況，選擇各題的符合程度，答案沒有對錯之分。

A. 從來沒有　B. 很少這樣　C. 一般　D. 經常如此　E. 一直如此

01. 當有人送你禮物，你心裡會有欠人情的感覺。

02. 當你收到禮物時，你會對禮物有所挑剔，進而貶低禮物的價值。

03. 你曾有過其他人送你禮物，但卻被你忘記的情況。

04. 你曾拒絕接受他人的禮物。

05. 你曾向人說想要某樣東西，當對方送你時，你卻忘了自己曾提過。

06. 你的戀人送你一樣禮物，你覺得是因為你曾經要求，所以才會送你。

07. 當其他人特別關注你，你會感到很不自在。

08. 自己開口向人要某樣東西，你會覺得很不舒服。

09. 你曾說你不想要某樣東西，但之後又會因為沒有得到而抱怨。

10. 當其他人讚美你時，你會覺得不太舒服。

11. 當有人向你要某樣東西時，你會覺得很不舒服。

12. 你不會主動尋求他人的陪伴。

13. 曾經有人說你為人淡漠，和人有距離感。

14. 當其他人想幫助你時，你會拒絕。

15. 在其他人面前，你會試圖維持自己好的一面，即使是很親密的戀人、
    朋友之間也是如此。

16. 當你遇到傷心的事情，一般都是自己消化，很少向戀人朋友傾訴。

分別計算各題得分，A ＝ 1、B ＝ 2、C ＝ 3、D ＝ 4、E ＝ 5。計算總分，分數愈高，接受愛的能力愈低。

當總分＜ 37 時，你接受愛的能力非常強。

你認為自己值得被愛，也享受自己被愛的感覺。你會欣然接受對方的禮物，勇於接受愛，接受其他人的關心和幫助。當情緒低落時，你會主動向對方傾訴。當你遇到困難，會主動尋求對方的幫助。在戀人面前，你不會斤斤計較，而是很享受這樣的親密關係。其他人是你非常重要的外部資源，也滋養你的內心。接受愛是一種很寶貴的能力，希望你能在之後的生活繼續保持這份能力，感受愛，享受愛。

當 37 ≦總分＜ 59 時，你接受愛的能力處於中等程度。

你會接受對方的禮物，會接受來自對方的關心和幫助，也會主動尋求他人的陪伴。但是在接受的過程，心裡仍會有一些猶豫和擔心。因此當你情緒低落時，有時會擔心自己的負面情緒會不會影響對方，因此自己傷心。當你遇到困難時，有時怕給別人造成負擔，因此自己一個人承擔。你在擔心和猶豫中，接受著來自對方的愛，有時會讓你和對方，感到有些疲憊。

當總分≧ 59 時，你接受愛的能力較弱。

對於其他人表示愛意的禮物，你會覺得並不喜歡甚至會拒絕。當對方對你特別關注時，你會感到很不自在，甚至會想辦法轉移話題，或者讓自己逃離這個情境。當你情緒低落時，會因為擔心負面情緒影響對方，因此基本上都是自己獨自傷心。當你遇到困難時，怕造成別人負擔，也是先自己想辦法解決。即使處於親密關係，也顯得比較獨立。只是有時候，這樣的獨立會讓你疲憊，也讓對方感到疏離。

21 如何做到真正地放下

　　美國心理學家蘇珊‧坎貝爾（Susan Campbell）最早提出了關係階段理論，她認為一段親密關係可以分為五個階段：浪漫期、權力爭奪期、整合期、承諾期和共同創造期。這五個階段並非單向直線進行，而是會反覆出現在雙方經營親密關係的過程，構成親密關係的全景圖。

　　在第一個階段——浪漫期，兩個人像坐在電影院看一場喜歡的電影，看不清對方的全貌，但一切感覺都那麼神祕美好。

　　但這段時間不會持續太久，浪漫期一過，雙方就開始進入權力爭奪期，彼此開始看清對方更真實的一面，產生許多的不滿和碰撞，都想改變對方，卻又不想被對方改變。

　　經過反覆磨合之後，雙方會進入第三個階段——整合期，在這個階段，激情和爭吵都會變少，彼此都更加能夠接納對方。

　　接下來，雙方就開始進入承諾期。在這個階段，兩個人之間的信任感大幅提升，開始對生活和自己做出承諾，許多伴侶會在此時決定要個孩子。

　　跨越這個階段之後，雙方就來到最高級的發展階段——共同創造期。由於彼此的接納、信任和承諾，兩個人在一起無論做什麼都成為一個創造的過程。這個階段，通常能夠表現之前所提的親密關係終極性價值，兩個人獨立又親密，相愛又自由，親密關係讓他們都成為更好的自己。

　　不過，大部分親密關係都在前兩個階段掙扎很久，尤其是第二個階段——

權力爭奪期，結婚多年的夫妻，也可能一直卡在權力爭奪期。如果能夠度過，雙方的關係就能獲得新的發展；如果無法度過，就很可能進入另一條道路：結束和分離。

那麼，一段親密關係是如何走向結束，我們又該如何從結束的親密關係中真正走出來呢？

親密關係為何走向結束

結合親密關係的階段論來看，關係結束的本質，就是對權力爭奪期的處理失敗。具體而言，又分為三種不同的情況。

第一種情況是，雙方經過浪漫期之後，就一直卡在權力爭奪期，僵持不下，最後選擇放棄處理，結束關係。

我偶然在網路上看到一對情侶的故事。他們年齡相仿，在一起好多年了，女方大學畢業後一直在工作，而男方在讀研究所，還成功申請了外地學校的博士班。度過浪漫期的二人，開始面臨許多現實問題。女方想要盡快結婚，但男方則希望讀完博士之後再結。

雙方因為這個問題僵持不下，甚至還上網找大家評理。

女方希望先結婚生個小孩，怕年紀大了身體狀態不好。男方也很焦慮，因為要去外地，而且博士的研究工作量大，擔心無法承受家庭和小孩的養育，希望畢業之後再結婚。最後兩個人實在無法磨合就分手了。

網路上討論主要是在罵男方，覺得他自私、耽誤女方的青春，女方分手是對的。但是，後來我細看了整個過程和評論，我發現其實這對情侶的權力爭奪早就開始了，「要不要去異地讀書」或「要不要結婚」只是權力爭奪太久之後的一個爆發點。

女方面對男方，有學歷和社交層面的自卑。她總覺得男方去了一個離她

愈來愈遠的世界，因此很想從關係的其他方面，例如結婚、生子獲得更多的安全感；而男方面對女方，有經濟方面的自卑。因為一直讀書，收入有限，總是女方在經濟上貼補更多，因此男方會想等到自己更有經濟能力的時候，好像可以跟女方平起平坐時再談承諾。

這場權力爭奪已經持續很長的時間，雙方早已疲憊不堪。人無法長久待在僵局之中，在權力爭奪的過程，如果雙方或其中一方累積了過多的疲憊和失望，又放棄了其他的處理方式，就會選擇結束關係。

親密關係結束的第二種情況是，雙方已經進入整合期，但因為一些事情，又再次退回權力爭奪期，最後因為處理不當，導致關係結束。

其中最常見的例子就是，小倆口原本一起生活得不錯，經過一段時間的磨合之後，雙方也度過權力爭奪期，彼此接納共同整合，決定生小孩。但是生了孩子之後，某一方的長輩為了幫忙照顧小孩過來同住，結果因為教養理念不同，生活習慣不同，發生了更多衝突。夫妻雙方又退回權力爭奪期，而且因為家裡出現了第三方，局面反而變得更加複雜。有不少親密關係，就是在這個階段出現無法調解的矛盾，最終走向結束。

因此，親密關係的五個階段，並不一定是線性的時間序列，也可能是一個圓，出現多次的循環。

親密關係結束的第三種情況是，雙方分別處於關係周期當中的不同階段，權力爭奪達到無法調整的地步，最後走向分離。

我在做親密關係研究專案的時候，就曾遇過這樣的個案。一對夫妻結婚不到二年就離婚了。丈夫學習能力比較強，結婚之後，很快就調整自己過於理想的期待，適應了家庭生活，先進入關係的整合期。

但妻子還一直停留在浪漫期，希望繼續維持熱戀中的小公主生活。因此她無法理解丈夫的轉變，認為對方是把自己娶到手就不重視了。為了讓二人回到最初的蜜月期，妻子還去報了一些奇怪的情感培訓班。她覺得自己很努

力地在經營夫妻關係，但是丈夫卻苦不堪言，開始認為自己跟妻子是否觀念不合。雙方就這樣在關係中拉扯，最後對彼此失望，趁還沒有小孩就離婚了。

因此，在親密關係當中，雙方對關係的理解、在關係中的成長速度不一定同步，當二人從自己的角度責備和批評對方的時候，看似在對關係做出努力，其實卻是再度引發權力爭奪，最後通常會導致關係結束。

如何看待關係結束的意義

當我們意識到一段關係再也無益於自我成長，對於讓人精疲力竭的權力爭奪，再也無能為力，甚至還要遭受需求被忽略、脆弱被利用的時候，我們確實可以離開這段關係。

我們不需要因為一段感情的結束，就否認這段感情關係的意義和重要性。反之，正確看待關係的結束，對於個人而言有非常重要的意義。

首先，這代表一次自我更新的機會。一段有意義的親密關係，彼此都會把部分自我投射在對方身上。你曾經珍視的、求而不得的甚至討厭的部分自我，都被對方所承載。當關係結束的時候，你離開的不只是那個人，還有你融在對方身上的那部分自我。這種部分自我的喪失，必然帶來痛苦，但也為自我騰出新的空間，你可以把自己看得更清楚，藉此找到新的成長方向。

其次，親密關係的結束，也是重新理解關係的一次機會。這種理解不只限於親密關係，會加深你對所有人際關係的理解。對一段失敗的親密關係進行澈底的哀悼和意義重建，會對你所有重要的人際關係有所啟發，幫助你在各種關係當中更好地面對、處理權力爭奪期，讓你在整個人際關係網路獲得新生。

如何在心理層面好好結束收尾

曾經相愛的兩個人，無法攜手走過一個又一個感情的關口，是件令人遺憾又痛苦的事情。現實生活中，也有許多人即使已經和對方結束關係，但心裡始終無法放下，一邊安慰自己沒事，一邊不肯真正地在心理層面處理關係的結束。這樣通常會讓我們在未來付出代價。有人會在下一段關係，繼續重複上一次不好的狀態。而有人看似恢復，但其實變得更封閉，不再相信親密關係。

生活還在繼續，我們仍然會在感情的路上尋找新的可能。因此從長遠來看，我們需要學會做到關係在心理層面真正的結束。

具體怎麼做呢？結束一段親密關係之後，你會在某些瞬間體會到，這是一次真正的失去。第一個階段，我們要做的就是，接納這種必然會出現的情緒體驗。

在這個接納階段，我們有兩個比較重要的任務。

第一個任務大家都比較熟悉，就是做好現實和物理空間的分割。

你可以做一些具體的事情來幫助自己放下，檢查日常空間各個角落，收起那些會提醒你想起前任的事物。你還可以重新擺放房間的家具位置，營造與過去不同的空間感，為自己打造全新的環境。

第二個任務，叫做「繪製哀傷地形圖」，就是主動面對這段喪失的經歷，對舊的自我進行哀悼和告別，從心理層面騰出空間，讓新的自我成長。這個哀傷地形圖的製作有四個步驟。

第一步：描述分手之後，你目前的狀況。失去他對你而言代表什麼？關係結束引發哪些感受？也許你覺得現在自己一塌糊塗，不只失去了戀人，還影響工作。或者是很不甘心，好像失去精神上的重要支柱，生活進入空虛的狀態。

第二步：關於這段關係，你還有什麼其他感受？這些感受是否讓你想起過去的特定場景？

也許是除了沮喪和不甘心，其實還有內疚、恐懼。回想起上一段戀情也出現同樣的情況；以前也曾經因為這樣的心情和最好的朋友鬧翻；媽媽也這樣折磨爸爸，他們為此冷戰好久，自己夾在中間很無助。除此之外，還恐懼失去對方之後，再也找不到更適合的人了。

第三步：將這些回憶和感受做一個整理。分辨哪些是這次分手引發的感受，哪些是被過去經驗放大的感受。

仔細回想發現這不是第一次被關係中的內疚、恐懼感受所淹沒。不甘心失去他，確實跟他有關。但在關係中的內疚、無助感受不是第一次出現，在其他感情也有，因此這次的分手不過是重複、放大了這種感受。

第四步：做一個小小的儀式，向自己正式宣告關係的結束。

你可以選一個週末，前往與他第一次認識的會議廳再走一圈，找到那個會議廳的所有變化，拍幾張照片。如果沒有生命的大廳都會隨著時間變化，那麼感情和關係的變化，也是自然的事情。做一次最後的告別吧！

做為最後的儀式，你還可以寫一封長信，換一個造型，去山頂大喊等等。完成第一個接納階段，我們就要進入第二個階段：意義重建。

意義重建，是一個人最終走出負面事件的標誌。一個人想要讓心靈的傷口痊癒，除了縫合，也需要給予時間和營養，等傷口結痂、脫落、長出新的皮膚。親密關係結束，你也需要對此尋找新的意義。

你可以找到一個相對平靜的時機，也可以找一位信任的親朋好友陪同，使用以下這份「尋找意義的問題清單」，這個清單包含一系列具有啟發性的問題，可以藉此仔細思考和討論：

1. 這次關係結束，有沒有意想不到的收穫？如果有，是什麼？

2. 這次關係結束，有沒有影響你人生的優先順序？例如：你現在看重的事物跟以前不同，有些事物你已不那麼在乎。

3. 整理一下，你有哪些特質、品格、資源，能幫助你更快復原？例如：你可能發揮了性格中的優勢──勇敢、謹慎，你還發現身邊曾經被你忽略的人給予你關心和支持等等。

4. 這次經驗，你對自己的看法有沒有產生一些變化？

5. 這次經驗，有沒有給你一些關於愛和生命的啟示？

這就是在心理層面做好關係結束的兩個階段：接納和重建。我發現有些人因為不想讓其他人看到自己脆弱與無法放下的狀態，所以急著跨過接納和哀悼的階段，迅速跳入意義重建階段，整理完得失就讓一切就此跳過。但很久之後，那些本該在上一次親密關係結束之後哀悼和了結的議題，又會再次浮現。因此，接納久一點，哀悼慢一點也沒有關係，你要尊重自己的情感節奏。

21 今日行動 意義重建

　　破碎的親密關係，就像一個破碎的花瓶，有人想用膠水和膠帶把花瓶拼回原狀，有人把碎片丟進垃圾桶，還有人把碎片蒐集起來製作成新物品。面對花瓶破碎的事實，沉浸在悲傷之中或否認現實其實都不利於成長，如何重建，讓碎片發揮最大的價值，才是我們要做的事情。

　　因此這次的行動在於「意義重建」，能夠幫助你在一段破碎的關係中獲得成長。

第一步，請寫下在上一段感情學到，並希望能夠延續到下一段感情的三件事，例如：學會體諒、懂得如何愛人、人格獨立等等。

　　第二步，請再寫下你不願意帶到下一段感情的三件事，例如：對關係的不信任、爭強好勝等。

　　這個行動可以幫助你理性看待感情，發現這段感情對你的正面意義，同時又能提醒你後續改進與規避的事項。讓自己在破碎的關係中，找到多彩的碎片，讓這些碎片在未來重獲新生。

22 打造雙贏，積極正向的職場關係

現在，我們要走出家庭，與其他人產生關係了。這些關係不像你與家人那麼緊密，但也非常重要。尤其對大多數人而言，離開家庭後，最常面對的社會關係就是職場關係。

說到職場關係，許多人可能腦海中馬上就浮現出一些場景，如：為了和同事套交情，得寒暄尬聊；為了升職加薪，得討好奉承；為了客戶業績，得揣摩算計，光想就覺得心累。

不過，美國芝加哥大學的珍‧達頓教授（Jane Dutton）發現，建立良好的職場關係，並沒有那麼多煩瑣複雜的「算計」，也不需要讓自己如此疲憊。她在經過多年的職場關係研究後，提出了一個核心概念，就是高品質連結。

她認為在職場關係，只要專注於建立高品質連結就足夠。不用考慮跟某位同事有多少個人情誼，也不需要苦心琢磨如何做到對主管投其所好，更不用擔心不這麼做，會在關係互動中逐漸邊緣化。你只需要注重提高每一個當下的互動品質，做好每一次短暫、簡單的互動，如：一通電話、一封郵件、一次會議討論。這樣做的效果，比你花更多額外時間維持一張龐大但是低品質的關係網，更加有效。

高品質連結的定義與好處

所謂高品質連結，英文叫做 High-Quality Connections，簡稱為 HQCs。是指一種能讓人感到尊重、信任，有支持性互動的關係。即使關係很短暫，你也會覺得這個短暫的時刻是有生命力的。

從剛才高品質連結的定義來看，其中有三個最核心的關鍵字：尊重、信任和支持性互動。

尊重，是對方能夠感受到瞭解與關心，知道自己的價值是被你所認同；信任，就是傳遞你對對方在人品、能力等方面的信任感；支持性互動，就是你在表達自我的同時，也考慮對方的立場，雙方都體驗到參與感，達到互相支持、啟發的效果。

達頓教授指出，維持高品質的連結關係，能夠帶來三個更實際的好處。

第一，更夠讓工作效率更高，業績更好。跟同事的高品質連結會讓你感覺安全，使你放鬆並全心投入工作，不必被人際關係耗費精力。反之，一個低品質互動，就可能毀掉你一整天的工作效率。

第二，能夠讓能力和能力感都獲得提升。人在被愛與受重視的放鬆狀態，可以達到最佳的認知能力，激發好奇心和創造力，願意探索困難的思考；我們會因為覺得受到鼓舞，而盡力做到最好；我們會更願意分享，對他人的錯誤更為寬容，也因此可以學得更快，不只對團隊有貢獻，自己也有所成長。

第三，好處可延伸到工作之外，促進個人的心理幸福和身體健康。工作關係品質的提升，就如同舒緩了一個重大壓力來源，而建立高品質連結，能降低大腦的壓力荷爾蒙，增強免疫力，使人心情更愉悅，身體更健康。

如何建立高品質連結

如何才能做到回歸關係的當下，在每一次簡單的互動中提升連結的品質？這部分還是要從高品質連結的三個核心要素：尊重、信任、支持性互動著手。

首先是尊重。尊重和關心，能夠讓一個人感受自己是被正面看待。在職場互動，尊重就代表尊重對方的感受，尊重對方的時間。

我們先來聽一下這兩句話：

第一句：「請主動一點，不要讓我來確認你工作的進度。」
第二句：「我們每週一和週五來討論工作進度，你覺得如何？」

這兩句話當中，雖然第一句使用了「請」字，但很明顯是第二句更能讓人感覺受到尊重。其中關鍵就在於互動時是提出請求，而不是發出命令，留給對方一定的迴轉空間。因為命令是對方必須要做，在語氣中隱含的資訊是對方需要承擔不做的風險。而請求是對方有所選擇，可以表達不同的回饋或意見，更願意積極地參與互動。

除了尊重對方的感受，還要學會尊重對方的時間。許多人經常在 LINE 找人時發一句「在嗎」，然後就沒了。這就是不尊重對方時間的典型表現，一句「在嗎」背後的留白，其實會讓對方被迫浪費許多時間腦補。在職場上，時間可說是一個人最重要的資產之一，沒有人喜歡被當作隨叫隨到的資源，因此發起一次互動需求之前，你最好先預約，並且說明大概會占用對方多少時間。

高品質連結的第二個重點，是在職場互動中給予對方充分的信任。

我們要向他人傳遞一種訊息，就是我信任你的行為是正直、可靠和善意

的。例如，你要負責一個專案，需要向專案的其他同仁發起合作，要如何加強彼此的信任感呢？

首先，在合作的過程隨時分享有價值的資訊。找人幫忙的時候，要說清楚前因後果，像是「我們現在這個專案，是為了適應遠距辦公模式，其中還缺一個文案，你能寫一下嗎？」或者「你能不能幫我做這個 Excel 表？我會放在我們的報告當中，全公司都會看到。」盡力提供更多有用的資訊，對方自然會對你多幾分信任。

其次，在工作互動中要給予對方充分的自主權。一項工作達成共識，談好標準，交代了完成日，就應該給對方充分的自主權。要避免發起一項合作，卻又不放心，三天兩頭追問進度和細節。這種讓人做事，又整天跟在背後監督的狀態，是非常破壞信任感的舉動。

此外，增加信任還有非常重要的一點，就是要能寬容別人的錯誤。與人合作時同樣要具備成長心態，信任對方在犯錯之後的成長潛力。更重要的是，有時候對方可能並不是犯錯，只是工作風格與思維方式跟你不同而已。你可以跟對方約定定期檢視工作的時間，然後提供對方充分的資訊和資源支持，但工作的具體執行，由對方自行做主即可，不應該過於干涉其中的過程。

最後，只要有合作，就會遇到挫折與障礙。這是最考驗信任感的時候，在這個過程最重要的是不能指責對方的動機。對方做得不對，你可以指出問題，可以批評，可以提出改善意見，但是不可以推測對方的動機。

「他就是故意跟我搗亂！」、「不要強調這些客觀因素，這是在推卸責任！」或是「什麼工作多來不及？就是想偷懶！」我們人類確實喜歡推測他人的動機，但這也是我們在人際互動最需要自我警惕之處，無論你的推測是對還是錯，都會破壞彼此之間的信任。

高品質連結的第三個要點，就是如何增進職場關係的支持性互動。

支持性互動是指在表達自我的同時，也考慮對方的立場，為對方留出參

與的空間。這是一系列比較靈活的舉動，關鍵不在於技巧，而是在力所能及的範圍表達善意，進而讓彼此之間的互動更有活力和能量。

以下我會簡單舉一些例子做為參考，啟發你表達善意和支持的靈感。

首先，壓力分擔。

當同事身處比較困難的處境，在你力所能及的範圍，主動調整自己的工作，撥出一部分時間精力支援對方，以解燃眉之急。

還有，新手指引。

公司來了一位新同事，還不熟悉環境和業務，這時可以主動介紹自己熟悉的工作事務，幫助對方更快地瞭解與融入。

或者，觀察同事的工作風格，做個分類記錄。

對於習慣獨來獨往的同事，尊重對方的個人空間，避免尬聊；對於習慣井井有條，對時間特別在意的同事，注意溝通時給對方時間線，可以讓人更有安全感；對於習慣鬆散，有點天馬行空的同事，注意讓對方留有餘地，談好工作界限，這樣才不至於在對方可能有所拖延，而造成你的工作計畫崩盤。

以上這就是打造高品質職場關係的三個關鍵，給予尊重、信任和支持性互動。方法很多，但本質上都是引導我們在明確的職場合作體系之下，基於人性中的公正和善意而發起連結，這是做為一個職場人可以做，也能夠做好的事情。

如何處理不良的職場關係

讀到這裡，你可能會有個疑問，前面所說的都是比較理想的狀況，但有些人就是不配合，無論你如何尊重、信任和支持，對方回報的總是冷漠，甚至是敵意，這時該怎麼辦？

這種情況當然存在，而對於還能挽救的關係，你可以想辦法有所轉變。

我的同事小 A 最近對同事小 B 很有意見，因為小 B 向主管提交了一個方案，但方案裡有大量工作需要小 A 來進行。她們二人明明同職級，但小 B 提出方案前並沒有先跟小 A 討論，在這個方案中，小 A 不但要做許多事，而且功勞還不能算在自己頭上。因此小 A 有點生氣，她想起自己之前曾經安排過一個專案，砍了小 B 很需要的一個訴求，她想，小 B 是不是故意報復自己。

　　顯然小 A 已經受到負面情緒影響，甚至開始懷疑對方的動機，偏離了高品質連結的重要原則。那麼這時候，小 A 該怎麼辦呢？我們分四步驟來處理。

　　第一步，先想清楚自己的需求。

　　困擾背後通常隱藏著真實需求。小 A 之所以苦惱，是因為她在意和小 B 之間的關係。她跟小 B 在工作上的合作一直都比較愉快。因此不想失去這段關係，是她的需求。除了關係，小 B 的方案可能會讓自己工作超出負荷，因此她希望方案能有所調整，這是她的另一個需求。

　　第二步，是弄清楚別人的需求。

　　以小 A 對小 B 的瞭解，小 B 不太會拿工作開玩笑，因為維持職場感和專業性是小 B 一直以來的需求；此外，過去愉快的同事關係，也不是小 A 自己單方面就能做到，因此可以確定，小 B 也有建立良好關係的需求。只是小 B 上次的訴求被她砍掉，可能傷了她的心，因此希望小 A 能夠坦誠溝通和回應，這可能是小 B 的隱含需求。

　　第三步，是尋找替代方案。

　　小 A 思考自己有三個選擇，一是拒絕小 B 的安排，但是主管已經同意小 B 的方案，而且直接拒絕反而會讓關係變得更僵。二是接受小 B 的安排，但是自己心裡會很委屈，帶著情緒也無法好好做事。三是對這個方案做些修改，去除自己不能接受的部分，同時保留方案中她認為小 B 最重視的部分。顯然，最適合的替代方案是第三個。

　　第四步，是討論。

小 A 和小 B 開誠布公地聊了一次，對她上次砍掉小 B 的訴求表示歉意，然後也表達對於小 B 未經商議就給自己安排這麼多工作的感受。結果雙方一聊才發現，小 B 對於之前的事情並沒有放在心上。這次方案小 A 的工作安排，其實是主管的意思。但是她以為主管會和小 A 溝通，主管以為她會和小 A 溝通，結果兩個人都沒有說，這才有了彼此的誤會。最後，小 A 拿出自己的替代方案，雙方討論達成共識之後重新去找主管，終於解決這個問題。

其實，瞭解自己和他人的需求，然後尋找替代方案，其實都是為最後一步的討論，做足充分的準備工作，這個過程也依然遵循尊重、信任和支持性互動的原則。經由這樣的方式，我們可以重建高品質連結。

當然，如果有一些關係確實無法挽救，這時我們就要學會及時停損，做好自我調整，避免這段關係為自己造成過大的負面影響。

你可以投入和其他同事的高品質連結，也包括你在工作之外，和家人、朋友的深層關係，用好的人際關係來為不好的人際關係解毒。

當然，也可以建構自己的心理資源，培養更多正向情緒和正向認知。你也許可以這樣想，這個關係雖然讓我心情不佳，工作不順利，但是，我也在這段關係獲得成長，提升了我跟人打交道的能力，掌握更多委婉表達的方法，抗壓性變得更強，還學會如何在逆境中工作。這樣一來，你會發現不良的關係裡也蘊含正面的意義，因此這段關係帶給你的負面影響也就沒那麼大了。

最後，我還是要強調，在此提供許多具體的方法，並非要去算計同事，或是刻意與同事套交情，而是以更成熟的方式，接納人性中自然流動的真實情感。因為和我們一起共事的同仁，都是像我們自己一樣，是鮮活而不完美的人。因此，秉持尊重、信任和支持性互動的原則，大家就能夠一起打造一個更有活力也更正向的職場環境，這對我們而言才是最重要的事。

22 今日行動 高品質連結

在職場上，高品質連結不只能提高工作效率，還會讓同事之間的相處更加放鬆，發揮彼此最大的能量。因此，這次的行動就是建立「高品質連結」，行動分為三步驟。

第一步，回想一下，在最近一個月當中，你和同事溝通的時候，有沒有做過影響甚至破壞連結感的行為？

第二步，整理一下，在那次溝通中你沒有做到的，是「尊重、信任和支持性互動」的哪一點？

第三步，反思之後，你可以試著以本文提供的方法，主動發起一次與同事的高品質連結。這個連結可以很簡短，只要能達到尊重、信任和支持性互動即可。

23 體驗愛與連結的感受，他人也很重要

我想帶你以一種更本質的視角，來重新認識關係。

我的一位老師彼得森教授——也是正向心理學的創始元老之一——曾經說過，有一次他在正向心理學的講座上被人問到：「教授，如果用一句話做結論，你覺得正向心理學到底是什麼？」

彼得森想了想，然後說：「Other people matter.」意思就是「他人很重要」。也就是在彼得森看來，正向心理學對人最大的啟示就是，關係對於人的重要性。他的這句話點明了一個真相，那就是：人生來就渴望與他人建立連結。這裡的他人，可以是我們的父母、伴侶、朋友，也可以是那些只有一面之緣，甚至素不相識的陌生人。

你可能也經歷過這種奇妙的感覺。例如：和好朋友久別重逢，你們開心地一聊就是一個下午；公司的專案有了進展，你和同事一起鼓掌、擁抱，大聲歡笑；休假日的公園，你看到嬰兒車裡的小嬰兒對你露出燦爛的笑容，你也會回以一笑……在那短暫的瞬間，你能體驗到，你和他不再是界限分明、毫無關係的個體，而是進入一種互相理解、彼此融合的超凡感覺。

心理學家費德瑞克森教授把這種不可意會的瞬間稱為正向性共鳴。而我們在正向性共鳴的過程所體驗的奇妙感受，其實就是愛。人與人之間的連結，本質上就是愛的連結。我們在關注對方、愛對方的過程，充分體會活著的意義，感受到做為人類的價值。這就是我為何要在討論關係的最後一篇文章中，

和你聊聊正向性共鳴的根本原因。

什麼是正向性共鳴

所謂正向性共鳴，指的是一種發生在二人或二人以上群體的瞬間情感連結。這個過程，就如同照鏡子一般，本來我們照鏡子只能看到自己，但是在正向性共鳴的瞬間，大家在鏡子當中看到了彼此，你的眼中有其他人的表情動作，其他人眼中，也有你的神態和肢體語言。

我們辦公室的同事小陳知道我在研究共鳴體驗時，就興奮地說起自己和閨密之間的正向性共鳴經驗。她說當時和閨密一起吃飯，二人先是不約而同地走到靠窗的位置坐下，後來服務生問她們要喝什麼飲料的時候，她們又異口同聲地說：「柳橙汁。」最後二人就彼此看著對方，心領神會地笑了起來。在她們相視一笑的瞬間，就產生了正向性共鳴，她們不再只是自己。

這個過程看似簡單，但其中其實包含了正向性共鳴得以產生的三個必備條件。

第一，正向情緒共享，就是你和其他人之間產生共同的正向情緒。就像小陳和她的閨密，同時產生愉快的情緒。

第二，行為反應同步。意思是彼此之間建立了實質性的感官連結，身體和大腦出現同步的生理反應，動作也發生呼應。

這裡的關鍵在於，彼此之間要有實質性的感官連結，像是眼神交流、身體接觸、對話交談等等。小陳和閨密互相看著對方，就是這種眼神的交流，讓她們感受並共享愉快的情緒，進一步產生同步的生理反應。

如果缺乏感官連結，即使具備相同的正向情緒，也未必能夠產生正向性共鳴。最典型的例子就是，在電影院當中，雖然你和其他觀眾都在觀看同一部喜劇，隨著情節發展你們同時發笑，但你和其他人的情緒反應是平行的狀

態，大家都忙各自感受自己的情緒。但如果這時候，你激動地握住鄰座觀眾的手，你們互相看著對方大笑，那麼你們的反應就開始交叉共鳴了。

正向性共鳴產生的第三個條件是：彼此互相關注，指彼此並非被動參與其中，而是抱著關心和理解對方的衝動，關注對方的一舉一動。

在剛才的例子當中，小陳和閨密其實都無意識地做到了這點。她們互相抬頭確認對方的反應，好奇對方此時的情緒，甚至迫不及待想與對方交流自己此時的心情。

因此，正向性共鳴發生的時刻，包含了情緒、行動和思想三個層面的鏡像反應，我們在這個過程愈來愈能夠體會對方的感受，連結也愈來愈緊密。

想像一下，如果你與我能有機會坐在附近的咖啡館，面對面地進行交流，你能透過我的眼神和手勢，瞭解我對心理學的熱愛，我也能夠透過你的表情和姿態，瞭解你的專注和投入，並且能更清楚地明白你對哪些地方有疑問，與你有更好地溝通互動。我們二人就能在交談的過程，不斷進行情緒共享和行為反應同步，進而創造一個個正向性共鳴的時刻。

為什麼需要正向性共鳴

為什麼我們要在關係中學會創造更多的正向性共鳴呢？

首先，正向性共鳴是觸發愛與連結非常好的機會，能滿足我們對連結感的基本心理需求。

由於商業社會的發展，我們不斷強化自己的獨特性，把自己塑造成更權威、更強大，我們確實比以往更有能力去和世界抗衡，但也因為喪失與他人的連結，而變得愈來愈孤獨焦慮。其實，在看似沉穩能幹的外表之下，每個人都有脆弱的一面。而正向性共鳴，能讓我們揭下表面的偽裝，在內心與他人緊緊相連。

而且，科學研究發現，正向性共鳴能夠促進催產素釋放，在催產素的影響之下，人會變得更平和，與他人相處時會更加和睦友善，也更加包容。這就代表你跟其他人進行情感連結的能力，也會在正向性共鳴的過程得到提升。

　　其次，正向性共鳴的時刻能加強我們的幸福感。

　　美國行為科學家尼可拉斯・艾普利（Nicholas Epley）曾經做過一個芝加哥地鐵實驗。研究團隊把搭乘地鐵通勤的志願者隨機分為三組：第一組必須和身邊的人交談，第二組只能自己待著，第三組可以自由選擇交談或不交談。

　　實驗開始前，有 84% 的志願者都覺得自己獨處一定更舒服，但實驗結果正好相反。其中被要求和其他乘客交流的志願者，因為產生更多的正向性共鳴體驗，因此上班通勤時最愉快；而獨處的志願者，幸福感最低。研究者在芝加哥大眾交通系統又重複了這個實驗，依然得到相同的結果。

　　創造更多正向性共鳴的時刻，能夠讓我們更有心理韌性。

　　心理韌性，又叫心理彈性，或是心理復原力、心理抗挫力，能夠幫助我們更能適應外界的挫折和挑戰。就像關係中的積極回應能夠為我們的「情感帳戶」存進更多的錢，幫助我們抵禦關係中的衝突和風險，儲存每個細小溫暖的正向性共鳴時刻，也能夠成為幫助我們應對挫折的正向力量。正向性共鳴所產生的深刻連結，也讓我們相信，無論自己遭遇什麼樣的困境，身後永遠有人和我們一起戰鬥。

如何創造正向性共鳴

　　那麼，我們要如何在日常互動創造更多的正向性共鳴？其實在前文已經提到，如：在親密關係所提的主動建設型回應，以及在職場關係所提的高品質連結，這些方法在運用的過程都能滿足正向情緒共享、行為反應同步和互相關注這三個條件。

除了以上的溝通方法，接下來我再提供兩種平常就能做的練習，幫助你提升愛的能力。第一個方法，叫做「正向性共鳴回想」練習。這個練習和我在之前所提的「三件好事」行動類似，但「正向性共鳴回想」則是側重在人際互動層面。費德瑞克森教授在研究中發現，光是記錄和回想本身，就能夠讓人感受到更多愛的連結。

　　你可以試著在每晚臨睡前，花三分鐘時間想想，今天在和其他人互動的時候，感受到的連結感和正向性共鳴時刻。當時你說了什麼？對方又說了什麼？你們有什麼樣的表情、什麼樣的情緒？

　　經由每天晚上的回想，不只能夠再次享受正向性共鳴時刻帶給你的溫暖，更能促使你用心對待每一次與他人互動交流的機會。雖然我們無法控制日常生活中的不確定性和挫敗感，但我們仍能努力建立更多的情感連結。

　　如果說正向性共鳴回想練習，能夠讓我們學會「愛自己」，那麼接下來我要講的方法，則是能夠幫助你延伸內心深處愛的界限，學會去愛別人。

　　英國作家湯瑪斯・特拉赫恩（Thomas Traherne）曾經說過：「狹義的愛可憐可悲，博愛光芒萬丈。」主動把善意和溫暖傳遞給你認識的所有人，再擴展到不認識的人，能夠幫助你更深刻地體會正向性共鳴的價值。

　　這個方法叫做「愛的祝福」，是源於「慈愛冥想」但著重於發展對他人的善意、善良和溫暖。

　　首先，找一個安靜的地方，選擇你最舒服的坐姿。眼睛微閉，先做三次深呼吸，幫助自己慢慢放鬆下來。

　　接著，請開始想像某個群體，可以是和你一樣忙碌的上班族，雖然你看不到每個具體的個人，但你知道他們和你一樣，每天勞碌奔波，但也渴望愛與幸福。一想到這些，你就能感覺自己和他們的情感連結愈來愈緊密。

　　然後，帶著與這些人的連結，重複默念以下四個古老的句子，隨著每一次緩慢的呼吸，默念每一個願望，發自內心地為對方祝福。

「願他們感到安全。願他們感到幸福。願他們身心健康。願他們生活惬意。」

接著，你還可以把慈愛的對象慢慢擴大，擴大到這個世界上的所有人，將你的善念擴散出去。

「願所有人感到安全。願所有人感到幸福。願所有人身心健康。願所有人生活惬意。」

正向性共鳴的本質其實就是愛，進行這樣的練習，並不是空洞的祝福，給予祝福，也並不代表你真的能夠改變誰的人生，但這樣會讓你的內心變得更加柔軟。每天早上做完這個練習，開啟新的一天，你的內心會萌生一種力量，你會相信，這一天中你遇見的每個人，他們都收到了你的祝福。

23 今日行動　創造正向性共鳴

主動創造一次正向性共鳴。

再複習一遍正向性共鳴的三個條件：正向情緒共享、行為反應同步，以及互相關注。

留意和你接觸過的每個人，也許是你的家人、伴侶、同事，也許只是公司的清潔阿姨，或是快遞人員等等。試試看！一次簡短的面對面交談、一個微笑、一個眼神，都有可能成為充滿愛的時刻。

願你活在當下，全心去愛。

Q1 我們瞭解到許多原生家庭帶來的創傷，原生家庭並不完美，每個人多少都會對原生家庭有所不滿，因此我想知道，什麼樣的原生家庭能夠真正成為愛的港灣？我和另一半需要為孩子做哪些準備？

其實並沒有一個幸福家庭的範本，大文豪托爾斯泰《安娜·卡列尼娜》寫到：「幸福的家庭都很相似，不幸家庭的苦難各有不同。」但我想強調的是，幸福的家庭並沒有一個統一的樣版。不過，幸福的家庭都有一個共同點，那就是父母能給予孩子無條件的愛。愛孩子，不是因為孩子有多好的成績，有多聽話，而是愛他的存在本身。這個觀點其實我們在先前已經反覆提過。

之所以現在再強調，是因為我發現許多父母把無條件的愛當成唯一而且必須達到的標準，如果無法做到，就代表自己是失敗的父母，導致焦慮。

其實，就算是「無條件的愛」，也沒有哪個父母能夠完美無缺地做到。我們能夠做到的，是「相對」無條件的愛。和上一代相比、和周圍讓孩子受到傷害的家庭相比，我們教養孩子的方式能夠有所進步，這就行了。

天下並沒有完美的父母。在養育孩子的道路上，只要能坦誠面對自己的處境，並且不斷向「美好家庭」的目標努力，就已足夠。孩子更關心的是能給他們安全和信任的父母，而不是一個完美的人。

而這個問題的第二部分是，要營造一個美好的原生家庭，為了孩子，自己和另一半需要做哪些準備？

其實這個問題隱隱反映了一個普遍的誤解，特別是在華人社

會，許多成年人結婚之後，接著自然就開始考慮生小孩，他們預設親子關係才是家庭中最重要的關係。但事實上，構成一個家庭的各種關係，其中最重要的是夫妻關係，而不是親子關係。

由夫妻雙方組成的新家庭，是社會中經濟與情感的最小單位，需要滿足的功能首先是經濟與情感的獨立。也就是說，夫妻需要在經濟上能夠彼此照顧，還需要能夠為彼此提供情感陪伴和支持，在經濟和情感層面都不再依賴各自的原生家庭，達到真正的獨立。在這個前提下，雙方才能好好履行養育小孩、照顧老人的功能。

因此，如果要說具體的準備，那可能是一張永遠列不完的清單。你只要記住，夫妻之間良好的親密關係，就是一個家庭健康穩定的基礎和前提。

 Q2 父母也有自己的生活，但是他們無法理解這件事，很想知道如何幫助父母理解？課題分離需要父母與子女共同完成，如何讓父母也能瞭解這個概念？

許多華人父母都是以子女甚至是孫輩的生活為中心，缺乏自我意識。學會放手確實是父母在人生中需要面對的眾多課題之一，從小到大，孩子離家讀幼稚園、上大學、到另一座城市讀書或工作……為人父母都會有一種空虛的感受，即使子女已經成立新的家庭，父母也很可能無法放手、無法放心。

因此，要改變父母的想法和觀念其實非常困難，如果處理得不好，很容易發生爭吵、冷戰，甚至傷害原有的關係。如果希望父母能夠擁有自己的生活，我建議你在能力所及的範圍，提供他們一些

擴展生活方式的機會。你可以從父母的興趣著手，幫他們拓展生活圈。你可以問問父母有什麼一直想做但沒有機會完成的事，例如：學跳舞、學英語或是去哪裡旅遊等等，幫他們找到年紀相仿、志同道合的朋友，從拓展父母的社交圈開始，幫助他們發現自己想做的事，開始擁有自己的生活。

你可以主動和父母說說自己工作和生活上的事，展現自己做為一個成年人的處世能力。和父母多聊聊自己的想法，讓他們看看你是如何解決生活中的問題。透過展現自己的能力，也能讓他們少操點心。

老師，我也渴望戀愛，但是感覺現實中的戀愛並不像影劇中的那樣美好，現在我更喜歡在影劇中尋找戀愛的感覺，不願意談真實的戀愛，這樣正常嗎？

這種心理的確需要注意。這代表你可能陷入了「虛構」愛情的「超常刺激」。

所謂超常刺激，就是那些會激發人的原始本能，但不是真正自然的刺激，而是人造的模仿物。這些模仿物的特徵非常鮮明、誇張，比自然事物更具吸引力。科學家曾經在許多動物身上做過實驗，例如：花雀會拋棄自己的蛋，而去孵那些顏色更鮮豔、特徵更明顯的「假蛋」，會放著鳥嘴小的真雛鳥不管，而去餵食嘴更大更寬也更紅的假雛鳥。

人類雖然文明程度遠高於動物，但依然保留著原始本能。現代社會的超常刺激現象隨處可見。以食物為例，人類在演化過程發展

的生存需求，讓我們更喜歡高糖、高鹽、高脂的食物。現代工業社會就製造出一堆的高糖、高鹽、高脂肪的垃圾食品，雖然能夠大大滿足我們的需求，但也給對我們的身體造成巨大的負擔，這個就是超常刺激。

再看看影視作品描繪的愛情，「霸道總裁愛上我」、「默默無聞的女主角獲得所有人的喜愛」、「談場戀愛直到永遠」等所謂的浪漫劇情，再配上超完美的異性形象。這些都是工業社會針對我們對於關係需求所設計的超常刺激。

既然影劇中的親密關係能夠帶給我們快感，那為什麼還要追尋現實生活中的親密關係呢？

粉飾過的愛情帶有過度的浪漫主義色彩，試圖凌駕於生活之上，反對一切與感覺無關的事物。但是這種幻想一旦遭遇現實，必然會帶來痛苦，例如：無法接受即使在愛情之中，人也會持續成長變化，無法接受在愛中談論柴米油鹽、談論距離、談論相處之道，這會讓人一百八十度大轉彎，變得憤世嫉俗，陷入絕望。

當我們知道影劇中對愛情的標準其實是非現實的，我們就更能接受自己的生活，並且對生活重新獲得信心。更重要的是，人正是在這些真實而看似不完美的互動中，獲得更深層次的情感連結。兩個不完美的獨立個體在一起，互相欣賞，也互相磨合，一起談論金錢、地位、距離、生活方式，為了舒適的生活以及和睦的家庭而努力。長遠來看，我們能夠從這樣的關係獲得更豐富的意義感，得到實實在在的成長。

因此，請擺脫超常刺激的控制，回到現實。如果你還沒有做好回歸的心理準備，不用急著談戀愛，可以先從多和其他人接觸，擴大自己日常的人際交往開始。

Q4 我覺得目前單身蠻好的，有更多的時間自我提升。在愛情方面，雖然渴望但不會刻意追求，這樣的狀態是正常的嗎？我們一定要經由建立親密關係而達到所謂的「終極價值」嗎？

「渴望愛，但不會刻意追尋親密關係。」這個描述在某種程度上表現了你的生活哲學觀，涉及你自己的人生選擇，因此並沒有「正常或不正常」的問題。正常或不正常，在於是否符合你自己的需求。雖然我們都生活在眾人之中，但沒有誰規定我們必須像眾人一樣活著。

當然，非要進一步詢問，我希望你能先問問自己，你所說的「自我提升」具體指的是什麼？是不是其中就不包含任何親密關係？

此外，就關係本身而言，親密關係並不是獲得終極價值的唯一途徑。職場關係、原生家庭甚至陌生人，都可以實現終極價值。你和同事之間，一起為了專案徹夜奮鬥；或者你和朋友彼此交心徹夜長談；再或者，你參加志工服務，和一群志同道合的人產生正向性共鳴等等。關鍵在於關係的品質和深度，而不在於哪種類型。

這裡也涉及一個個人選擇的問題。在我看來，最重要的還是用成長心態體驗關係中的互動，享受自我界限不斷地被拓展和延伸的過程。

當然，兩人之間被定義為愛情的親密關係是非常美好，不用壓抑自己的渴望，如果有想嘗試的瞬間，我也非常鼓勵你在確定自己的需求和底線的前提下勇敢走入愛。

Q5 老師，您提到「心理理論」的概念，這是類似「三觀」的意思嗎？如果心理理論有很大的差異，該如何妥協和協調？所有心理理論都能協商解決嗎？有什麼心理理論是彼此無法調和的呢？

我的回答是，不是。心理理論並非我們經常說的「三觀」，用更白話的說明，心理理論是我們根據過往的經驗，對自己或他人行為的推測或解讀。這些對於行為的解讀，包括正面解讀，也包括負面解讀。

某天晚上丈夫送了妻子一大束玫瑰花，對於這件事，妻子可能有不同的心理理論：第一種是「送玫瑰花一定是發生了好事」；第二種是「送玫瑰花，一定是做了什麼虧心事」。

這時，如果丈夫的心理理論確實是發生了好事，想慶祝一下，而妻子卻抱持第二種心理理論，結果雙方在同一件事產生了不一致，如果互相都不清楚對方的心理理論，就很可能造成誤解。

因此，瞭解對方的心理理論，目的是瞭解對方真正的行為意圖。多些瞭解就能減少誤會，關係也就會更融洽。從這個角度而言，在關係中對於同一件事，雙方持有不同的心理理論，是沒有問題的。畢竟心理理論的形成是和各自的成長環境以及從小到大的經驗有關。

我們在親密關係當中，追尋的並不是心理理論的調和統一，而是親密關係的健康發展。因此，對於心理理論重要的不是妥協、協調，而是讓心理理論「公開化」。

Q6 我剛畢業步入職場後發現，職場上大家都是工作上的關係，很難發展為朋友關係，周圍的人也都告訴我不要跟同事做朋友。這讓我很困惑，我喜歡交朋友，不知道要怎麼跟同事保持適當的距離。

　　這是一個進入職場後大家都會遇到的問題：能不能和同事做朋友？我想先問問你：你認為「朋友關係」應該是什麼樣的？

　　雖然都叫做「朋友關係」，但不同的朋友之間也有遠近之分。我們每個人都可以試著為自己的人際關係畫圈，以自己為中心，向外擴散出一個個圓圈，有第二圈、第三圈，甚至更遠。有的可能離你很近，就在第二圈；有的卻離你很遠，在五圈之外。

　　你很喜歡交朋友，希望和同事建立更多的人際連結，這當然是好的。問題在於，你想和同事建立怎樣的朋友關係？是第二圈、第三圈，還是第五圈？你是否想過，什麼樣的人可以進入二圈以內，成為你的知心好友？具體的判斷標準每個人都不一樣，如：雙方是否有共同的興趣，共同的人生觀、價值觀？雙方的成長經歷是否相似？……這些問題很難向外尋求答案，別人的看法或建議只能做為參考，主要還是取決於你自己。

　　再回過頭來看，職場的同事之間因為有潛在的利益糾葛，甚至是競爭關係，因此也對建立朋友關係造成一定的難度。雙方的利益衝突愈多，就愈難發展朋友關係，這是無可厚非的事實。不過，就如同我之前所說，把握三個核心要素——尊重、信任、支持性互動，你依然可以和同事建立高品質連結，不必過於糾結。

掌握科學的

行動方法

24 我為何這麼做？ 價值觀驅動改變

　　現在，我要更具體地聊聊關於「改變」，如何在這個世界展開更自主的行動，掌握更科學的行動方法。

　　在瞭解怎麼做之前，確認「為什麼」更加重要。因此，我會先說明價值觀和個人能力性格當中的優勢，因為這兩者是促使一個人做出具體行動、做出人生選擇的核心推動力。接著我會談幾個重要的行動法則，幫助你有條不紊地開始行動並堅持下去。最後，我會談談如何處理行動過程遇到的情緒和心態問題，幫助你跨越改變的障礙。

　　我們先來聊一聊價值觀。

價值觀是我們對事物價值的排序

　　價值觀，聽起來如此抽象複雜，跟一個人的行動改變有什麼關係？當然有關係。舉個例子，如果你身邊有朋友想減重，你不妨多問他幾個為什麼。例如：

　　你為什麼要減重？因為我想變好看。

　　你為什麼想變好看？因為變好看會有更多人喜歡我。

　　你為什麼想要這麼多人喜歡？因為這樣我更可能挑到一個好伴侶。

　　你為什麼想要挑一個好伴侶？因為我害怕孤獨，想要長久的陪伴。

即使看似很簡單的一個行動，連續追問幾個為什麼，深入思考之後，就會發現行動背後的動機是什麼，動機背後所依循的價值觀又是什麼。人要做出自我決定的行動，必然會在內心經歷取捨和選擇，而價值觀就是那個影響改變與選擇的底層驅動力。

通常人在面臨重大選擇時，最能夠表現出價值觀。因為選擇的背後，是一個人對不同選項進行優先順序的比較和排序。

許多人在尋找人生伴侶時，都希望自己能夠寧缺毋濫，但你會發現在不得不面臨選擇的時候，有些人會降低標準，找個還算將就的對象。這時候就是選擇了盡快進入主流的穩定生活；有些人聽從父母安排，跟對生活期望不一致的對象結婚，這時候是選擇了照顧父母的感受；還有些人不為所動，找不到就乾脆把精力投入事業，這就是選擇了堅持自己的擇偶標準繼續等待。

因此，價值觀本質上就是對各種事物價值的排序，就是你認為什麼事物是更有價值的。不過我發現，雖然每個人都有自己的價值觀，但並不是每個人都清楚瞭解自己的價值觀。

因此生活中有些人，總認為自己得不到的事物才是最重要的，會想跟別人比較。選擇在老家當老師、做公務員的安穩，卻又羨慕在大城市打拚的朋友賺更多錢，過更有意思的生活；選擇深耕於內容創作的人，又想跟專業經營市場的比較誰更擅長銷售。結果就是比來比去，永遠對自己的現狀不滿足，也永遠不知道自己該往哪個方向走。

在心理學有一個方法叫做沉船練習，能夠幫助我們探索內心的價值觀。想像你把自己人生中所有重要的東西都帶上一艘船，這艘船忽然漏水了，你必須把某些東西從船上扔下，否則船就會沉沒，你會失去所有東西。那麼，這時候你首先會丟棄什麼呢？

你可能先把一些外在的事物扔掉，然後可能是工作、友誼，再來是健康、才能，最後可能連家人也要拋棄，甚至家人當中你還要選擇先拋棄誰。經常

有人做沉船練習的時候會痛哭流涕，因為這是用一個很極端的方法，來逼你進行價值觀排序。

其實這種模擬練習，在中國歷史上曾經發生過。宋代詞人李清照的丈夫趙明誠是一位有名的金石家，蒐集了許多古玩、書籍。後來金兵南下，他們一家人坐船南逃，當時皇帝突然召趙明誠到外地去。

臨別之際，李清照問趙明誠：「如果事態緊急，這些物件該怎麼辦？」趙明誠就回答：「先棄輜重，次衣被」意思是先扔掉糧食，再捨棄衣物。「次書冊卷軸，次古器」意思是接著可以丟棄的是書籍，再接著可以扔貴重的古器。「獨所謂宗器者，可自負抱，與身俱存亡。」意思是在萬不得已的情況下，這些東西都可以按順序捨棄，但唯獨家族相傳祭祀用的禮器不能丟，即便是死也要好好保護。在這個沉船練習中，趙明誠給出了自己心目中的價值觀排序。

對自己的價值觀有清晰認識的人，在面臨人生重要選擇時，能夠有章法不慌不忙，並且真的會按照這個標準實行。但生活中有許多人並沒有認真思考過自己的價值觀排序，因此總是隨機做出決定，又隨意改變。只有對自己的價值觀有清楚的認知，我們才能做好當下的每個決策。

價值觀的形成離不開情感

對一個人而言，價值觀的形成，受到什麼影響最深呢？

我們經常會聽到這麼一句話：「要教孩子樹立正確的價值觀。」好像價值觀是理性而外顯、是經由教育傳授就可以樹立。但其實人的決策經常是受情感的影響。

當你面臨一個困難或選擇，向其他人求助時，別人再怎麼設身處地為我們想對策，有時我們會覺得：「你雖然說得很有道理，但你不是我，解決不

了我的問題。」這個世界上有無數種價值觀，當你在情感上認定了某一種之後，大腦會無意識地啟動理性思維來尋找理論和依據，其他人的情感和你不一樣，因此他們的理論和依據經常會被你所排斥。

以剛才所提趙明誠的情況，原本按照動盪的時局來看，衣被輜重才是最值錢的，但趙明誠最先捨棄的就是這些。而祭祀用的禮器，也許有很多人會覺得，祖先的墳墓尚且保不住，帶著禮器離開又有何意義。但是在趙明誠心中，人可以餓死，但要死得有尊嚴，因此衣服比食物更重要。廣泛的知識文化傳承比個體生命更重要，因此與書籍和古器相比，食物和衣服可以先捨棄。然而知識和文化也許還能在別處尋得，但趙家薪火相傳的使命和家族精神，只有自己家人能守護，這比一切更重要，因此會決定把祭祀的禮器留到最後，與之共存亡。

價值觀的形成不是憑藉簡單的理性計算，還包含一個非常大的情感核心。愈是對你重要的人生選擇，愈是需要情感作用。

這裡所說的情感核心，通常和你過去反覆經歷、深入內心的情感記憶有關。我有個小我許多屆的學妹，她對朋友格外用心。朋友生病了，就算半夜打電話給她，她也會毫不猶豫搭計程車過去照顧；朋友家裝修房子，缺少監工的人，她會放棄休息時間幫忙操持，絲毫不嫌麻煩。有時候我都覺得她為朋友付出太多，但她做的一切並不會有故意討好的感覺，反而十分真誠。

她經常掛在嘴邊的一句話是：「做人最重要的是講義氣。」剛開始我很好奇，看似斯文的女孩子，怎麼說起話來跟江湖人一樣。我好奇地問過她，學妹笑著說她喜歡金庸的《笑傲江湖》，不但看了書，還把所有版本的電視劇都看了，最喜歡的人物是令狐沖，大概就是受這個影響較深吧！

可是在我看來，一個人所受的教育、接觸過的資訊輸入通常只有點撥啟發的作用，如果能夠對價值觀產生深遠影響，通常跟這個人內心深處的情感記憶高度契合。

後來我瞭解到，這個學妹在小時候曾經有過一段非常辛苦的時期。父母經年累月吵架，最後在她國一的時候離婚，於是她就跟了父親。不久之後，父母各自又成立了新家庭，沒過兩年繼母也懷了孩子。在新的家庭雖然衣食無憂，但她發現自己愈來愈像個外人，只不過是一個父親和母親出於義務接濟的對象，任何與物質無關的需求，都無法再跟父母開口。

在她還無法適應的那些年，是各種朋友給予她情感支持，有同社區的朋友，有同學發展出來的朋友，還有透過朋友認識的朋友。在她需要傾訴、陪伴、支持的時候，父母總是缺席，但朋友總是在場。只有友誼，不需要獨占又可以長久。

因此，與其說把友誼放在第一位的價值觀，是從令狐沖身上所學，不如說是她這樣的情感記憶，讓她選擇欣賞令狐沖，選擇認同「講義氣最重要」。

成長型價值觀更值得追求

由於每個人情感體驗的來源都非常豐富，因此一個人可能同時擁有多種不同的價值觀，而這些價值觀之間也經常容易發生衝突。

經歷過重大事件之後，人的價值觀就會發生一次衝突，甚至引發轉變。就以新冠肺炎疫情來說，我有位來自湖北的朋友小王在聊天時跟我說，她第一次這麼直接地感受到生命的脆弱，原本為了追求更好的發展機會，一直非常堅定地要留在北京闖蕩，但是現在她動搖了。如果能離家近些，真的遇到危險時，至少還能跟家人在一起。

不同的價值觀在心裡不斷打架，是人在發展過程必然會經歷的事情。因為衝突本質上就是資源有限的一個現實反映，當人的時間有限、金錢有限、條件有限時，我們需要透過整合、排序，盡可能地讓更多資源投入對自己而言最重要的事情。

當然，我想強調的是，這個「最重要」的評斷標準因人而異，如果你暫時無法更清晰地對價值觀進行整合，我在此提供一個從長遠來看更有利於個人發展的方向。

以色列心理學家施瓦茲（Shalom H. Schwartz）提出了一套價值觀系統，他把價值觀分成兩大類：成長型價值觀和保護型價值觀。

成長型價值觀是指能幫助豐富和拓展自我的價值觀，例如：友善、超越、自主、探索。而保護型價值觀是指幫助自我防衛和避免傷害的價值觀，是封閉、被動，例如：物質、安全、傳統、服從。

保護型價值觀，是在成長過程中愈缺少愈看重，例如：小時候缺少安全與物質的人，長大後會更看重安全與物質；但成長型價值觀，則是愈滿足愈看重，例如：小時候得到充分自主和探索的機會，長大後就更加喜歡自主與探索。

物質和金錢導向的價值觀，就是典型的保護型價值觀。缺錢當然痛苦，一定要有錢才覺得放心。但達到一個「轉折點」之後，金錢對於提升個人幸福感就沒有明顯的效果，繼續追求財富也不會讓人感到多開心。如果是成長型，如自主導向的價值觀，當你真的靠自己做到一次，體驗過自主帶來的生命力，就會愈來愈喜歡，愈追求愈心滿意足。

根據施瓦茲做過的研究，從長期來看，成長型價值觀和人的幸福、健康、人際成就呈現正相關，而自我保護型則呈現負相關。

因此，我鼓勵你在整合自己價值觀的過程，盡可能從保護型向成長型發展。在整合過程最重要的有二點：情感累積和意義整合。

第一點，做好情感累積，也就是盡可能累積正面情緒。

每當你做出一個選擇時，你需要意識到，這就是一次你的價值觀表現。請問一問自己：這次勝出的是保護型價值觀，還是成長型價值觀？這背後驅動的情緒，是逃避負面，還是擁抱正面？

在不安全的時候，人更可能會受到外界刺激引發負面情緒，然後無意識地選擇保護型價值觀。而在安全的時候，人更有可能喚起正面情緒，由於能夠感受到不必擔心危險，就可以自由地發展自我。因此，如果你一再選擇保護型價值觀，也許需要審視自己的內心，是什麼讓你缺少安全感？

知識或教育都只能做到啟發的作用，價值觀的整合、發展，還是要看你的情感根基發展得如何。你可能看了一本書之後忽然醒悟，從此改變價值觀的取向，但那通常不只是知識的力量，也是平時情感已經累積到那個地步，這本書正好在此時有了催化的作用。因此，情感依靠平常的養成，在日常生活中，喚起更多正面情緒，培養安全感，就是我們能夠做的事情。

第二點，意義整合。向成長型價值觀發展，並不是硬生生切斷或否認曾經抱持的保護型價值觀，而是一個整合的過程。

首先，充分理解自己是如何秉持著保護型價值觀努力在這個世界上生存。其次，將你曾經因為這樣的價值觀所得到和失去的事物，都在心裡安放好位置。最後，經過得失整理，會騰出一定的內心空間，你就可以開始一點點嘗試成長型價值觀導向的行動。當成長型價值觀帶來的情感體驗和獲得愈來愈多，保護型價值觀自然會漸漸降低影響力。

人就像一棵樹，成長型價值觀讓我們向上生長，保護型價值觀讓我們向下扎根。向下扎根當然也很重要，沒有根，樹就無法存活。但是追根究柢，一棵樹生長在世上，是為了向上生長，開花結果，而不是為了無限地往下，從土壤吸水。我希望你能夠向上成長，探索自己的無限可能，在世界上留下人生痕跡，而不只是活著保護自己。

24 今日行動　價值觀的觀察

進行價值觀的觀察實踐。

第一步，想一個你曾經有過或是目前面臨的重大抉擇，如：選擇回鄉工作還是在大城市打拚？選擇薪水滿意但是缺乏熱情的工作，還是追求自己真正想做的事，重啟一段未知的旅程？選擇盡快結婚生子的安穩生活，還是繼續追求理想，繼續漂泊？……

第二步，想一想你在做選擇時主要考慮到哪些因素？你可以從中挑選三個核心價值觀，然後根據自己的內心判斷進行排序。

第三步，在最終的排序，排序在前的是喚起正向情緒的成長型價值觀，還是為了避免失去的恐懼而形成的自我保護型價值觀？這個價值觀讓你得到什麼，失去什麼？你希望做出哪些調整和改變？

測驗
[價值觀]

以下語句描述了你對於一些事情的看法和感受，請根據自己的實際情況進行選擇。

A. 非常不符合　B. 有些不符合　C. 不確定　D. 有些符合　E. 非常符合

01. 對於你要做的事情，你喜歡自己做決定。

02. 你喜歡按照自己的方式做事。

03. 你認為大家生而平等，都應該被平等地對待。

04. 你關愛自然，注重環境保護。

05. 你樂於助人。

06. 你希望周圍的人都能獲得幸福。

07. 你喜歡嘗試新鮮事物。

08. 你不喜歡一成不變的生活。

09. 你認為維持傳統是一種美好的品格。

10. 你認為遵守來自家族或文化傳統習俗十分重要。

11. 在沒有人監督的情況下，你也會遵守規則。

12. 你會盡力避免做他人眼中錯誤的事。

13. 你很注重周邊環境的安全。

14. 你會盡力避免讓自己處於危險的狀態。

15. 你渴望富有。

16. 你希望擁有許多昂貴的物品，過奢侈的生活。

計算各題得分：A＝1、B＝2、C＝3、D＝4、E＝5。計算以下二個

價值觀維度題目的總分：

　　成長型價值觀：1 至 8 題得分相加。

　　保護型價值觀：9 至 16 題得分相加。

成長型價值觀－保護型價值觀＞16：你的價值觀傾向於成長型。

整體而言，你的價值觀是開放而嚮往成長。在工作和生活方面，你更重視有助於豐富自我與拓展自我的事物。你重視自主，希望獲得思想和行為上的獨立，願意自己做選擇，為自己設定目標，不喜歡依賴他人，也不喜歡他人過度干預自己的生活。

　　你崇尚超越，認為人生而平等，渴望公平公正，願意尊重他人，理解他人；推崇人與自然的和諧，注重環境保護。

　　在人際關係方面，你待人友善，會真誠地對待朋友和親人，並且樂於幫助他人，希望周圍的人都可以獲得幸福，並且願意為這件事努力。

　　你熱愛探索，會有各種新奇的想法，喜歡挑戰和冒險，追尋新鮮事物。喜歡充滿變化和驚喜的生活，對於一成不變的生活會感到厭倦。

　　這樣的成長型價值觀，讓你在生活中充滿了不懈追求、不斷成長的動力，這樣自主的成長過程，也為你帶來許多快樂的體驗。希望你可以一直秉持成長型價值觀，讓自己百尺竿頭更進一步，遇見更了不起的自己。

保護型價值觀－成長型價值觀＞16：你的價值觀傾向於保護型。

整體而言，你的價值觀有一些封閉，相對較為被動。在工作和生活方面，你更重視幫助你避免痛苦的事物，處於一種自我防衛的狀態。你尊崇傳統，認同謙卑、節制等傳統理念，遵守傳統文化習俗和觀念，並會在行動上自發地遵守規則。

　　你重視服從，會給人禮貌、懂事的感覺，十分在意自己的行為舉止是否

符合社會期望，不會做他人眼中認為錯誤的事情。

　　你注重安全，渴望獲得一種安全感，經由掌握周圍的安全資訊確認自我的安全，同時也期待關係的穩定長久，渴望社會的安定和諧。

　　你對金錢與物質渴望比較強烈，對於可以獲得物質的權力也比較推崇，希望透過各種方法，達到對資源的控制。

　　這樣的保護型價值觀會讓你經常處於對事物感到匱乏的擔心之中，讓你缺少安全感，會阻礙你追求真正的自我、追求成長的腳步。

若得分為其他情況，則你的價值觀介於保護型與成長型之間。

整體而言，你的價值觀在保護你逃避痛苦，追求自我成長。你會渴望物質，推崇權力；尊崇傳統，遵守傳統文化習俗和理念；會在意自己的行為舉止是否符合社會期望，很少做他人眼中認為錯誤的事情，進而獲得一種安全感。這也是自我防衛的表現。

　　但是同時，你又渴求自主，希望獲得思想和行為層面的獨立，內心也渴求對新鮮事物的探索。期待一個和諧平等，公平公正的美好世界。

　　你的保護型價值觀與成長型價值觀處於一種相互糾纏的制衡當中，當天秤的一端有所傾斜時，可能就會打破你內心的平衡。

25 發揮優勢比彌補劣勢更重要

　　如果認清價值觀，能夠幫助確定行動的終極目標，那麼發揮優勢，就是前往目標阻力最小的途徑。

　　品格優勢是正向心理學最核心的概念之一，正向心理學的兩位創始元老塞利格曼和彼得森透過對古今中外世界文化體系的調查，把人類普遍存在的正向品格歸納為二十四種，分別歸入智慧與知識、勇氣、正義、人道、修養、超越這六大美德之下，統稱為品格優勢。我們每個人都擁有這二十四種正向的品格，只是有些比較強，有些比較弱。

　　許多人會和我說：「沒想到自己還有這麼多優點。對照排名最高的幾項優勢仔細想想，好像自己在生活中有許多瞬間，多多少少都表現了這些優勢。」

　　我平時很喜歡寫小說，或是用吉他創作歌曲，也沒有拿出來發表，就是單純寫著玩。後來，我發現這其實就是我「創造力」優勢的表現。雖然以前隱隱約約知道，但突然有種被正名的感覺，感到特別開心。

　　這也讓我意識到，在現實生活中，其實大部分人都沒有系統性地思考過自己的優勢，反而更習慣關注自己的缺點。現代管理學之父彼得・杜拉克（Peter Drucker）曾經說過：「多數人都以為知道自己擅長什麼。其實不然，更多情況是，大家只知道自己不擅長什麼。」

　　我們花了許多時間和精力補足缺點，通常只是在消除自己和其他人的差

異，尤其是在社會分工愈來愈精細的今日，劣勢和不足可以透過合作彌補。優勢才是一個人本身的個性和價值所在，發揮優勢、讓優勢最大化，才更有機會確立你的不可替代性。

如何發現自己的優勢

我們常常容易把優勢局限在某些具體的知識技能，如：懂英語，會畫畫，但這種知識型的優勢通常只在特定的情境下才有用。因此我們會苦惱，不知道該怎麼在工作或其他領域發揮優勢。

其實，優勢從來不是具體的某件事情，而是你做事的方式。英語好這項技能背後，也許是你好學的優勢發揮作用。會畫畫背後，也許是你藝術鑑賞的優勢。

關於優勢，現在有許多不同的分類方法，也有各自的命名方式。但無論用何種名詞體系，優勢都具備同樣的四個特點：

第一，你會有興奮、投入、富有熱情的感覺；

第二，你發現自己學得很快；

第三，你會自動自發，迫不及待地想要嘗試；

第四，做這件事本身就讓你感到滿足。

為了讓你更清楚地認識自己的優勢，在此介紹一個名叫「周哈里窗」（Johari Window）的工具。

什麼是「周哈里窗」？這是心理學家魯夫特（Joseph Luft）和英格漢（Harry Ingham）提出的一種看待自己的視角，根據自己知道或不知道，以及別人知道或不知道這四個要素，可以把優勢分為四個區，就像一扇窗戶被分割的不同部分。

第一類優勢，是自己知道，其他人也知道，位於開放區（開放自我）。

這些優勢，在你平時生活中已經有所覺察，你也聽到其他人對此有過稱讚。

第二類優勢，是自己知道，但其他人不知道，位於隱藏區（隱藏自我）。你雖然有這些優勢，但還沒有所發揮，因此還沒有被其他人發現。

第三類優勢，是自己不知道，但其他人知道的盲區（盲目自我）。如果有件事情，大家都認為你能做到，就你自己覺得不行，那就可能是位於盲區的優勢。

最後一類優勢，是自己不知道，其他人也不知道的，屬於未知區（未知自我）。

那麼，如何利用「周哈里窗」來發現自己的優勢？總而言之，就是拓寬你的開放區，把盲區、隱藏區和未知區的優勢，都轉換為開放區，之後再多加運用，讓這些優勢變成你的核心競爭力。

其中，開放區和隱藏區的優勢，都是我們自己知道的部分。可以透過系統的測評，或自我觀察等方式來梳理。

尤其是隱藏區，許多人之所以會隱藏優勢，通常是因為他們缺乏能力感，不夠自信。想到一個優勢之後，又覺得這方面比我好的人太多，就直接推翻自己的結論。對於這種情況，先別急著自我否定，可以透過多種途徑來驗證自己的判斷，例如：測評、尋求他人回饋等等。

而要識別位於盲區的優勢，最快的方式就是從他人口中得到回饋。前兩年，我跟學生講「優勢」這個話題時，曾經出了一項作業，讓他們當天以作業的名義發一條募集好評的動態，請他們的朋友分別說三個他們眼裡自己的優點。

後來學生的回饋非常好，原來許多不經意表現出來的優勢，別人反倒比自己更清楚；還有一些自己隱約覺得是優勢的地方也得到證明，令人特別興奮。因此，你不妨藉由和朋友同事聊天的機會，也問問你在他們眼中有哪些優勢，也許能夠發現驚喜。

最後，處於未知區的優勢，你和別人都不知道，因此最重要的是探索。你可以經由增加新的體驗，如：去一些之前沒有去過的地方，做一些沒有做過的活動，或者學習一些新知識等等。方法很多，但關鍵在於要保持開放的心態，持續探索，迎接各種挑戰。

除了「周哈里窗」的優勢發現工具，我再推薦一個正向心理學常用的方法，叫做「正向自我介紹」，主要是透過說故事的形式，幫助你發現優勢。

共有二個步驟，第一步，介紹自己的「最佳時刻」，這個最佳時刻，可以是你所獲得的成就，如：通過一場考試、完成困難的專案；也可以是你展現的某項正面特質，如：幫助別人，在壓力之下努力不懈，面對誘惑堅守原則等等。

第二步，挖掘「最佳時刻」背後的優勢。說完故事後，就談談故事中你表現了哪些優勢。也可以讓聽眾說說他們察覺到的優勢。

有一次正向心理學工作坊，學員小李就向大家進行了一次正向自我介紹。小李原本在老家的一個單位工作。後來因為丈夫有了一個更好的發展機會，想帶著她和小孩搬去大城市。丈夫問她想法的時候，她非常糾結。雖然跨出這一步代表丈夫有機會實現夢想，小孩有更好的教育機會，她也擁有更多可能性，但她非常害怕這種突如其來的不安定。

小李說，下定決心之後，支撐她對抗這種不確定的是自己「堅毅」的品格優勢。搬家、轉行、適應新的人際關係等等，每件事都很難，但是自己還是和丈夫一起堅持了下來。

聽了小李的故事，大家都很佩服，我還在課堂對小李說：「其實不只是堅毅的優勢，你對丈夫的支持，還表現了你愛的優勢。」小李下課後特地來找我：「趙老師，沒想到我還擁有愛的優勢，現在想想，這和我堅毅的優勢是分不開的。」

正向自我介紹，不只能幫助你從優勢的角度重新審視自己的過往經歷，

還會讓你重新回味自己最有成就感的時刻。同時，你也多了一個獲得回饋的管道。因此，可以幫助你加深對開放區優勢的瞭解，又能幫助你把優勢從盲區轉換為開放區，我推薦你也試一試，你的正向自我介紹故事是什麼？你的故事表現了你什麼樣的優勢？

如何發揮自己的優勢

發現優勢之後，我們需要做的就是「用」，不是被動地發揮，而是主動、有意識地使用。一方面，有意識地發揮優勢的過程，可以不斷強化優勢；另一方面，條條大路通羅馬，解決問題的方法有很多，如果能把優勢做為跳板，反而會更享受解決問題的過程。主動使用優勢，不代表你要換一條跑道，而是在現有的狀態下，採取主動的策略。

我在國外的時候，曾經看過這樣一個故事。Bentley 是一個普通職員，他的日常工作就是對當地的警察局進行民事監管。每天大概就是採訪一下社區居民，審核各類報告。但一到晚上他就會脫下制服，在一家喜劇社表演單口喜劇。原本只是一時興起和朋友一起玩，但在這個過程，他慢慢找到自己的優勢：幽默感，以及快速的反應能力。

Bentley 也喜歡自己白天的工作，但重複的工作內容讓他有些倦怠。當他發現自己的優勢也能在工作中有所發揮時，就再也沒有這樣的倦怠感了。他舉了一個例子，當時內部有一個講解培訓的工作，Bentley 自告奮勇，因為他覺得這是一個發揮優勢的好機會：我有上台的經驗，而幽默又是我的優勢，我可以很有意思地講給大家聽，也能提升培訓效果，為什麼不試試呢。

因此當他意識到「我在任何時候都可以發揮幽默這個優勢」的時候，那些工作中的倦怠感也就不復存在了，取而代之的是正向的情緒和滿足感。

我們可以思考如何把優勢更充分地發揮到工作和生活當中。如果暫時沒

有頭緒，你可以從場景、途徑以及對象這三個方向開始思考，如：你可以在哪裡發揮優勢？你準備用什麼方式發揮優勢？你準備對哪些人發揮優勢？

再分享一個我自己的經驗，也許能為你提供一些靈感。

2013 年我剛從美國回到中國，當時妻子和小孩還在美國，因此我每天下班之後無事可幹，大部分時間就是宅在家上網、看電視。但是這樣整天坐著很不健康，而且一個人待著也會感到很孤獨。

於是，我在微博上發了一個「日行一善」的帖子，有需要幫助的網友可以在我的微博下留言，我每天會抽一小時的時間提供義務幫忙。許多網友一看我是清華大學心理學系的，就會跑來向我傾訴他們生活中的各種困擾。在和他們交流的過程，我聊得很愉快，而他們也有很多收穫，因為我可以從專業的角度，幫助他們釐清現況，提供他們正向心理學的改善方法。

我的幫忙是免費的，但有一個附加條件，就是希望他們在接受我幫助後的 24 小時內，再去幫助另外一個人，把這份善意傳遞出去。驚喜的是，所有人都做到了，而且有一部分網友在幫助一個人之後，還欲罷不能地持續幫助更多人，並在微博上做記錄。這個「日行一善」的活動就像一個漣漪效應，我只是輕輕碰了一下水面，但是這個水波就傳得很遠。

回過頭來看，這件事情之所以能成，就是我從「場景、途徑、對象」這三個維度思考如何發揮自己的優勢。我利用網路這個發起了這次活動，這是新的場景。網路上素不相識的網友是新的對象，微博互動是新的方式，我們在微博溝通交流，我用自己的優勢幫助大家解決問題。

其實每一種優勢，根據使用的場景、方法、以及對象等不同，可以有非常多的使用方法，你也可以透過思考和嘗試，找到更多適合自己的方式。

25 今日行動 發現你的優勢盲區

我要發起的行動就是「發現你的優勢盲區」，你可以藉由讀這本書的名義來向你身邊的人募集你的優勢回饋。

第一步，你可以直接複製以下這段文字，發到社群動態，或者直接發給你的家人、朋友、同事，向他們募集你的優勢回饋：「親愛的！我正在閱讀《無行動，不幸福》，希望你能幫助我完成這次非常重要的自我探索練習，請你回答：在你眼裡，我最突出的三個優勢是什麼？」

第二步，把你蒐集到的資訊都列出來，看看哪些優勢是你知道的，哪些是你從來沒有意識到的。

這個行動不只可以幫助你梳理自己已有的優勢，還可以讓你發現自己的潛在優勢。

26 在惡劣環境依然發揮自身優勢

如何發現並發揮自己的優勢是一個需要花時間投入的過程。我們都希望自己能夠順利地發揮優勢，但外部環境總是不可控，我們經常必須面對許多讓自己處於被動或不利的情況，也就是所謂的劣勢場景。

劣勢場景有時候是內部因素所導致，如：擅長獨自思考、蒐集資訊的內向者，面對大眾演講無法揮灑自如。有些時候則是外部因素所導致，如：年輕未婚的銷售人員因為業務調整，必須向五十歲以上的用戶推銷產品。

其實不單只是我們在工作或生活中碰到的難題，日常點點滴滴，那些細碎而消耗情緒能量的事情，都可能是劣勢場景。如：結束一天工作後，回家還要面對瑣碎的家務，輔導淘氣的孩子寫作業等等。

面對這些情況該怎麼辦？你可能會說，忍著啊！然後安慰自己，扛過去就贏了。但是下一次出現同樣的情況，除了苦哈哈地撐著，依然別無選擇。其實，面對變化，發揮優勢依然是最佳策略。即便是劣勢場景，也可以透過優勢處理化解。

創造性發揮自身優勢

首先，當你遇到劣勢情境，千萬提醒自己不要被事情本身困住視野，要能夠切換角度，藉由自身優勢重新思考解決辦法，這就是創造性發揮的開始。

以我的朋友小唐為例，小唐從事人資相關的工作，她覺得自己最大的優勢是待人和善且具備同理心，之前出於興趣也學了一些心理學方面的專業知識。前兩年她跳槽到一家大型國營企業的人事部門，最近碰到一件棘手的事情。由於業務需求，公司外派了十多位技術人員前往中東，結果碰上疫情，外派員工無法回國，困在當地兩個多月。中東疫情不樂觀，政局也不穩定，員工身心雙重煎熬，因此公司安排小唐跟外派員工進行一對一的溝通調整。

　　這讓小唐感到很棘手：一方面，在當時的狀況下，自己很難獲得外派員工的信任，他們知道公司無非是派自己來穩住大家，沒有實質意義；另一方面，這些外派員工幾乎都是男性，埋頭研究技術，不善言辭，不喜歡談感受。小唐知道，員工最需要的是回國或加薪調休等實質性補償，但這些都不是她能調配的資源，這讓她感到非常無力。

　　很顯然地，如果小唐硬著頭皮進行安撫的工作，考驗耐心和脾氣倒是小事，關鍵是不能解決問題，無法幫助那些外派員工。

　　這時該怎麼辦呢？可以想辦法創造機會，發揮自己的優勢。為了找到突破口，小唐仔細地看了這些員工的資料，她發現這些員工都已經結婚，而且其中大多數都有了小孩。小唐雖然不能對外派男性員工的處境感同身受，但她自己是個妻子，也是個母親，她能理解家屬的心情。外派員工長期出差惦記老婆小孩，又都是技術人員，遇到困擾確實會容易陷入情緒化的表達，比較難理性地與公司溝通自己的問題。

　　因此，小唐決定從家庭、小孩的教育等自己熟悉的話題切入，一邊發揮自己妻子和母親的角色優勢，一邊運用自己心理學專業優勢，提供外派員工一些有用的建議。最後小唐的安撫總算有了好的效果。

　　小唐的例子給我們最大的啟發在於，許多時候讓我們的優勢失效的並不是場景本身，而是我們受限於看待場景和看待問題的視角。因此，在面對劣勢場景時，第一，確認當下情況對你不利的條件是什麼；第二，認清自己的

優勢，同時不要輕易認為自己的優勢對目前的困難毫無用處；第三，在自身優勢和劣勢場景之間尋找關聯。以優勢為線索全面思考自己的資源，「我能做到什麼」然後盡力做好。

重新賦予意義

再來，利用優勢對劣勢場景重新賦予意義，也能將劣勢場景轉化為優勢場景。

我的老師塞利格曼曾經在上課時講過一個故事。他想讓家裡的三個小孩一起做家事，例如洗碗筷，可是最小的兒子並不喜歡。

通常碰到這樣的情況，家長要不是硬性規定，不然就是苦苦相勸，然而效果都是差強人意。而家長也會苦惱：為什麼孩子就是不理解我的苦心呢？

反覆追問、糾結於「為什麼孩子就是不願意主動做事」並不能解決問題，反而讓家長自己陷入劣勢場景之中。

於是塞利格曼就想透過利用孩子的優勢，對劣勢場景進行重新賦予意義。他讓小兒子做了優勢測驗後發現，小兒子最突出的優勢是主管力，喜歡並且擅長領導其他人。於是，塞利格曼想到了一個方法，就是在家裡成立洗碗小組，小兒子擔任組長，指揮兩個姊姊。小兒子非常興奮，每天都把收拾碗筷的分工安排得有模有樣。對孩子來說，洗碗這件枯燥的家務事，從此變成施展自身優勢的一個管道。

人在進行一件能夠發揮自己優勢的事情時，通常最能獲得滿足感，而且愈做愈有熱情。重新賦予意義其實就是利用優勢的這些特性。

愛因斯坦（Albert Einstein）曾經說過：「不能用製造問題的思維去解決問題。」如同想打開一道上了鎖的門，盯著鑰匙孔看是沒有用的，關鍵是找到那把鑰匙。「優勢」其實就是那把萬能鑰匙，經由重新賦義，我們不再把

劣勢場景當成要解決的問題或需要填補的缺漏，而是一個激發潛力的新機會。

我的學員小杰大學畢業後在做實習助理，其他事情倒還好，但是整天都要幫主管貼發票，這讓他覺得枯燥又乏味。由於小杰的優勢是分析能力很強，因此他便在貼發票的過程彙整分析主管的出入安排，一來二去真的找到不少規律，也瞭解到主管的一些習慣。後來，他把這些關於主管出差、會務和招待等相關細節整理成一份非常詳細的清單，在週會提出優化建議，也得到主管和同事的認同。憑著這股幹勁，小杰在實習期未滿的情況下就被破格轉正。

有了對問題重新賦予意義的過程，那些使我們感到有壓力的劣勢場景，就能因為個人的優勢，變成對我們有意義、有正向情緒的場景。因此當你在面臨劣勢場景時，第一步，先用正向的語言來定義自己面對的問題。在這個基礎上，再思考你的核心優勢能否跟第一步重新定義的新議題聯繫起來。

團隊優勢互補

最後，運用團隊的力量，也能夠因應劣勢場景。具體方法就是深入瞭解團隊中其他成員的優勢，利用團隊成員的優勢幫助克服劣勢場景。

之前有位 IT 專案負責人跟我聊過，他告訴我每次和專案團隊開會進行腦力激盪時，自己總是感到力不從心。有時大家聊得太熱烈導致離題，有時大家的想法僵持不下，做為負責人的他，夾在會議中各種意見，找不到自己的定位，不知道如何推進。結果經常會議結束都沒討論出可行的方案，還需要再花時間討論。

低效率的會議讓他身為負責人感到很有壓力，也讓專案推動困難。後來我建議他可以對團隊進行一次優勢評估。不需要花很長時間，但或許能幫他化解這個局面。一開始他還對優勢評估抱持懷疑態度，沒想到看到結果後他發現了一個有意思的現象：團隊裡大部分的成員，排名前三的優勢都是思維

能力，他們有很強的創造性、判斷力，有自己獨特的見解。而他自己本人的優勢則是很強的紀律性和責任感，擅長推進專案、管控流程。

這讓他終於明白會議的效率為什麼這麼低，團隊這麼難以磨合：因為他的團隊成員幾乎都是高級思考者，時不時會迸發各種創意和想法。而自己身為負責人，總是希望在會議結束前有一個明確的方案。

瞭解自己和團隊成員的優勢之後，他調整了自己在會議裡扮演的角色，他說自己要做一個「穿針引線」的人。會議前幫大家確認討論議題，大家各自發表想法後，他會迅速引導團隊共同評估，最後達成一個有效的結論。

當認識了其他人和自己的優勢之後，他對彼此行為背後的原因有了更深的理解，而這也成為他調整工作方式的參考。

在剛才的案例中，這位朋友是透過優勢評估瞭解他人的優勢，如果條件有限，我們也可以透過平日的觀察交流瞭解他人的優勢。在團隊中，我們的關注焦點需要從個人優勢轉移到團隊合作。在合作過程善用他人的優勢來幫助我們大家一起克服合作中的劣勢場景，這是一個雙贏甚至多贏的過程。

優勢充電

優勢不只可以解決問題，而且在使用優勢的過程，也能體驗到正向情緒和自我價值感，是一劑令人幸福的良方。在處理劣勢場景的問題時，如果能在過程中或休息時穿插一些發揮優勢的事情，可以提振情緒，加強自我價值感，增加面對劣勢場景的動力，這個方法就是優勢充電。

以我自己為例，我非常討厭做財務報銷的事情，但是又非做不可，以前每次到了要走財務流程的時候，我都會拖不能再拖才開始進行。每次處理這些財務流程我就很容易情緒崩潰。但是報銷事務需要定期處理，總是這樣消耗自己的心理能量也不是辦法。於是我換了一個方式處理：我不再拖到最後

一天才開始，而是提早二天就開始填寫各類文件，每做一小時，我就穿插著看書或是寫作一小時。

　　創造力和學習，都是我的優勢，無論是從書中獲取新觀點，還是經由寫作輸出自己的想法，都會讓我感覺充實和快樂。因此處理財務文件消耗的心理能量，經由發揮優勢就能獲得一些恢復。等心理能量恢復了，我再進行財務相關的事情。這樣一來，雖然看似耗時變長，但其中一半的時間都是在做我真正想做的事情，因此也沒有浪費，而另一半的時間，我也順利完成原本讓我害怕的任務。

　　當我們處於劣勢場景，必然會產生消極負面的情緒，這時候可以利用優勢為自己賦能。充實自己的心理能量，才能更好地因應面對。

---

26 今日行動　優勢轉換

　　一起來做一次「優勢轉換」。

　　第一步，寫下最近讓你感覺到不知所措、力不從心或是缺乏動力的一個劣勢場景。

　　第二步，清點你的優勢，思考如何運用你的優勢面對這個場景給你帶來的困擾。

　　這個行動可以幫助你不再逃避劣勢場景，而是主動喚醒自己原有的優勢，擴大優勢的應用範圍，幫助你在劣勢場景中依然能保持內心的活力，心生繼續前行的勇氣與動力。

27 半途而廢？
可能是目標設定錯誤

　　小艾畢業不到三年，目前的工作雖然能養活自己，但是升遷空間很小。她不甘於現狀，買了很多書，報了很多課程，可是還沒學到三分之一，又開始陷入懷疑，現在學的真的有用嗎？沒過兩天，她從其他人那裡聽到一些消息，於是又放棄正在學的課程，去學她認為更有幫助的東西。

　　好，這個故事其實是我虛構的，卻是我們身邊許多人的真實寫照。他們缺少目標嗎？似乎並不缺少，這些人反而在許多目標、計畫之間來回穿梭。他們缺意志力嗎？我覺得他們還沒到需要拚意志力的時候呢。

　　那為什麼最後都不了了之呢？問題的根源就在於，這些人從來沒有系統性地思考過目標。我們的生活被許多大大小小的目標所充斥，就像待辦清單事項可以列很長。如果你對這些目標經過系統性地思考，就會發現，其實目標也有不同的層級，有些目標很大，對你非常重要，也有些目標很小，可以調整甚至放棄。而且，不同目標之間會互相影響、互相推動或互相衝突。

　　美國心理學家安琪拉・達克沃斯（Angela Duckworth）指出，只有釐清目標之間的關係，才能讓這些目標真正有效地指引我們做出改變。那麼，如何系統性地思考所有目標呢？她提出了「目標階層」這個工具。

　　我會先詳細介紹目標階層，然後提供你三個方法，幫助你更有效地設定目標。

目標階層體系

什麼是目標階層體系？達克沃斯認為，我們設定的目標從抽象到具體可以分為三個不同的階層：頂層目標、中層目標、底層目標。

首先，「底層目標」是非常具體、特定的目標，類似每天列在待辦清單上的任務。如：打個合作電話、發郵件、寫報告等等。

底層目標的存在，是因為往上推會推出一個或者多個中層目標。如：你之所以要打電話，是為了推進專案。再往上追溯，為什麼要推進專案？因為你很看重這個專案，希望能做出一番成績。我們平常在思考目標的時候，想到的許多目標都屬於中層目標。

那麼什麼是頂層目標呢？順著中層目標一層層追問下去，一直到你的回答就是這個目標本身時，也就是說做這件事不再是為了其他目標，這時就來到了這個目標階層的頂端。

例如，為什麼這個專案對你非常重要？因為你希望經由內容創作為別人創造價值。你為什麼想要為別人創造價值？這時候你的回答可能就是，不為什麼，因為我就是想為別人創造價值。這就是一個頂層目標，就像指南針一樣，為下層所有的目標提供了方向和意義。

頂層目標和我們前面所提的價值觀緊密相連，你想達到的頂層目標，必然反映你所堅信的價值觀。

總而言之，目標階層最大的價值在於，能夠讓我們從更高的視角檢視不同目標之間的關係，可以更加有系統也更全面。

首先，清晰的目標階層，能夠讓頂層目標指導我們的行動與改變。

日本美食紀錄片《壽司之神》（二郎は鮨の夢を見る）當中的壽司師傅小野二郎已經超過九十五歲了，做了七十多年的壽司，畢生都在追尋一個頂層目標，那就是「不斷做出更美味、更讓顧客享受的壽司」。

而他所有的中層目標，例如：食材選取與加工、教授學徒、餐廳經營等等，都是圍繞這個頂層目標而展開。此外，他也會不斷分析和提升每個底層目標，例如：為顧客提供個性化的服務，根據客人的年齡、性別，製作食量不同的壽司。這三個目標階層之間的關係，就像地球內部的結構，來自核心頂層目標的熱力，一層一層向外傳達，輻射著我們每一個其他的目標。

這並非表示中底層目標不重要，如果你的人生只有頂層目標，那也與幻想無異。因此，目標階層的存在，也是在提醒我們，不要只問自己想要什麼，還要看看自己手裡有什麼工具和條件。

其次，有了目標階層，日常行為改變的靈活度會更高。

在目標階層中，目標所處的位置愈高，數量愈少，也愈重要。而中底層目標則是服務頂層目標的手段。既然是手段，就代表有調整空間。一旦發現中底層目標不可行，我們就可以及時放棄、替換和更新調整。例如，擁有強健的體魄是你的頂層目標，為了朝這個目標努力，你原本打算今年完成半程馬拉松的中層目標，可是在訓練過程中，你發現工作太忙，半程馬拉松反而成為新的壓力來源。這時放棄這個中層目標轉向其他方向，反而可能是更明智的做法。

最後，目標階層能夠幫助我們更能夠抵抗誘惑。中低層目標通常容易被外界的誘惑所干擾，由於這些誘惑能帶來短暫的享樂和價值，因此如果缺乏清晰的目標階層，或是沒有對目標進行整理，我們就很容易屈服於誘惑。確認了每個目標背後的頂層目標，就等於把當下的選擇與自己的未來有所連結，你就會變得更有自制力。

設定目標的方法

那麼，我們可以如何利用目標階層來幫助自己設定目標，展開行動呢？

目標追問法

一個清晰、明確的頂層目標能夠提供原則和界限，讓你的行動始終維持在正確的軌道。因此首先，你需要尋找自己的頂層目標。

在此我會以「人生目標」為例，幫助你找到自己的頂層目標：

先空出完全不受干擾約一小時的空檔，然後準備一張白紙和一枝筆。在白紙上方中央，寫下一句話：「你這輩子活著是為了什麼？」

接下來要做的，就是回答這個問題。寫下你腦中閃過的任何想法，可以只是幾個字。例如：「賺很多錢」或者「成為某個產業的代表性人物」。

剩下的就是不斷重複這個步驟，透過一層層追問，直到寫下那個觸動你內心的答案。

我們通常會受外界觀念或者主流價值觀影響，腦子裡會先蹦出許多「偽裝的答案」。不斷重複的過程，其實就是剔除偽裝答案的過程。當真正的答案出現時，你會感覺到這是來自內心深處，是符合你價值觀，代表你熱情所在的答案。

如果你之前很少思考這類問題，那麼這個剔除的過程可能會持續較久。書寫的過程可能會發現自己的答案很亂，覺得這個方法沒用。這都是正常現象，不要放棄，把那些讓你內心有所觸動的答案圈起來，接下來的書寫過程可以回顧這些答案，最後你的結論可能就是幾個答案的排列組合。

當然，任何關於人生價值和意義的探索都不是朝夕之間就能完成。如果你還沒有找到，也不用著急，可以從今天開始慢慢思考。

目標倒推法

有了頂層目標之後，我們還需要展開下層的目標，找到實現目標的途徑。

我經常聽學生說想發起公益行動或很想創業。每次說的時候都非常熱情洋溢，但經常是一兩年過去了，仍然停留在想法階段，沒有具體的行動。

在此我要介紹一個目標倒推法，能夠幫助你拆解目標，初步搭建完整的目標階層，把未來想要完成的事業和今天的行動緊密連結在一起。

目標倒推法，就是按照時間來分解目標，從未來一步步倒推到今天。

演員周迅曾經寫過一篇文章，叫做〈想想十年後的自己〉，她在文章中提到，自己雖然懷有演員夢，但並沒有想過要如何實現。如果沒有十八歲時和老師的談話，也許直到今天，仍然沒有人知道周迅是誰。

當時老師問她：「你現在就想想，十年以後你會是什麼樣？」

周迅說：「我希望十年後的自己成為最好的女演員，同時可以發行一張屬於自己的音樂專輯。」聽完周迅回答，老師接著回答，大意如下：

好的，既然你確定了，我們就把這個目標倒著算回來。十年以後你二十八歲，那時你是紅透半邊天的大明星，同時出了一張專輯。那麼你二十七歲時，除了接拍知名導演的戲之外，你還要有一個完整的音樂作品，能拿給很多唱片公司聽。要做到這點，二十五歲時，你就要在演藝事業上不斷學習和思考。另外在音樂方面應該要有很棒的作品開始錄音了。二十三歲你必須接受各種聲樂和肢體訓練，二十歲時就要開始作曲，作詞。在演戲方面也要接拍重要一點的角色了。

老師說得很輕鬆，周迅聽完卻感到一陣恐懼與壓力。這樣倒推下來，她應該馬上就要著手準備了，但她卻什麼都不會，甚至也沒思考過，還在為自己能夠拿到小角色而沾沾自喜。周迅說，當她意識到這是一個問題的時候，她發現自己整個人都覺醒了。

周迅的老師所用的就是目標倒推的方法。把一個龐大的目標，按時間細分為一個個小目標，落實到馬上需要準備的事項。對於你的頂層目標，你也可以使用目標倒推法，以終為始，確定每一個階段需要達到的階段性目標，如：

五年後……我可以做到什麼？

今年……我可以做到什麼？

這個月……我可以做到什麼？

這週……我可以做到什麼？

今天……我可以做到什麼？

　　我也向很多學生和朋友介紹過這個目標倒推法，他們經常會和我說：有了目標，但不知如何倒推，實際運用起來還是很難。這是因為，他們對自己所處的產業缺乏深入的瞭解，而蒐集資訊，知道通向這個目標的具體步驟，也是這個方法要克服的困難點。因此，當你不知如何下手的時候，也可以把「蒐集資訊」列入自己的目標體系中，先蒐集好相關的資訊，再接著往下倒推。

評估目標

　　經由目標追問和目標倒推，我們初步展開自己的目標階層。但這些目標設定是否合理有效，就可以使用 SMART 原則進行評估。SMART 原則可以幫助我們明確訂定有效目標，進而加強導引行動。

　　SMART 原則最早是由彼得‧杜拉克提出，是設定目標的重要參考準則。其中 S，指的是 Specific，目標要明確具體；M，指的是 Measurable，目標要可衡量。目標是否完成，結果是可以實際測量的；A，指的是 Attainable，目標是可實現的，經過努力之後可以達成；R，指的是 Relevant，目標之間有所相關。如果一個目標和其他目標完全無關，那這個目標即使達成，意義也不大；T，指的是 Time-bound，有明確期限。每一個目標都有明確的完成時間點。

　　例如，我有一個學生的目標是持續運動，使用 SMART 原則後，能讓目標更加具體並且容易執行，目標就更容易實現。

S：我希望藉由運動讓自己看起來更健康，因此要降低體脂率。

M：體脂率從 25% 降到 22%。

A：如果運動強度和時間都足夠，再進行適當的飲食控制，每個月減掉 1% 的脂肪是可以實現的。

R：每週一、三、五運動，每次運動不低於一小時，以有氧為主，輔以重量訓練；每餐進食七分飽，以高蛋白多蔬菜為主，每日攝取熱量不超過 1,200 卡。

T：最終驗收時間為三個月後。

27 今日行動　目標倒推

今天一起來試著進行「目標倒推」。

第一步，確認你自我成長的頂層目標。

第二步，為這個頂層目標設定一個期限，五年、十年還是十五年？

第三步，從最接近完成目標的時間開始，寫下你的計畫，然後一步步倒推至今天。

這個行動可以幫助你完成自己的目標階層，你可以藉由這次的機會釐清自己和目標之間的關係。

28 愈練愈強，用科學方法提升意志力

設定目標之後，要面臨的現實問題就是：目標和計畫的實現需要意志力，但意志力不夠怎麼辦？

提到意志力，我想起一件事情。前不久一個學員和我聊起自己的學業和工作計畫，然後給我看了他自己安排的日程計畫表，我看了一眼，每天都整整齊齊列了十件事情。我問他：「這麼安排會不會太緊湊了？」學員說：「怎麼會？這不是標準配備嗎？清華那個網紅學長的日程表，一天還列了十七項呢！」過了幾週，我再遇到他，問他日程計畫進行得如何。他翻出自己的小本了，一看，每天打勾的也就三到四項。接著他就唉聲嘆氣：「唉，學霸的意志力果然不是蓋的，我還是算了吧！」

一天能完成十七項充實的日程計畫，可見那個學霸的意志力確實強過許多人。在這個學員眼裡，好像意志力也是天賦，是他一輩子無法獲得的東西。

此時我就意識到，許多人對意志力的重要性已經有了比較充分的認識，但意志力到底有哪些特點？該如何利用怎麼培養？大家還是不夠瞭解。

不少人也像這位學員一樣，把意志力當成一個人與生俱來的特質。結果這些人一方面在生活中，反覆靠蠻力挑戰自己的意志力極限；另一方面，在一次次失敗之後，把這種解釋當成自我安慰的藉口。

事實上，許多心理學研究已經發現，意志力並非固定不變的天賦，也不是過去大家所理解純粹是一種精神層面的事物，而是一種生理機能，意志力

的使用和培養，都有其科學規律。

意志力有哪些特點

意志力的第一個特點，就是在一定的時間內，意志力是有限的。

這是什麼意思呢？我們來看看社會心理學家羅伊・鮑梅斯特（Roy F. Baumeister）曾經做過的研究。

參與實驗的大學生全都餓著肚子來到房間，桌子上放著兩個盤子，一盤放著美味的巧克力餅乾，一盤放著一碗生蘿蔔。研究人員把學生分成兩組，一組只能吃生蘿蔔，另一組可以隨便吃。隨便吃的這組學生大部分選擇吃餅乾，蘿蔔組的學生，只能選擇吃蘿蔔，可以想像，處於饑餓狀態的他們，為了抵擋巧克力餅乾的誘惑，必須依靠意志力。

接著，研究者把學生帶到另一個房間，讓他們開始做數學題。這些題目非常難，研究者想測試學生能堅持多久。結果，可以隨便吃的學生平均堅持了二十分鐘，而蘿蔔組學生只堅持了八分鐘，對比十分鮮明。

這是因為在抗拒巧克力餅乾誘惑的時候，學生要控制自己的情緒和行為；在做幾何題的時候，他們也要控制自己的思維。看似兩件關聯不大的事情，所需要的意志力，其實都在同一個心理帳戶。也就是說，無論你在日常生活中是控制情緒、思維，還是行動，你所消耗的意志力，都是從同一個總量當中扣除。

這個結論可以用來解釋許多日常生活中的問題。例如，結束一天辛苦工作回到家的夫妻，更容易因為雞毛蒜皮的小事吵架，正是由於工作已經消耗大多的意志力。許多減重的人在開完一上午的會議之後，會覺得中午再吃健身餐比平時更難熬，也是同樣的道理。

既然意志力在一段時間內持續使用就會不斷消耗，那應該經由什麼方式

補回來呢？這就涉及意志力的第二個特點：做為一種生理機制，葡萄糖是意志力非常重要的能量來源。

關於葡萄糖和意志力之間的關係，科學家做了很多研究。例如，一項研究發現，低血糖症狀的人比一般人更難集中注意力，也更難控制負面情緒。而另一項研究，研究者安排參與者玩電腦遊戲，參與者被分成兩組，一組喝了含糖飲料，另一組沒喝。結果，隨著遊戲的難度愈來愈高，喝了含糖飲料的人更能沉得住氣，而沒喝的人則開始邊玩邊罵。

鮑梅斯特對大量文獻進行整理後也發現，當血液中的葡萄糖濃度較低時，意志力會減少，而且通常是大幅下降。因此我們常說血糖太低時沒辦法好好做事，從科學的角度來說其實是有道理的。

意志力的第三個特點，就是從長期來看，透過規律的訓練，能夠提升意志力的耐耗性，也就是說，意志力的耐力可以增強，做相同事情的時候，意志力的損耗會變少變慢。

有研究者嘗試使用一些方法來訓練參與者的意志力：例如，語言訓練和肢體訓練，他們讓參與者在兩週之內，不能罵髒話，或者必須坐的時候端正、站的時候挺直等等。待訓練結束後，研究者讓參與者手握握力器，看他們能堅持多久。結果發現，經過意志力訓練的人，即使他們所受的訓練跟握握力器完全無關，他們的表現仍然明顯比沒有接受訓練的人更好。

總而言之，意志力的三個特點顯示了一個簡單卻很重要的結論：意志力不只是一種抽象的精神概念，而是像肌肉一樣，需要能量支撐，意志力會耗損，但也能鍛鍊、可節省、可儲存。

如何增強意志力

如何才能更有效地支配意志力呢？

關於培養以及使用意志力的原理，其實和理財很像，就是結合自己實際的支出情形，做好兩件事情，一是節流，二是開源。

首先，你需要瞭解自己平時意志力的支出情況。

一天的開始通常是意志力最飽滿的時候，然後你的意志力就會被接下來發生的每件事情慢慢損耗，即使是看似無關緊要的瑣事，例如，無聊的會議、路上糟糕的交通。因此，你可以每天為自己做一份意志力的「手帳」，看看你的意志力都在哪裡被消耗掉了。

如果每天的意志力能量是百分之百，那麼在晚上入睡前，你可以做一個回顧記錄：截至睡前，你的意志力還剩百分之多少？扣掉的部分，分別是做了哪些事情？每件事大概扣掉了百分之多少？

具體的評估標準，每個人都不一樣，你可以用自己的主觀感受來評估，一開始可能估不準，但隨著評估次數增加，你會愈來愈熟悉自己的感受，然後再回過頭對前面進行微調。

例如，第一天你覺得自己已經精疲力盡，意志力能量剩餘為零，但第二天你發現比第一天更累，第二天才稱得上是零，這時候你大概知道，前一天的感覺其實應該算還剩百分之十。

在試著記錄七天或更長的時間之後，你就會透過這份「手帳」，摸清楚自己意志力的規律：同一類型的事，你大概需要耗費多少意志力？哪些事耗費你意志力最多？哪些事其實沒有你想像中那麼耗費意志力？每天睡前還剩下多少意志力，你有沒有過度消耗自己？

當然，你還可能有其他的發現或者是只屬於你的規律。總之，透過「意志力手帳」，你大概就能瞭解自己目前意志力的使用狀況了。

然後，在這個基礎上，我們再來說說節流的原則。

我們之前已詳細說明關於目標設定，其實這對於有效使用意志力大有幫助。在瞭解自己意志力的使用狀況之後，你就可以為自己安排更合理的日程

計畫，為目標分級，重要事情優先，把更多的意志力留給優先順序更高的事情。

精打細算地使用意志力的最高境界是什麼呢？

我有個朋友，周圍的人說起他時，總會用「自律」、「意志力強大」來形容他，因為他十數年如一日地健身跑步，而且飲食健康而節制。過去我曾經問過他：「你到底是如何堅持的？這也太不容易了。」但是朋友卻說：「堅持？我沒有堅持啊，這就是我的日常，就跟刷牙洗臉一樣自然。可能你們聽著覺得很痛苦，但這只是我的習慣罷了。」

朋友的回答讓我意外，更讓我深受啟發。想要減少意志力的損耗，又能完成重要任務，最好的辦法就是讓那件事變成你的習慣。如同我這位朋友，在他一開始跑步、節制飲食的時候，肯定是有用上一定的意志力。但是當大腦形成一條固定的「習慣迴路」，就如同進入「自動導航」模式，做這件事就只需要很少的意志力。

建立習慣最快的方式，就是在固定的時間，用固定的方式做事。不想、不糾結、直接去做，讓這件事變成你的身體記憶。

接下來，我們再談談「開源」，如何鍛鍊你的意志力。

因為意志力的消耗都是扣除同一個心理帳戶，因此，關於意志力的訓練，在某種程度上也能有所轉換。也就是說，在某方面的意志力變強，也會為其他方面的表現帶來正面影響。

在一項針對意志力訓練的實驗中，研究者發現：那些養成運動習慣的人，吸菸量會減少，也較少拖延問題，他們會把家裡收拾得更整潔，不再把碗盤堆在水槽而是及時處理等等。

因此，把意志力當成肌肉一般訓練，做一些與現在目標無關的小事，也能夠從整體增強你的意志力。例如，坐著辦公時挺直腰桿、試著使用非慣用手刷牙等等。

對你而言，最好的方式是直接選一件目前你最想做而且對你有意義的事，集中精力突破。如果你希望每天睡前看書十分鐘，一旦選定這件事做為訓練意志力的突破口，那你最好在接下來的一段時間裡，全心全意地持續這件事情。在分析意志力手帳的時候，也要注意無論如何，每天留出看書十分鐘的意志力。一旦決定這是你目前最想做的事情之後，你就可以告訴自己，其他的目標如健身、學英語，雖然也很重要，但可以暫緩執行。集中精力透過持續睡前看書，來鍛鍊你意志力的耐力。

當你真正體驗到意志力的整體有所提升之後，你就可以再去嘗試另一項任務，而且也會更為順利。因為你更瞭解自己的規律，更清楚自己最難熬的痛處，最重要的是，你會記得自己是如何突破並且成功完成。

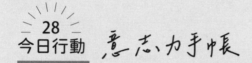

28 今日行動　意志力手帳

今天開始試著做自己的「意志力手帳」。

第一步，在一天結束之前，請列舉出讓你投入意志力的事件。

第二步，觀察這些事件，寫下這些事件大概占用的意志力百分比。

第三步，看一看這些事情哪些消耗了你大部分的意志力。這些事情對你重要嗎？請選出一件對你而言最重要的事，將你的意志力重新進行分配。

29 微習慣，改變自己的 MVP

經過前文說明，我們重新認識了意志力，意志力猶如肌肉，會有所耗損、能鍛鍊、可節省、可儲存。同時我們也提到，最節省意志力的方式，就是把一件事變成習慣。

但是養成一個習慣真的不容易。雖然一開始我們總是熱情萬丈，但是沒過多久，就會因為各種理由而放棄。

為什麼會如此？總而言之，大多數人在培養新習慣時，主要是靠著動力和意志力。但這兩樣東西，在培養新習慣時，通常不怎麼可靠。首先，從心理學的角度而言，動力是以人的感受為基礎，而感受不可控。把養成新習慣的基礎建立在自己的動力之上，就像在大海中航行的船，順風時快速前進，逆風時又迅速倒退。至於意志力，則是總量有限，又很容易在日常當中有所損耗，很可能在你最需要意志力的時候拿不出來，導致行動失敗。

怎麼辦呢？在此介紹一個簡單到很難失敗的習慣養成法，叫做微習慣。

微習慣其實就是「習慣」經過大幅縮減後的微型習慣，是一個小到不可能失敗的正向行為。就像做產品經常會先設計一個最小可行性產品（Minimal Viable Product，簡稱 MVP），微習慣就是改變我們自己的 MVP。如果想要養成健身的習慣，每天跑五公里或每天去健身房運動半小時可能很難，但是每天做一下伏地挺身就要簡單許多，也不用多，就一下，你什麼時候想起來都可以馬上做完，這就是一個微習慣。而且，無論這個習慣有多小，只要你做了，

就是朝目標積極邁進了一步，可以有正面的激勵作用幫助養成習慣。

微習慣是順應習慣養成的機制

微習慣之所以能夠發揮這麼神奇的效果，關鍵在於這個行為順應了大腦的習慣養成機制。

我們都有這樣的經驗，一想到要養成一個新習慣，還沒開始做這件事之前，就已經不知不覺地產生很多心理壓力和抗拒。從腦神經原理的角度來說，「萬事起頭難」主要是難在大腦本身就抗拒改變。

在培養新習慣時，主要會牽涉到大腦兩個關鍵部位：一個是基底核（Basal Ganglia），主要負責重複行為；另一個是前額葉皮質（Prefrontal Cortex），主要負責管理行為。

基底核是大腦中非常穩定的部分，能夠高效執行重複的行為，就像一個開啟自動模式的機器，最大的優點就是高效節能，幾乎不消耗意志力。就像你每天早上起來刷牙洗臉一樣。

不過，基底核只會重複舊的行為、習慣，不會判斷這個行為是好是壞。例如，當你在抽菸的時候，基底核不會考慮到抽菸對身體的種種危害。

對於喜歡重複舊行為的基底核來說，培養一個前所未有的新習慣，是非常困難的事情。

而前額葉皮質和基底核正好相反，能夠從長遠角度為我們進行決策，也會監管基底核。例如，當你想要吃巧克力蛋糕時，幫你抵抗誘惑的是前額葉皮質。當你累了不想繼續跑下去時，幫你堅持達成跑步目標的也是前額葉皮質。整體而言，我們想建立一個新習慣，是非常依賴前額葉皮質發揮作用。

但問題是，由於前額葉皮質功能比較強大，消耗的意志力也更多。而一旦意志力消耗殆盡，大腦就會進入自動導航模式，基底核會取代前額葉皮質，

占據主導地位，開始重複慣性行為。這就是為什麼，有些人拚命想要堅持一個新習慣，最後卻又彈回老樣子。

說完影響習慣養成的兩個關鍵部位，我們再來看看習慣的養成機制。

我們的各種思想和行為模式其實是大腦中的一條條神經迴路，每個神經迴路都由許多神經元互相連結而成，就像一條條高速公路，讓各種訊號在其中暢通無阻。

而養成一個新習慣，就需要創造神經元之間新的連結，如同逐漸斷開舊的道路，持續建造新的道路，這需要耗費大量的能量和時間。當一個新刺激產生時，短期內可能會引起變化，但這個新刺激不會馬上納入原有的神經迴路之中，因此在刺激消退之後，大腦還是會恢復原來的狀態。

就像是長期不運動的人，突然開始運動之後肌肉會痠痛，但如果沒有繼續運動，過幾天就會恢復原狀，只有持續再運動幾個月時間，肌肉才會逐漸適應。同樣地，養成一個新習慣，就代表我們要在一段時間內為大腦施加一系列它所不習慣的新刺激。

過去許多習慣養成策略並沒有把大腦抗拒改變的因素考慮在內。重大的行為改變，就是把大腦拖出原本舒適的圈子。拖得愈遠，大腦的抗拒就愈強，消耗的意志力就愈多，很容易回到自動導航狀態，導致行為改變失敗。

而微習慣策略最大的好處就在於，透過把習慣不斷縮小的方式來降低改變的難度。這個過程就好像是讓大腦走到圈子的邊緣，但由於步伐實在太過微小，因此大腦以為還是重複簡單熟悉的事情，感覺很輕鬆。

我在準備寫博士論文時，就遇到需要持續每天寫作數小時的情況。這是一項浩大的工程，前期要查文獻、做實驗，之後還要寫十幾萬字的篇幅，而且還要邏輯嚴謹、字字斟酌，光是用想的就覺得頭痛。

因此我試著利用微習慣大幅縮減目標，讓自己坐在電腦前先寫三分鐘試試看。無論寫出來的內容如何，也不管之後會不會繼續寫，只要完成三分鐘

這個微小的目標就好。

完成這個步驟對我而言輕鬆多了。神奇的是，三分鐘之後，看著我寫下的幾句話，就覺得既然都開始了，那麼不妨再多寫幾個字，結果漸漸有了可以繼續寫下去的想法，而且愈寫狀態愈好。這每天三分鐘的微習慣，幫助我順利開啟每天固定的寫作，幾個月之後，我的論文也就順利完成。

每次都從微小的一步開始，如同使用一種不被大腦所察覺的方式循序漸進，讓大腦在不知不覺中適應這個新的改變，圈子的範圍也就愈來愈大。從一開始的寫三分鐘，到後來甚至每天能寫三小時，微習慣最大的力量，就是經由這種方式，幫助我們循序漸進地將一件事情愈做愈深入。

值得一提的是，微習慣經常會帶給我們「微量開始，超額完成」的驚喜，讓大腦覺得不知不覺地獲得許多額外的好處，不但增加了自我效能感，也加強了能力感，激勵你不斷持續。當然，即使你沒有超額完成，也能透過微習慣加強新的神經連結，只要一直做下去，新的神經迴路就會愈來愈強，最終達到習慣養成的目的。

如何利用微習慣來培養習慣

要如何合理運用微習慣策略來培養習慣？你可以記住這四個關鍵字：縮小、納入、跟蹤、養成。

第一步，縮小，是把你希望養成的習慣縮小成適合你的微習慣。

所謂「適合」，是指要符合你在執行時沒有任何心理壓力。以寫作來說，如果你想要養成每天寫作的習慣，那麼，你可以把它縮小為「每天寫五十字」。如果五十個字還是有負擔，那就「十個字」、「一個字」，甚至只是「打開Word」。

微習慣是因人而異，需要每個人根據自己的情況調整，只有小到讓你感

覺毫不費力的程度，你的大腦才真的不會感到威脅。換句話說，就是當你累得死去活來時，你還能夠完成並且不會抗拒的小目標，就是最適合你的微習慣目標。

第二步，納入，把微習慣納入行程。

有一個明確的習慣起始點，你會更容易成功。你可以設定一個具體的時間，一旦確立了執行時間，就要嚴格地執行。

我再分享一個納入行程的小技巧。德國心理學家彼得・高維查（Peter Gollwitzer）經由研究後發現，當大家需要完成一個新任務時，如果能在腦海中先想想自己會在什麼時間、什麼地點做這件事，那他們真正完成的機率會從三成增加到七成以上。因為這個練習把新任務和大家原有的行程安排有所連結，透過腦海中的幾秒鐘演練，當那個時間、地點真正到來時，我們會下意識地讓自己有所行動。

高維查教授把這個方法總結為「if/then」方法，就是使用「當……的時候，就來做……」的句子做為輔助，讓微習慣納入你現有的生活規律中。

例如，你可以設定這樣一個微習慣：「當午休快結束的時候，我要提前五分鐘回來，完成多看一頁專業書的微習慣」這是把微習慣和具體時間結合；你也可以設定這樣一個微習慣：「在進電梯前，我要先走一層的樓梯，再搭乘電梯」這是把微習慣和地點結合。透過簡單的腦內模擬，提升微習慣完成的機率。

第三步，追蹤，指的是記錄和追蹤微習慣的完成情況，並將完成狀態視覺化。

把一個想法記錄在紙上的時候，大腦會更加關注。動手寫下你的微習慣以及完成狀態，能夠加強在大腦中的影響。例如：你不妨用一張日曆紙記錄微習慣計畫的進度，列印一張全年的日曆貼在牆上，也可以買整本月曆放在辦公桌上。經由這種方式，來放大微習慣對你的重要性。你可以以週為單位，

根據記錄檢視自己的微習慣計畫，肯定自己做得好的部分，並調整不夠好的部分，這種方式能夠幫助你找到適合自己的微習慣策略，並且長久地運用下去。

第四步，養成，是指你需要留意習慣養成的訊號。

一件事情從行為變成習慣需要時間，而微習慣的最終目的是養成新習慣。那麼，當一個行動逐漸成為習慣時，會有哪些訊號呢？

首先，你的抗拒情緒會減弱，你不再因為必須完成這件事而感到心累，而是不做反而難受；其次，這個行動會逐漸常態化，你不會因為「我竟然在做這件事」而激動不已，興奮感也會減弱；再來就是，這個行動會變得更加自動化，是你不加思索就能進行；最後，你會對這件事產生認同感，產生「我就是個喜歡運動的人」、「我就是每晚都會抽空學習的人」。

如果你對微習慣不再抗拒，而且微習慣也常態化、自動化，甚至讓你產生認同感，那麼恭喜你，新的習慣基本上已經養成。留意養成訊號，對我們最大的意義在於，提醒我們要保持足夠的耐心，直到這個習慣真正確立。

以上就是微習慣的四個步驟，縮小、納入、追蹤和養成。此外，在運用微習慣策略的過程，還需要注意以下兩件事。

第一，即使超額完成微習慣，也不要調高你的期望值。

微習慣經常能帶給我們「微量開始、超額完成」的驚喜。就像是一團可以燎原的星星之火，沒有上限。如果你有了想做更多的衝動，可以快樂地做到筋疲力盡為止。但是，不要調高期望值，那樣反而會讓你再次感受到大目標所帶來的心理壓力。

第二，當你做得很累時，就要後退，調整目標。如果你在微習慣的執行過程依然感受到抗拒心態，那就表示你的微習慣還不夠小。最好的解決辦法就是讓目標更小，直到抗拒心態消失。

29 今日行動　五分鐘起步

今天一起開始「五分鐘起步」行動：

第一步，請列舉你必須做但是又不想做，或是曾經想做但是沒有持續的事情。可以是運動、學習、工作計畫等等。

第二步，在這些事當中選出一件對你來說最重要且最有意義的事情，然後在今天抽出五分鐘時間做這件事。

30 刻意練習，真正改變的關鍵

為了能在行動中獲得效果，我們已經瞭解如何使用科學化的方式設定目標、使用意志力、培養微習慣，現在，我要來談一個看似老生常談的主題：練習。

說老生常談是因為許多人從小可能有這樣的概念：只要我努力做一件事，我就一定能進步，只要堅持到底，就一定能成功。後來大家又用「一萬小時定律」來強調，任何領域如果能投入一萬小時，我們就會成為該領域的專家。許多人對此會直接認為：只要我在特定領域不怕失敗，肯付出、肯努力，就一定能有所提升。

其實並非如此。一個擁有十年經驗的職場人，也可能只是一年的經驗重複了十次，因此練習時間的長短並非是你能否成為專家的決定因素；即使你不怕失敗，但如果你只是一般的重複練習，在同一個地方反覆失敗，然後原地踏步地努力一千遍，也很難有質的飛躍。

行動的過程揮灑汗水固然重要，但你必須掌握揮灑汗水的正確姿勢，這就代表你要學會刻意練習。

刻意練習：推動心智表徵升級

「刻意練習」一詞，在這幾年頻繁出現，因此你對這個概念應該並不陌

生。但是，為什麼刻意練習比一般的重複練習更有效，更能讓人事半功倍地成為高手？想要回答這個問題，需要瞭解一個重要的心理學概念，叫做心智表徵。

心智表徵是一種與我們大腦正在思考的事物相對應的心理結構。例如，當我在說「狗」的時候，你的腦海中會浮現出有關狗的大致形貌。這個時候，你腦海裡狗的形象，就是你對狗的「心智表徵」。當然，這只是一個最簡單的例子。任何一個領域，都有其特有的心智表徵，而且遠比你聽到一個名詞對應的心智表徵要複雜許多。

在特定的領域當中，新手和專家的差異，就在於心智表徵的水準和豐富程度不同。

如果一個完全不瞭解狗的人，在聽到「柯基、拉布拉多、杜賓」等詞語時，對此人可能毫無意義，他腦中也無法出現這些狗的具體形象。這時，他對狗的心智表徵就停留在比較基礎簡單的階段。但如果是養狗專家，他腦中不但會浮現各個品種的狗的樣貌，甚至直接能聯想到牠們各自的特性、喜好、馴養方式等等。這是因為專家在多年練習之後對狗的心智表徵是複雜且高級的狀態。

那麼，心智表徵從無到有、從低到高進階之路的背後，到底是什麼原理呢？這和大腦處理資訊的規律有關。更高級的心智表徵代表一個人的大腦使用較少的記憶單位，處理更多的資訊。因此，在相同的時間裡，利用同樣數量的記憶單位，高手能夠處理更複雜的局面，實現更難的目標。

研究發現，對於大多數一般人而言，大腦在短時間能處理的資訊是 7±2 個單位，例如，隨機報給你一串數字，大多數人一口氣能記住的就是 7±2 個數字。

當然，一個「單位」，並不等於一個數字。一個隨機數字可以是一個單位，而一串有規律的數字也可以湊在一起，只占用一個記憶單位。

我們就以中國的身分證號碼為例，最前面六個數字是省市縣的編號，接下來的八個數字是身分證本人西元出生年月日，最後四個數字則是個人流水號編碼。

知道這個規律，身分證號在大腦所占用的單位就有所精簡了，不需要十八個單位，而是城市、轄區、生日、個人流水號這四樣東西，意思是記這十八個數字，其實只占用了四個單位。也就是說，當記憶身分證號碼時，每個單位裡的資訊量變大，就代表對身分證號碼的心智表徵有所升級。

現在，我們可以回過頭來回答一開始提出的問題。其實一般的重複練習或死背硬記，最後也有可能掌握技能，只是效率非常低，因為大量無目標、無回饋的練習，對大腦的刺激十分有限，單位時間內處理的資訊量很難有所提升。

但刻意練習不同，也許你很難立刻明白大腦處理資訊的根本原理，但心理學教授艾瑞克森（Anders Ericsson）經由研究整理出了關於刻意練習必須滿足的四個條件，能夠幫助我們更有效地刺激大腦，推動心智表徵更快地升級。

如何做到刻意練習

刻意練習的四個條件就是：

第一，要有定義明確的具體目標。

第二，持續在「挑戰區」進行訓練。心理學家把人的知識和技能分為層層嵌套的三個圓形區域，最內層是舒適區，中間是挑戰區，最外層是恐慌區。

第三，要有及時且持續的回饋。

第四，要在整個練習過程保持專注。

我會透過一個故事來談談具體的方法。我曾經問過一位外科醫生朋友小林：「我知道你們醫學院學生要學習大量的書本知識，你們是怎麼從紙上談兵，

練到如今幫病人開刀動手術，可以眼都不眨的熟練程度？」他就跟我說了自己的個人經驗。

小林說，他上手術檯的過程基本上有三個階段。

第一個階段是看。先是穿著隔離衣，在手術室隔壁的觀察室，觀看手術直播；然後穿著手術衣，進入手術室近距離觀看；之後就是為主刀醫師遞器械，一邊近看，一邊感受不同的器械從自己手上傳給老師的過程。

一段時間後，實體觀察和遞器械對小林來說已經不在話下。這時候進入第二個階段，為主刀醫師進行非關鍵的協助，如：手術中幫忙夾住血管止血，手術收尾縫合時幫忙拉個勾、打個結。但因為這是在實際的患者身上進行操作，因此小林說當時自己又再度感到有些緊張。

再過一段時間，這些非關鍵的協助也做得很熟練了，就進入第三個階段：去切刀口、剪患者身上的組織。小林站在主刀的位置，而老師則全程協助。小林說，無論在腦中想象多少遍，想像下刀的力道，和實際操作的力道就是不一樣。

第一次主刀完成手術時，雖然是台普通手術，小林卻緊張到渾身出汗濕透。累積到十五台手術經驗時，心態就有了很大的提升，等到累積了五十台手術，整個手法和意識終於有了質的飛躍。

這個過程，其實就是在透過刻意練習推動心智表徵的升級。這裡涉及三個最核心的練習原則：

首先，將龐大複雜的目標切分成一個個小區塊。拆分的目的，是按照你當下的程度，分出屬於你的舒適區、挑戰區和恐慌區，然後定位你目前的挑戰區。

對小林而言，成為能獨立完成手術的外科醫生是一個大目標。在大目標實現的過程，他一直遵循行業經驗和前輩的指導，根據自己的能力程度，定位練習過程中不同階段的挑戰區。

以小林實習一開始的起點而言：「舒適區」就是在觀察室觀看手術過程、做筆記等等。「挑戰區」則是貼近手術檯觀察並且配合輔助遞器械，這些事情對剛開始實習的小林而言會有些緊張，但卻是他「跳一跳摸得到」的目標。「恐慌區」則是讓小林立刻主刀，這是才剛開始實習的小林絕對不敢的事情。

其次，在找到挑戰區之後，就要進行大量重複的練習。小林說他實習的時候，每天都會找個抽屜把手，或寢室上下鋪的樓梯桿，把手術線纏在上面，反覆練習手法和打結，一直練到可以邊打結邊看美劇都不受影響，練成身體記憶。每一次跟手術之前，小林都要在腦中預演，甚至用手在空中比畫，預想從開始到結束的每一個環節。每一次手術後，他也要在腦中覆盤，手腦並用過一遍，確認哪裡可以做得更好，哪裡需要加強。

不斷對挑戰區的內容重複練習，直到練成條件反射，練成你的舒適區。這樣你的舒適區才能不斷擴大，初級的心智表徵才能有所升級，原本比較困難零散的資訊，現在能融合到一個單位，大腦瞬間就能處理這些資訊。這就表示你可以轉移到下一個挑戰區了。這樣舒適區就會逐漸擴大，而恐慌區愈來愈小，心智表徵愈來愈高級，你在相同時間內能處理的資訊愈來愈豐富，在這個領域的專業程度也就愈來愈高。

最後，在刻意練習的整個過程，你要想辦法獲得持續有效的回饋。小林在整個學習過程中，能夠利用業內固有的回饋機制，也會自己主動尋找回饋。例如，能否回答教授在手術過程中的抽查，是自我檢驗的部分。患者身上連接的各項醫療器械和指標，手術完成時間等等，也能帶來手術品質的回饋資訊。

再來就是，練切口和縫合時，小林通常會買塊帶皮的豬肉或牛舌，回家拿器械練習。每次縫完二道傷口，就比較哪邊縫得更好，這是可以一目了然的，看到了缺點和不足，就拆了重新縫。

同樣地，我們必須隨時關注自己的練習結果，看不到結果的練習等於沒

有練習。某種程度上，刻意練習是以錯誤為中心的練習。當你正在挑戰區練習時，必須主動關注過程中的錯誤和偏差，持續微調練習到改正為止。如果只是簡單機械式地重複一個過程，沒有關注結果，沒有對練習過程的回饋，也就失去練習的意義。

回饋通常可以從三個途徑獲得：第一是老師和教練的專業評判；第二是客觀數據指標，如：健身時的體脂率、身形尺寸，寫作時文章的點擊率、社群帳號的粉絲數等等。除了這兩點，也能夠自己設計回饋，是最高的境界，如：練習的時候，以一個旁觀者的角度觀察自己，敏銳地察覺自己的錯誤，不斷覆盤，不斷尋求改進。

此外，我再補充一點。刻意練習最好是針對特定產業、具體的技能來設計練習條件。你需要以這個領域的既有經驗為基礎，以該領域的前輩或教練指導為基礎，有了一定的瞭解和嘗試，你才能自我評估與調整。每一次對挑戰區的熟練，需要耗費多少時間，也是需要根據產業或技能的實際狀態，再結合你個人情況而定。而一個全新的產業，或是少有前人經驗可參考的領域，則還需要許多探索。

30 今日行動　練習分類

今天一起做一次「練習分類」。

第一步，請回想你為了掌握某個技能，曾經做了哪些練習？建議可以聚焦工作、生活或個人成長方面的技能為主

第二步，關於這些練習，哪些屬於在舒適區的重複練習，哪些屬於在

挑戰區中的刻意練習？

　　第三步，請思考一下，為了有效推動心智表徵升級，你會對這些練習做出哪些調整？

　　經常進行練習分類，會幫助你在練習中不斷調整，防止自己停留在重複無效的練習。

31 樂觀不只是心態，而是可以經由學習而來

　　說起樂觀，我曾經在培訓學員的課堂上跟大家分享一則以前看到的新聞報導。美國有位八十歲老人和他六十歲的妻子在自駕遊的路上發生了側翻事故。確認沒有受傷之後，老人先從車裡爬了出來，但他妻子被困在副駕駛座出不來。沒過多久，救援人員趕到現場。就在大家準備救援時，老太太卻說，難得翻了一次車，必須紀念一下。於是，她戴著墨鏡坐在車內，老爺爺則站在側翻的車子旁邊，擺好姿勢，拍下了一張酷炫的照片。

　　聽完之後，學員紛紛表示，這兩位老人心態可真樂觀。我注意到很多人會把樂觀視為一種心態，但是這其實並不準確。樂觀不只是一種心態，更是一種思維方式。

　　就以剛才這則新聞來說，發生翻車事故，老太太的想法是，又多了一次難得的人生經歷，因此她沒有抱怨老天不公，更沒有埋怨丈夫沒有好好開車，而是耐心等待救援人員的到來，甚至希望拍照留念。

　　也就是說，是不同的想法導致了他們不同的情緒反應和行動。美國心理學家亞伯・艾里斯（Albert Ellis）把這個心理過程稱做 ABC 理論。A 是 Adversity，觸發事件；B 是 Belief，想法；C 是 Consequence，後果。當我們碰到不好的事件 A 時，我們會產生一個想法 B，而想法 B 會引起後果 C。也就是說，並不是事件 A 直接導致後果 C，而是想法 B 帶來後果 C。

　　回過頭來看，遭遇挫折時人的心態是好是壞，其實是不同思維方式的結

果。當我們用悲觀的思維方式看待事物，就更容易對現狀感到無力；而當擁有樂觀的思維方式時，則更容易保持良好心態，積極地採取行動。

那麼，要如何改變悲觀的思維方式？關鍵就在於改變我們對事件的解讀和想法。正向心理學之父塞利格曼在 ABC 理論的基礎上加入了 D，Disputation，也就是反駁，想要改變悲觀的思維方式，關鍵在於透過各種反駁策略，來調整自己的想法 B。

通常大家悲觀的思維方式會表現在兩方面，一是對已經發生的壞事進行悲觀歸因，二是對未來還沒發生的事情進行災難化預設。我將從過去和未來這兩個面向提供你實用的思維反駁策略。

如何反駁對過去的悲觀歸因

不久之前，我曾經指導過的學員小清因為找工作面試不太順利，來找我聊天。小清原先一直待在傳統出版產業，為了更好的發展，打算轉入網路產業。她說有一家很想去的公司，雖然參加了面試，但最後還是沒能通過。

小清說自己總過不了面試這一關，一看到人就緊張到不行。更重要的是，這次面試讓她意識到，網路產業遠比自己想像的還要複雜，自己能力不行，再繼續面試可能情況也差不多，她甚至開始懷疑自己是不是根本就不適合進入這個產業。小清就來找我，希望我能給她一些指點。

小清的故事，就反映了她偏悲觀的歸因風格。人在理解任何事物發生的原因時，通常有自己習慣的思維方式，也會形成比較穩定的歸因風格。

我們可以從時間、空間和內外這三個面向來理解。

在時間方面，歸因風格分為永久性和暫時性。悲觀的人認為壞事並非暫時性，而是會一而再再而三地發生在自己身上。對於面試失利小清就是做了永久性的歸因，認為自己永遠過不了面試這一關，因此失敗還會反覆發生。

在空間方面，歸因風格分為普遍性和特定性。小清覺得之所以會被拒絕，是因為網路公司業務模式太複雜，憑自己的能力應付不來。這其實就是一種普遍性歸因。她不只把面試環節所涉及的能力普及到所有業務能力，甚至還從一家公司的情況普及到整個產業。樂觀的人會傾向對壞事做特定性的歸因，把失敗局限在這次面試本身，或只是這家公司的業務比較複雜，超出自己目前的能力。

在內外方面，歸因風格分為內在化和外在化。悲觀的人通常會把壞事發生的原因向內歸結為個人問題，而樂觀的人則更多解釋為外部環境問題。就像小清覺得面試失敗是自己能力不行，而不是公司需求和自己的能力不適合。

總而言之，悲觀的人對壞事會做永久性、普遍性和內在化的解釋，這種歸因方式容易讓人自暴自棄、裹足不前。因此，小清就需要反駁自己這種對過去的悲觀歸因。

因此我提供她一個三步驟原則，也就是瞭解─反駁─拆解。

第一步，瞭解。仔細思考事件發生後自己產生了哪些想法，並從時間、空間和內外三個面向來審視這些想法。

第二步，反駁。這些解釋有事實依據嗎？更符合事實的歸因是什麼？

第三步，拆解。拆解各個歸因的比重，為下一步行動提供優先順序參考。

我建議小清用畫圓餅圖的方式來畫出自己的所有想法，三個步驟整理下來，會形成三張圓餅圖。將腦海中的想法用視覺化的方式呈現出來，會讓反駁和分析的過程更為客觀準確。

我們一起來看看小清所做的分析。

第一步，瞭解。根據前面的解讀，我們已經知道，小清在面試失利後，最主要的想法有三點：「我面試總是不順利」、「網路產業太複雜」、「我的能力不足」，她把這些想法畫成第一張圓餅圖。

然後加上時間、空間、內外三個方面的歸類，將圓餅圖修改為：「我面

試總是不順利」（永久性）、「網路產業太複雜」（普遍性）、「我的能力不足」（內部）。

第二步，反駁。對著第一張圓餅圖，再問問自己：「我的這些解釋有事實依據嗎？」找出自己工作生活中的事實依據，並對其中不理性的想法進行反駁。小清可以看著自己第一張圓餅圖的三個歸因重新問自己：

「我的面試總是不順利嗎？也不是啊，有時和面試官聊得蠻開心的，上一份工作的面試也很順利，因此面試不順利只是暫時的。」

「網路產業真的都很複雜嗎？其實也不是，這家公司的業務模式看似複雜，但仔細瞭解後，發現只是職位需求和自己原本想像不太一樣。」

「我的能力真的不足嗎？有些能力確實暫時比較欠缺，但之前多年的出版經驗，也形成自己的核心競爭力。因此其實是『面試當時有些提問我沒有好好表達』，對自己能力的介紹和表現力還不夠。」

反駁之後請修改為第二張圓餅圖：面試不順利只是暫時的，這家公司的業務模式比較複雜，我沒有提前瞭解相關業務，面試時有些問題沒有回答好，沒有展現我的核心優勢。（暫時性、特定性、外在化）

第三步，拆解。到了這裡，小清對這件事已經有比較客觀的分析。最後，再進一步拆解各個原因所占的比重，加深這些客觀想法的影響，同時也為之後行動改變的優先順序提供參考。

拆解之後請修改為第三張圓餅圖：面試不順利只是暫時的（10%），這家公司的業務模式比較複雜（20%），我沒有提前瞭解相關業務（40%），面試時有些問題沒有回答好，沒有展現我的核心優勢（30%）。

因此，利用畫圓餅圖的方式，按照瞭解—反駁—拆解的三步驟原則，我們可以對已經發生的壞事做出更準確客觀的分析。

如何反駁對未來的災難化預設

所謂災難化預設，其實就是有些人會把一件事在未來可能發生最糟糕的情況當成確實會發生的事情。

大約在十年前，我在健康檢查發現自己的肝指數有點超標。當我看到數據時，腦中一下子就閃過無數念頭：「完了，肝指數超標，我會得脂肪肝。得了脂肪肝，就會得肝硬化。得了肝硬化，就會得肝癌。得了肝癌，就會死。」因此，我拿著健檢報告，感覺天都要塌下來了，非常恐慌。這就是典型的災難化預設。

災難化思維的殺傷力，就在於把小機率壞事發生的可能性無限放大，一環套一環的非理性推斷，在我們腦中瞬間完成。因此，災難化思維方式通常與過度焦慮和擔憂相連結，嚴重的時候會讓人產生很大的壓力，甚至產生心理問題，妨礙正常工作和生活。

那麼，面對災難化思維，我們應該如何來反駁，如何「去災難化」？關鍵就在於斬斷腦中負面推斷的連鎖反應，理性地看待事件發生的可能。

在此提供一個去災難化的分析工具，叫做「去災難化表格」，這個表格一共分為三列，第一列是寫下自己層層推演之後會發生的事件，第二列是災難化思維下這個事件出現的可能性，最後一列是這個事件實際發生的可能性。

事件／後果	你以為的可能性	實際可能性
肝指數超標→脂肪肝	100%	20%
脂肪肝→肝硬化	100%	20%
肝硬化→肝癌	100%	20%
肝癌→肝癌死亡率	100%	95%
整體發生機率	100%	0.8%

以我自己剛才的例子，當我把之前的層層推演，使用「去災難化表格」羅列下來，我就意識到自己的謬誤了。因為從肝指數超標到脂肪肝、從脂肪肝到肝硬化等每一步的推論機率都是 100%。

但其實肝指數超標，並不見得百分之百會得脂肪肝。就算得了脂肪肝，也不見得百分之百就會肝硬化。就算肝硬化，也不至於百分之百會得肝癌。如果前面每次遞進的機率是 20%，那麼機率之間相乘，最後因為肝指數超標而導致死亡事件發生的總機率也只有 0.8%。

更重要的是，我們還能夠經由自己的行動，進一步降低這個機率。因此，你可以在「去災難化表格」的後面再加上二列，一列是「我的努力和對策」，另一列是「努力後的可能性」。

我制定了運動計畫，每天至少跑步或游泳半小時，平時能走路就不坐車，然後飲食以蛋白質、蔬菜、堅果為主，盡量少吃高糖、高油脂的食物。在這樣的計畫實行之下，每個事件可能發生的機率又會進一步降低。依照這樣的運動和飲食持續半年後，我的肝指數已經恢復正常，我還因此養成良好的運動和飲食習慣，到現在身體都非常健康。一件壞事最後轉變成為一件好事。

事件／後果	你以為的可能性	實際可能性	我的努力和對策	努力後的可能性
肝指數超標→脂肪肝	100%	20%	每天至少跑步或游泳半小時。飲食以蛋白質、蔬菜為主，遠離高糖、高油脂的食物	2%
脂肪肝→肝硬化	100%	20%		5%
肝硬化→肝癌	100%	20%		10%
肝癌→肝癌死亡率	100%	95%		95%
整體發生機率	100%	0.8%		0.01%
額外好處	生活變得更健康，身體比同年紀的人更好			

科普作家馬特‧瑞德利（Matt Ridley）曾經說過，他是一個理性樂觀派，因為他並非靠直覺和情緒來獲得樂觀，而是靠蒐集證據。我們前面所提的反駁策略，其實也是在幫助我們蒐集更多客觀事實層面的證據。因此，真正的樂觀，不是盲目地相信未來會變得更好，而是基於理性所做出的判斷。

這和塞利格曼所說的「習得性樂觀」，其實有異曲同工之處。所謂的習得性樂觀不是精神勝利法，更不是自欺欺人，而是經由理性分析和客觀事實依據，來駁斥內心的負面想法，破除自己不理性的悲觀態度，讓自己變得更樂觀。

31 今日行動　樂觀歸因

今天一起來做一次「樂觀歸因」。

第一步，回想最近令你感受到負面情緒的事情。

第二步，請你參考時間、空間和內外三個面向，對這件事進行一次樂觀歸因。

32 用正向情緒創造美滿生活

　　一個人所做的任何決策都離不開情緒的參與，情緒對我們的行為有強烈的驅動作用。因此，學會理解情緒、和情緒共處，對每個人而言都很重要。

　　提到正向情緒，許多人可能會覺得，這個話題離我太遠了。我們通常覺得，只有生活幸福美滿快樂，才能體驗更多正向情緒，因此覺得自己的生活和工作總是煩悶和痛苦居多，聊正向情緒實在太奢侈。但其實，這種想法本身就表現我們對正向情緒的誤解。帶著誤解的眼光看待正向情緒，難免會覺得正向情緒沒有用。

正向情緒就是開心、快樂嗎

　　我們要破除的第一個誤解就是，對正向情緒本身的錯誤理解。

　　只有開心、快樂才屬於正向情緒嗎？當然不是。所謂正向情緒，是一種積極、正向的情緒體驗，是當事情滿足個體需要時發生的愉悅感受。

　　當我們被一些新奇的事物吸引注意力時，那種想要對事物瞭解更多、探索更多的感受，就是好奇的正向情緒；當我們克服重重困難，終於拿下一個大專案時，我們會有滿滿的成就感，內心充滿激蕩的情緒，這種正向體驗，就是「自豪」。甚至有時候我們雖然沒有做特別的事情，但內心仍會覺得恬靜舒適，這也是一種正向情緒，叫做「寧靜」。

正向心理學家費德瑞克森教授經過數十年的情緒研究後，整理了日常生活最常見的十種正向情緒，分別是喜悅（Joy）、感恩（Gratitude）、寧靜（Serenity）、好奇（Interest）、希望（Hope）、自豪（Pride）、逗趣（Amusement）、激勵（Inspiration）、敬畏（Awe）和愛（Love）。因此正向情緒就像調色盤一樣，喜悅只是諸多色彩中的一種。

雖然所有正向情緒都伴隨愉悅的感受，但彼此又有微妙的不同。如何更準確地識別正向情緒？我們可以經由特定的觸發條件以及情緒引發的行動傾向來辨識。現在，我以喜悅、寧靜、敬畏和希望這四種正向情緒為例來介紹，你可以邊閱讀，邊聯想一下自己曾經有過的正向情緒時刻。

喜悅

我們最熟悉的正向情緒是喜悅，當你在安全熟悉的環境，事情如預期發展甚至比預期更好，這時更容易產生喜悅的正向情緒。也許是和朋友一起看展覽，然後一起吃飯聊天，聊著聊著就感到很高興；或是有升職加薪這樣的好事時，你也會感到喜悅。在喜悅這種輕鬆明快感受的影響下，你會想要接納周圍的一切，任何社會活動都會變得很有趣，這時，我們會出現什麼都想參與、都想試試的行為傾向。

寧靜

和喜悅一樣，寧靜同樣是在安全而熟悉的環境，而且不需要付出太多努力的時候，更容易觸發。但相比之下，寧靜又顯得更為低調。也許是你經過辛苦而充實的一天，端著茶靠在沙發上，愜意地發出的一聲長嘆；也許是你在海邊漫步時，停下腳步，靜靜地聆聽海浪聲之後產生的感覺。這種正向情緒出現時，你會不由自主地想坐下來，停下來，沉浸到一種聚精會神的狀態，細細體會當下的感覺。費德瑞克森教授又把寧靜稱為「夕陽餘暉式」的情緒

狀態。想想看，你上一次品味這種寧靜時刻是什麼時候呢？

敬畏

如果說喜悅和寧靜是讓一個人更沉浸於自我之中的正向情緒，那麼敬畏，則屬於「自我超越的情緒」。這種情緒通常會在你大規模地和善意邂逅時觸發，在偉大的事物面前，自己顯得渺小而謙卑，這就是敬畏的情緒。也許是你站在瀑布腳下，感受水流奔騰而下的巨大力量，也許是看到剛出生的小嬰兒，感嘆生命的偉大……敬畏情緒所帶來的行為傾向是，你會不由自主地停下來感受這份比自己更大的力量。

希望

絕大多數正向情緒都是在你感到安全和滿足的情況下出現，但有一類正向情緒例外，那就是希望。希望和這三種情緒不同，即使是事情發展不順，有很大的不確定性，甚至看似幾乎絕望的時候，我們也能產生希望的情緒。希望是一個人內心深處，相信無論如何，事情都會變好的信念。希望所帶來最大的行為傾向，就是我們會充滿活力地去面對逆境，並不斷尋找各種可以改善處境的方法。

就像我們在前文提到的 ABC 理論，情緒 C 是看法 B 所帶來的結果。總而言之，只要我們允許自己花點時間關注那些觸發條件，並以正向的思維方式解釋，那麼正向情緒就隨處可見。

正向情緒只是美滿的結果嗎

對於正向情緒，大家通常會有的第二個誤解是：正向情緒只是美滿生活所帶來的結果。

但事實上，不只是美滿生活能帶來正向情緒，正向情緒也能帶來美滿生活。因為正向情緒的存在，給了我們更多的能量和能力去創造幸福的結果，達成這些目標後，正向情緒的帳戶也更加充實，這就形成一個由正向情緒帶來的正循環。

例如，感受到更多自豪的正向情緒時，我們會產生更多的自我效能感，相信自己更有能力探索未知、挑戰未來，這會為我們帶來更開放的生活體驗，也會讓我們更加主動地達成自己的目標，而這樣又會進一步加強我們的自豪感。

那麼，正向情緒是如何幫助我們創造美滿生活呢？

費德瑞克森教授提出了正向情緒的擴展與建構理論。她認為正向情緒的存在是在提醒我們：對於環境中發生的事，我們需要去做些什麼。而這些所作所為能夠不斷擴展我們的視野，建構我們各方面的資源，為未來所用。

首先，正向情緒能夠拓展人的認知資源，包括創造力、擴散性思考（Divergent Thinking）等等。

哈佛大學心理學家泰瑞莎‧艾默伯（Teresa Amabile）研究創造力二十多年，她發現，充滿靈感有創造力的時刻，通常都是和正向情緒有所連結。例如諾貝爾獎得主，在研究發展有重大突破的前一天，基本上至少有一件讓他們感到愉悅的事情發生。而壓力、失業和競爭，都會降低人的創造力。

費德瑞克森教授也做過正向情緒促進創造力的實驗，她把實驗者隨機分為二組，一組看十分鐘快樂的影片，另一組看十分鐘比較悲傷的影片，以影片先來激發正向情緒和負面情緒。看完影片後，這些人被帶到另外一個房間進行一些需要擴散性思考才能解決的問題。實驗證明，被激發正向情緒的人，解決問題的成功率更高，擴散性思考更強。

正向情緒促進了我們的內在動機，讓我們不受限於單一的思考，而能擴展考慮在當下不可見的其他可能性。

其次，正向情緒還能拓展我們的社會資源。

美國心理學家愛麗斯・艾森（Alice M. Isen）在 1972 年曾經做過一個非常知名的實驗，她把四十多位大學生隨機分為兩組，讓他們去公共電話亭打電話。實驗組的學生，會在電話亭發現十美分硬幣；對照組的學生則沒有。這些學生打完電話出來後，會碰到一個刻意安排的行人，這位行人路過學生時手中的一疊資料會散落一地。

結果，發現硬幣的實驗組，只有一、兩位沒有協助撿拾地上的資料，其他人都選擇了幫忙；而對照組正好相反，大部分學生無動於衷，只有一、兩位去幫忙。這正是因為一個小小的硬幣喚起實驗組學生的正向情緒，讓他們更有可能協助其他人。

這正是因為正向情緒讓我們更能看到「我」和「他人」之間的連結與共同點，然後更能以「我們」的眼光看待事情。這種擴大的「我們」的眼光被稱為「自我延伸」。這不只能協助你提升人際交往品質，而且能使你善於整合他人的資源為己所用。當然，或許更大的好處是，你會因此而獲得更多的正向情緒。

當然，正向情緒還能擴展心理和生理資源，如：讓人更有心理韌性，提高免疫力等等。

正向情緒只由外界被動觸發嗎

第三個對正向情緒的誤解是：正向情緒是由外部事件被動觸發。許多人認為正向情緒經常轉瞬即逝，非常短暫，因此以為想要獲得正向情緒，除了等待自然發生，否則別無他法。

其實被動觸發只是正向情緒產生的方式之一，我們還可以透過主動激發，充實正向情緒的帳戶。

第一，有意識地滿足情緒的觸發條件，喚起正向情緒。

剛才我們提到，每一種正向情緒的產生都需要一定的觸發條件。即使有些正向情緒你從未曾體驗，也可以透過「想一些事情」、「做一些事情」來喚起。

例如，在你閱讀本書的當下，無論人在何處，請你想一想：「關於我目前的情況，哪些方面是正確的？是什麼讓我有幸在這裡？」這些問題都能協助你短暫激發感恩的正向情緒。

你還可以停下手中的事情，仔細觀察周圍，問問自己：「身邊的人或事，有哪些讓我感到振奮？哪些值得讚嘆？」藉此短暫激發自己敬畏的正向情緒。

我想特別提醒的是，情緒非常高度個人化，你能否有所體驗，取決於你的內在理解，而不是外部環境。讓一個人覺得非常有趣好玩的事情，對另一個人而言可能完全無感。因此，每個人提升情緒的方法都是獨一無二的。你可以經由持續觀察和嘗試，發現對自己有用的觸發方法。

第二，對於正在發生，或已經有親身體驗過的正向情緒，你還能用品味的方法，放大並加深正向情緒。

就像細細品味一口紅酒一樣，對於正向情緒，我們也能放慢腳步，有意識地去充分關注和體驗，細細體會情緒帶給我們的美好感受。

例如，翻看紀念相冊，想想照片是何時拍的、和誰一起、當天發生了什麼印象深刻的事情，回想過去的美好時光，細細品味其中的正向情緒。你還可以和家人或朋友一起，彼此分享這些情緒和經歷。

品味正向情緒的方法有很多，費德瑞克森的一位學生，就把品味的方法應用在和家人的通話之中。這位學生離家之後，和父母之間的交流都轉移到電話上了，但是他總是一邊做其他事情一邊和父母交流，並不專心，久而久之，聯絡感情就變成一件缺乏意義的差事。後來他決定每次和父母通話時，都會關上電腦，找一個安靜的空間，讓自己百分之百地投入溝通交流之中，

細細品味喜悅與愛的正向情緒。

第三，你還可以使用三件好事的練習，每天留出專門的時間，重新發現生活中被忽略的好事，不讓其中的正向情緒溜走。

三件好事練習，就是每晚睡前花三分鐘時間想一想，今天發生了哪三件好事，並且記綠下來。

正向情緒的發生有賴於正向的思維方式。因此，三件好事的目的，就是讓你特別留出思考的時間，重新挖掘被你忽略的正向情緒。你還可以把三件好事和品味練習結合。先用三件好事發現被忽略的正向情緒，然後重溫並且細細品味正向情緒帶給你的體驗和感受。

---

32 今日行動　情緒的自我學習

正向情緒有十種，分別是喜悅、感恩、寧靜、好奇、希望、自豪、逗趣、激勵、敬畏和愛，這些正向情緒可以透過我們自己主動創造和習得，這次的行動就是進行一次「情緒的自我學習」。

第一步，在這十種正向情緒當中選一種你最想擁有的情緒，然後問問自己：你上一次體驗到這種情緒是什麼時候？當時你在哪裡？你在做什麼事情？和什麼人在一起？

第二步，想一想：還有什麼其他的事件或觸發因素能帶給我這種感受？我現在還能做些什麼來培養這種感受？

33 負面情緒不見得是你的敵人

經常有許多學生和朋友因為低潮或焦慮而來找我聊天，他們覺得自己不能好好處理負面情緒，非常糟糕，因此希望我能提供快速消除負面情緒的方法。

那麼，當負面情緒來臨時你會怎麼做？許多人會啟動「戰鬥或逃跑」的應對方式，也就是對負面情緒宣戰，使用打壓的方式，如：逼自己對著鏡子說「我很棒」，或者強顏歡笑，快速投入解決問題；不然就是選擇逃避，如：透過暴飲暴食、過度消費、找朋友聊天等方式轉移注意力，或是忽視負面情緒，希望它能自行消失。

這兩種應對方式都暴露一個很重要的問題，那就是我們經常用這種敵我對立的態度看待負面情緒。許多心理學的實證研究已經顯示，這種敵我狀態雖然在短期內能有一定的作用，但後續只會引發更長遠的問題。你並不知道負面情緒為什麼會出現，什麼時候會來，來的時候有多強烈，自己還能不能夠處理。久而久之，你對生活的失控感就會愈來愈強。

我們需要的不是消滅、打壓，而是用一種成長的方式，理解負面情緒真正想表達的訊息，與情緒共處。這個過程大致可分為三個步驟：識別、接納和表達。這些概念聽起來不新鮮，但是請你耐心往下讀，一定會有所收穫。

識別情緒

人最基本的負面情緒有五種，分別是恐懼、憤怒、傷心、厭惡和焦慮。但是在這五種基本情緒的基礎上，又根據具體情境的不同，可以延伸發展出數十甚至數百種不同的負面情緒。例如，同樣是傷心，又可以分成悲傷、哀傷、悲痛等等。

能夠細緻精確地識別不同的情緒感受，就是高級心理功能的一種表現，也是應對負面情緒的基礎。

在生活中你可能經常聽到這樣的對話：

「你這週過得怎麼樣？」
「還可以吧！」

「關於這件事，你有什麼感受？」
「就很難受。」

「你旅遊回來啦？怎麼樣，什麼感覺？」
「不錯，爽！」

你覺得他們有識別自己的情緒嗎？有識別了：還可以，很難受，爽。但顯然這還是不夠。心理學家麗莎・費德曼・巴瑞特（Lisa Feldman Barrett）提出「情緒顆粒度」的概念，用來定義一個人辨析情緒的能力。

「顆粒度」粗糙，表示一個人對情緒的感受和識別能力比較粗略，對情緒的感知和描述都顯得籠統、空泛。而「顆粒度」精細，則代表一個人對情緒有更細緻精準的感知能力，更能從複雜的感受找到細微的差異。當一個人

哭泣時，他能夠判斷這是感動、委屈還是悲傷，甚至能夠更進一步辨認更細微的類型。

　　為什麼提升情緒顆粒度這麼重要？巴瑞特團隊研究後發現，能夠對負面情緒進行精細處理，就能夠在控制情緒時更為靈活。

　　人的大腦就像一套警示系統，會不斷根據過去的經驗，決定如何提前為接下來發生的事情做準備。大腦會決定當你發生事情時，出現什麼樣的身心反應，例如，害怕鬼屋的人，聽到鬼屋時就會血壓飆升，這表示這個人的身體已經做好逃跑的準備。

　　這跟情緒顆粒度有什麼關係呢？情緒顆粒度愈高，愈精細，就表示大腦的警示效果愈好。因為大腦知道針對特定具體的情緒，預設何種身心反應最合適。反之，如果情緒顆粒度非常粗糙，於是對於憤怒、悲傷或憎恨的情緒，感覺都是籠統的「糟糕」、「難受」，那麼大腦每次產生的身心反應就都一樣，時間一長，大腦只累積了單一的警示模式，無法建構更多合適的情緒狀態，就更別提後續如何應對了。

　　因此，養成更細緻的情緒顆粒度，將會使你的大腦變成一個精細的工具，因應生活給予你的無限挑戰。

　　所幸的是，情緒顆粒度是一項能夠培養的技巧，我們可以先從學習為情緒命名，掌握更多情緒字彙和意義開始。提升情緒顆粒度的過程，就是不斷練習識別情緒，對情緒感受進行更精準命名的過程。經由命名情緒，大腦才能將這些複雜的感受分門別類，進行更好的管理。

　　一位名叫約翰‧凱尼格（John Koenig）的作家就在 TED 演講中，分享了這樣一個故事。他發現生活當中有很多模糊的負面情緒，但大家找不到明確的字彙表達。於是，他花了長達七年的時間，請大家詳細描繪那些負面情緒，然後他把這些感受統整，最終製作了一本《悲傷辭典》（*The Dictionary of Obscure Sorrows*）。

這本書收錄了八千種形容不同負面情緒的字彙，每一個字詞背後都有相對應的描述。例如書中收錄的 Kuebiko 這個字彙，所代表的感受是：激烈的爭執過後，你終於冷靜下來，對現狀感到平靜卻無能為力。

《悲傷辭典》收錄了八千多個如同這樣細膩描述的負面情緒字彙，其實瞭解更多的情緒字彙和字詞背後的含義，瞭解不同場景下產生的不同感受，這個過程就是在使你的情緒顆粒度更加細緻。

此外，許多好的文學和影視作品也都是值得學習的素材，跟著作品中人物的經歷和心路歷程，細細體會他們的台詞和感受，當中經常有許多對情緒感受的生動形容。

除了學習情緒概念，找一個情緒顆粒度比你細緻的人交流，也是好方法。有時候你會發現，跟有些人聊天，對方什麼建議也沒給，就是聽你說一說，幫你表達一些情緒，你就覺得好多了。這是因為對方雖然沒提供具體的建議，但已經協助你從情緒顆粒度層面整理了大腦，大腦從混沌的情緒狀態解脫出來，騰出新的空間，於是你就可以靠自己的力量去處理問題了。

接納情緒

我們很少會責怪一個害怕打針的幼兒，即使他吵鬧，我們也會認為這是正常的，而且會盡量給予安慰，教他如何應對，讓他的情緒順利地消失。但為什麼我們無法接納自己的情緒呢？

在我看來，通常有以下三種情況：

第一，不知道自己的感受是什麼，對這個感覺很陌生、有點惶恐。

就像第一次去醫院打針的小孩，當他看到戴著口罩的醫生，拿著針筒的護士時，他並不知道自己此時正感到害怕，他只能不停發抖，忍不住想往媽媽懷裡躲，這種陌生的感受也加深了恐懼，結果他只能用身體本能地表達，

持續地哭鬧。直到當媽媽用言語安慰他不用害怕，於是小孩知道了，這種感受和身體反應叫「害怕」。這樣下來，孩子才慢慢學會識別和命名情緒。

第二，我們雖然知道這是什麼情緒，但錯誤地把它當成洪水猛獸，因此選擇打壓或逃避的方式回應。

其實一旦我們真正接納了負面情緒，情緒就失去了破壞力。打個比方，一個正在游泳的人如果遇到逆流，擔心自己會被拖到海裡，於是拚盡全力逆流而上。但這麼做，反而會累到氣喘吁吁，甚至抽筋、溺水。想要存活下來，這個時候應該做的正是放手，讓水流把自己帶到海裡。水流終會減弱，然後我們就可以重新游回岸邊。同樣地，面對強烈的負面情緒也是如此，抵抗和逃避都是徒勞，也可能非常危險，但是如果我們接受了它，它就會自然而然地發展下去，你會在這個過程，找到下一步可行的方向。

更重要的是，負面情緒雖然體驗不是很好，但不會帶來什麼威脅，反而是在向我們釋放某種特定的訊號，提醒我們在情況變得更糟糕之前，需要採取某些行為調整和改變。

舉個例子，人在什麼情況下會感到憤怒？通常是我們的利益、安全受到威脅，或是界限受到侵犯時。憤怒是在提醒你，需要採取一定的措施保護自己。當你成功維護自己的安全或界限後，憤怒的情緒就會過去。如果你一味地逃避或壓抑，反而可能導致我們忽略這些真實的訊號。

第三，雖然我們知道這是什麼情緒，但從小到大，沒有人告訴我們這些負面情緒是正常可接受的。許多人接受的教育是要保持謙遜、和善，結果憤怒、嫉妒這些常見的負面情緒變成不被允許的存在，因此即使識別到這些感受和背後的訊號，我們也會覺得羞恥，無法接納。

但是實際上，和正向情緒一樣，負面情緒也是人生必須經歷的體驗。每個人都擁有各式各樣的情緒，就像每座城市都可能有各式各樣的天氣，這些情緒本身證明我們是活生生存在的人。

當然，想要做到真正的接納情緒並不容易，但我們可以透過一些技巧，讓這個過程變得比較好操作。在這裡我要提供你三句話，當負面情緒出現時，別急著逃跑，也別急著戰鬥，適當地停一停，然後重複以下三句話：

「我可以⋯⋯」
「我承認⋯⋯」
「我接受⋯⋯」

　　舉個例子，當你憤怒的時候，你可以對自己說：

「我可以生氣。」
「我承認我在生氣。」
「我接受我生氣的事實。」

　　你可以試著經由這樣的方式，為自己創造一個瞭解並熟悉負面情緒的機會，讓負面情緒能夠好好地融入你的生活。

表達情緒

　　從腦神經科學的角度來說，語言表達在回應負面情緒方面，具備我們所想像不到的力量。

　　語言是大腦高級中樞皮質的功能，而情緒的直接宣洩和行為破壞是大腦邊緣系統所引發。當產生強烈的情緒，尤其是強烈的負面情緒來襲，大腦邊緣系統會反應劇烈，同時，高級中樞皮質的功能會暫時停擺。在這種狀態下，人通常會受情緒驅使，做出許多倉促的決定與破壞的行動，就如同動物本能

一樣。這時候，如何讓情緒重回高級皮質的控管，既不壓抑又能讓情緒有秩序並且在可控的狀態得到宣洩和聲張呢？就是經由恰當的語言把情緒表達出來。

最常見的句型是：因為什麼事情，我感到什麼情緒。例如：

因為我不知道說什麼冷場了，我覺得很尷尬。

因為你答應的事都沒做到，我覺得很生氣。

因為你對她比對我好，我有點嫉妒。

當你出現負面情緒時，這就是一個經由和自己對話，進行自我表達的過程。這個過程說難不難，但是說簡單，也沒那麼簡單。

說它不難，是因為如果你完成識別具體的情緒感受，也根據自身情況加強對情緒的接納度，那麼用語言把這些感受表達出來，是自然而然的事。

但為什麼我還是說這個過程不容易呢？因為在我們的文化背景，有許多時候以語言表達細緻的情緒感受，會被誤解為敏感、矯情。不只負面情緒如此，甚至連正向情緒也是如此。因此，有時候我們還需要多一些表達情緒的勇氣。

總而言之，經由識別—接納—表達這三個基本步驟的處理，可以協助你看見並理解自己的負面情緒，並且讓情緒重新回到大腦合情合理的管控中。在這之後，你就可以在行為層面做出新的調整與有益的選擇。與其使用強行隔離、壓抑情緒得到的理智控制，不如在情理都和諧的狀態下，你所做的選擇才會更自主，也更貼近真實的自己。

33 今日行動　認識負面情緒

這次的行動，是「認識負面情緒」。

第一步，回想一下最近你感受到的負面情緒，然後在我為你提供的負面情緒清單中找到你認為最貼切的字彙，將它們寫下來。

第二步，選出你體會到的最強烈的一到兩種負面情緒，想一想是什麼原因讓你感覺到這種負面情緒，你有哪些處理的方法呢？

這個行動可以幫助你識別、接納自己的負面情緒，而書寫和分享的過程，也會幫助你表達自己的負面情緒。

附錄｜負面情緒清單

1. 羞愧

2. 難過

3. 害怕

4. 緊張

5. 驚恐

6. 內疚

7. 易怒

8. 戰戰兢兢

9. 惱怒

測驗
[情緒能力]

以下是對生活中情緒相關問題的描述，請根據自己的實際情況進行選擇。

A. 非常符合　B. 比較符合　C. 不確定　D. 比較不符合　E. 非常不符合

01. 我的情緒起伏很大。

02. 我能清楚地意識到自己每一刻的情緒。

03. 我經常無法控制自己的情緒，做出衝動的行為。

04. 與人相處時，我不太擅長體會對方的想法。

05. 經常不明白自己為什麼會生氣、開心或傷心。

06. 當生活中遇到困難，我經常會鼓勵自己。

07. 當我犯了錯，我會總結經驗教訓，很少怨天尤人。

08. 有時我做事或說話會傷害到別人，但是自己並不知道。

09. 其他人的感受是什麼對我而言沒有必要考慮。

10. 我會為自己設定目標，然後努力完成。

11. 即使有生氣或高興的事，我也很少表現出來。

12. 當我安排事情時，我會盡量讓別人滿意。

13. 當周圍的人傷心時，我可以幫助對方，讓對方感覺好一些。

14. 我經常留意周圍人的情緒變化。

15. 遇到困難時，我會因為害怕失敗而退縮。

16. 我很擅長察言觀色，可以準確地判斷他人的情緒。

17. 當我非常氣憤的時候，我會讓自己很快平靜下來。

18. 我是個比較敏感脆弱的人。

19. 我經常告訴自己：我是一個很有能力的人。

20. 我很容易緊張，並且很難放鬆下來。

分別計算各題得分，正向計分 A ＝ 5、B ＝ 4、C ＝ 3、D ＝ 2、E ＝ 1；
反向計分：A ＝ 1、B ＝ 2、C ＝ 3、D ＝ 4、E ＝ 5。

正向計分題：2、6、7、10、12、13、14、16、17、19。

反向計分題：1、3、4、5、8、9、11、15、18、20。

將各題分數相加，計算總分，分數愈高，情緒能力程度愈高。

總分＜ 47：你處理情緒相關問題的能力相對較弱。

對於自己的情緒狀態，你無法及時覺察。當你瞭解到自己的情緒狀態之後，也經常說不清自己為什麼會產生這樣的情緒。在生活中，你經常會被情緒所控制，然後做出一些衝動的行為，之後冷靜下來，可能會對當時的行為感到不解和後悔；但是當下一次遇到類似的事情時，你還是會無法控制自己的情緒。

在和其他人交往時，你也不太善於察言觀色，不能準確地判斷他人的情緒狀態，然後會在不適當的時刻，說了不太適合的話，因此傷害到對方，但你自己並不知道。情緒問題不只影響到你的生活與人際交往，也對你的學習和工作造成一定的影響。

不過先不用著急，處理情緒問題也是一種能力，是可以透過學習和訓練而不斷提升。

47 ≦總分＜ 74：你處理情緒相關問題的能力在一般程度。

你可以及時覺察到自己比較強烈的情緒狀態，當你十分開心，或感受到其他比較強烈的正向情緒時，你會沉浸其中，並且尋求讓開心持續的方法；

當你非常憤怒，或者感受到其他比較強烈的負面情緒時，你會比較及時覺察到其中的原因，但是有時候無法好好控制，因而做出一些衝動的行為，事後感到懊悔不已。

對於強度比較弱的情緒狀態，你就無法敏感地覺察。你會受到強度較弱的情緒控制，有時候會讓你意氣用事，無法理性處理問題。在人際交往中，通常你可以瞭解其他人的情緒和想法。但是當你在比較複雜的環境時，可能會判斷錯誤，因而產生負面的影響。

總分 ≧ 74：你處理情緒相關問題的能力比較強。

你可以及時覺察到自己的情緒狀態，並且會分析這種情緒出現的深層原因。當出現比較強烈的負面情緒時，你也會及時控制自己，不讓自己發生衝動的行為，可以比較迅速地讓自己恢復理智。

在人際交往中，你也可以及時覺察其他人的情緒和想法，然後調整自己的應對方式，以免對他人造成傷害。不過，這種善於覺察和分析的能力，有時會讓你變得過於敏感，反而讓自己對情緒產生過度的解讀和控制，造成身心難以放鬆。

34 守護生活中重要的事，重新定義壓力

前面提到以對立的態度看待負面情緒會引發問題，只有瞭解負面情緒才能夠更好地因應。同樣地，壓力管理也是一樣。

對壓力的認知模式，會影響壓力管理的效果。我們對壓力的印象經常是負面的，單一地認為「壓力有害」。這種對壓力的錯誤認知只會讓自己因為壓力而陷入恐慌，用無效的方式進行壓力管理，無法解決根本問題。

想要做到有效的壓力管理，需要瞭解壓力從何而來、如何用正向的應對方式去面對壓力，認識壓力的正向作用。我會帶你從這方面切入，幫助你在行動過程能夠更有效地面對壓力。

你的壓力從何而來

一個人的壓力到底從何而來？我們都有類似的體驗，同樣一件事情，會讓一些人壓力很大，而另一些人根本不當回事。

美國心理學家拉扎勒斯（Richard Stanley Lazarus）認為，壓力其實是一個人對自己感知到的事件的全部反應。這個反應是經由我們的認知評價決定和完成。換句話說，一個人是否會產生壓力，壓力又會帶來多大的影響，主要取決於我們如何看待和評價發生的事情。

我們對事件的認知評價又包括兩個部分。一是你對外部壓力事件的初步

判斷：這件事和我有什麼關係？這件事對我有什麼要求？有潛在的利益嗎？有潛在的危害或威脅嗎？

二是我們對自己內部資源的評價：我以前遇過這樣的事情嗎？我是否有足夠的資源處理這件事？包括自己的能力、優勢、過去問題的處理經驗、是否能得到他人支持等等。如果你覺得能應付，那這個外部事件給你帶來的情緒影響就結束了。反之，如果你認為自己沒有能力應付，就會感到有壓力，並產生手足無措和焦慮等負面情緒表現。

我們舉個例子。這個週末老闆安排了一次商業聚會，需要你和另一個同事好好接待潛在的合作方。

接到這個任務通知後，你會先進行一輪對事件本身的評估。你發現老闆很看重這次聚會，因此安排你進行重要的接待工作，表示老闆很看重你，得好好把握這次表現的機會。

接著，你會進行第二輪對自己能力的評價，對於這個任務安排，你有沒有充分的能力和資源來處理？如果你覺得「不就是和人聊天嗎？我還蠻擅長的，以前也做過類似的溝通，再說這次還有另一個同事和我一起。」那麼你的壓力就會減少許多；反之，如果你覺得自己不擅長社交，又不夠幽默，準備時間不足等等，那此時你就會備感壓力。

因此，之所以會產生壓力，本質上是你覺得這件事對你的要求已經超過你能夠應付的範圍。

無論是外在事件的要求，還是因應能力，都是我們主觀認知評價的結果，這就是為什麼壓力非常個人化。就以剛才的例子來說，老闆真的特別看重這次聚會嗎？老闆真的對你有很大的期待嗎？你真的不擅長社交嗎？這都是我們基於實際情況做出的主觀評價和判斷。

許多時候，我們之所以感到壓力特別大，就是因為對壓力事件的評價，其中包含事件本身的要求，也包含我們對自己的期待。

老闆說你沒做好要扣薪水，老師說誰有科目被當就不讓誰畢業，家人朋友對你抱持的期望等等，這些是外部加諸的要求。而我必須做好這件事，否則老闆會對我失去信任；我沒考高分會被人瞧不起；我不想讓家人朋友失望等等，這些是我們自己對自己提出的要求。

當你對自己需要做的事情缺乏清晰客觀的認識，甚至有過度完美主義傾向，這樣認知上的不足或扭曲，都會給自己帶來很多額外的壓力。

如何面對壓力

那麼，我們應該如何面對和調整壓力呢？

我曾經在一場正向心理學的交流會認識了一位朋友小古，小古說自己目前最大的困境就是不知道該如何排解壓力。

最近公司正在進行一個很重要的專案，小古為此連續加班了好幾週，被專案的各項任務和完成時間壓得透不過氣。有一天晚上十點小古剛到家，老闆就打電話要求她緊急整理一份第二天上午就需要的資料。

小古掛了電話，想到明天不但要交緊急文件，還有另一份文件要完成，她長嘆了一口氣。然後把手機一扔，打開一罐可樂和一包洋芋片，在暴飲暴食中發洩自己的壓力。幾分鐘後，丈夫過來抱怨小孩怎麼都不肯睡覺，讓她幫忙哄哄。結果小古怒吼了一聲，小孩哭著回到房間。

面對生活和工作的壓力，許多人就像小古這樣，通常是以逃避和轉移的方式消極應對。一種是在暴飲暴食中逃避壓力，「什麼都不想做」所以索性「什麼都不做」；另一種是把自己的壓力轉移並發洩到其他人身上。

這些消極因應壓力的方式，不但沒有什麼作用，反而會讓人情緒變得愈來愈糟糕，而糟糕的情緒又會帶來更大的壓力，感到更加焦慮和無助，然後造成惡性循環，讓壓力感不斷上升。

那麼，我們要如何才能有效處理壓力呢？

當壓力事件發生時，我們對壓力源的認知評價造成壓力感，才導致許多負面情緒和行為。

因此，接下來我會從壓力源、認知和情感這三方面，分別來談談因應壓力的策略。

壓力源：正視壓力事件，解決問題

首先，最直接的方式是，正視並直接面對壓力事件。如果能夠正視壓力源，解決實際狀況中的問題，那麼，不只壓力感會很快消失，問題的解決還能為你累積成功經驗，加強自我效能感。

我建議小古在壓力事件來臨時，透過 what—why—how 三個提問，協助自己好好分析問題、解決問題。

What：這件事對我的要求是什麼？（壓力事件的要求）
Why：為什麼我會感覺壓力這麼大？（問題的根本）
How：如何解決這個問題？我可以做些什麼呢？（解決方案）

因此當面對專案任務和緊急任務的兩難，小古深感焦慮和壓力感來臨時，可以先做幾個深呼吸，然後開始問自己：

這件事對我有什麼要求？
依老闆的要求，小古一天之內要完成二個重要任務。

為什麼我會感到這麼有壓力？
小古仔細想想，是因為照這個時間，她一個人根本做不完。因此，問題

的根本是自己無法在截止時間前同時滿足專案任務和緊急任務二樣工作。

那麼如何才能解決問題？

從公司業務的角度，首先要確定任務的優先順序，哪個任務最重要，每個任務大概需要多少時間。評估重要性和工作量之後，如果確定無法一個人做完，就有兩種方法，一個是加人，一個是加時間。因此小古就可以向老闆詢問優先順序，以及確認是否可以加人或延長作業時間。

如此一來，透過 what—why—how 三個提問，小古就能發現壓力事件背後的問題核心，也形成一個以解決問題為導向的因應策略。

認知：重新評價、發現意義

其次，當沒有辦法解決問題本身的時候，我們也能透過重新調整對壓力源的認知評價而減輕壓力，這就是認知策略。

處於壓力情境中，我們會有許多負面的想法和評價。

習慣拖延的人總是想「我等一下再做」，定型心態的人則總是暗示自己「我不會做這件事，我連從哪裡開始都不知道。」甚至因為現實的任務無法逃避，只能在思想上逃避：「如果我病了，就不用做這件事情了。」

心理學家大衛．柏恩斯（David D. Burns）把這些負面的想法稱為任務干擾型認知（Task-Interfering Cognitions）。

雖然只是想想而已，可能一邊想一邊也在完成任務。但這些想法本身一直在消耗心理資源，妨礙任務的完成。

柏恩斯認為我們可以主動把這些消極負面的想法轉化為更積極正向、對任務完成更有建設性的想法，把任務干擾型認知轉變為任務導向型認知（Task-Orienting Cognitions）。

你可以拿出一張紙，在中間畫一條直線，先在左邊欄位一一羅列你經常會有的任務干擾型認知，然後在右邊欄位針對這些干擾型認知，嘗試轉變為積極正向的任務導向型認知。

將「我等一下有時間就來做」的消極想法，轉變為「我開始得愈早，就能愈早完成，愈早休息，去做其他的事情。」；將「我不會做這件事」的消極想法，轉變為「老闆讓我來做這件事，是相信我能做。我可以多請教別人，學習一些新技術，來克服困難。」

除此之外，任務導向型的正向認知還有：

「我做過類似的事，並且都順利完成。」、「我會思考這個問題本身，而不是我會做得如何，別人會怎麼看我。」甚至，你還可以說：「這些消極的想法，別來煩我！」主動驅除消極負面的認知。

如果你發現干擾型認知貫穿於任務完成的過程，不妨對自己說：「停一停，我需要更正向的認知！」然後切換到任務導向型認知，幫助自己保持注意力。

情感：合理發洩、補充資源

當然，在現實生活中，壓力源無法獲得解決的情況非常普遍，因為壓力事件可能受到各方面因素的影響，包括一些不可控的外部因素，如：公司的企業文化、產業情況等等。這些問題靠自己的力量也許無法獲得解決，此時壓力感會大量消耗我們的心理資源。

因此，在此我想推薦兩個常用的方法，都是合理宣洩壓力，補充心理能量的情感策略。

第一，尋求支持，透過對家人朋友訴說問題，尋求幫助。

人際連結是我們的內部資源，當壓力來臨時，可以透過向他人求助的方式補充能量。有時候只是把問題說出來，和他人分享自己的感受和想法，就

能有受到理解與被關懷的感覺，心情也會好很多。對許多人而言，向其他人分享自己的困難，需要很大的勇氣。如果你覺得向他人訴說壓力還有困難，可以先從增加自己和朋友溝通的頻率開始，先主動約吃飯聊天，不用急著訴說自己感到困擾的事，即使只是增加簡單的問候也有幫助。

第二個情感策略是「表達性書寫」（Expressive Writing）。

這個方法適用於自己一個人的時候，為自己留出抒發心情和想法的時間，宣洩自己的壓力。

請你為自己留出二十分鐘左右的時間，找一個不受任何打擾的地方，書寫自己現在內心深處的感受和想法，以及這些情感挑戰對你的工作和生活有什麼影響。不用在意字寫得好不好看，更不要擔心措辭和邏輯，這二十分鐘時間只為自己而寫，真正放手探索這件事情和你的情緒感受。

當我們身處壓力情境，或是生活發生重大轉折時，我們很容易反覆思考這件事，這在心理學上就叫做「反芻」。就像牛羊將草反芻到胃裡反覆消化一樣，我們也經常把負面想法和情緒反芻到腦中反覆思考，這就會導致焦慮、失眠等問題，大量消耗我們的心理資源。

而表達性書寫透過紙筆，為我們提供一個安全的環境，讓我們合理地發洩腦海中的情緒和想法，往後退一步評估我們的生活。並且透過把自己混亂、複雜的想法轉化到紙面上，我們開始成為生活故事的主動創造者，隨之而來的掌控感也會讓我們感到更有能力因應壓力的挑戰。

一個人只要活著，就無法避免壓力。學生的壓力來自學業，成年人的壓力來自事業發展、家庭經營、子女教養等等。但是，一件事請讓你感到巨大壓力的同時，也代表這件事對你的重要性，壓力感與意義感緊密相連。

生活向我們提出的一個個挑戰造成壓力，而我們能透過不斷提升自己的能力，來守護我們認為重要的事物，並從中獲得自身的成長，這也就是壓力背後的意義。

34 今日行動　壓力認知轉變

我們今天一起來做一次「壓力認知轉變」。

第一步，想一想最近這段時間，你的壓力來源是什麼。

第二步，想一想當你面對帶來壓力的事件時，你會有哪些想法和認知。

第三步，請你將其中的任務干擾型認知列舉出來，並將它轉變為任務導向型認知。

這個行動可以幫助我們梳理自己面對壓力事件時的認知狀態，經常反覆練習，我們可以漸漸地調整自己因應壓力時的消極態度，逐漸培養迎難而上的勇氣與動力。

35　動起來吧！運動解千愁

　　還記得前面提到的小古嗎？她曾經有一段時間壓力非常大，工作繁重家事煩瑣，最後她乾脆靠暴食暴飲、向家人發脾氣來紓解自己的壓力。這樣下去，當然情況會愈來愈糟。

　　但是她最近又跟我聯繫了：「老師，我現在狀態好多了，有一些心得，想跟您聊聊呢！」

　　我也很高興，就跟她見了一面。結果，看到她時我嚇了一跳：這還是那個小古嗎？以前的小古，身材有些微胖，舉止有氣無力，眼神黯淡無光。但是現在的小古，神采飛揚，精神奕奕，走起路來虎虎生風，說話也是信心滿滿，連身材都變得更好了，十足一個職場菁英女性。

　　我很驚訝地問她，怎麼做到這麼大的改變？

　　她笑著說：「都是正向心理學教我的啊！」不過，除了心理調整的方法，她倒覺得是運動最有用。

　　原來，我在與她結識的交流會上也重點強調了運動對心理的好處。她後來就開始每天運動半小時，平時是跑步和皮拉提斯，週末就和家人爬山，有機會還會去打拳擊。持續了一年，果然有了全新的自己。

運動讓人更快樂、更專注、更聰明

彭凱平老師在本書推薦序就提到,清華大學一直傳承著馬約翰精神,強調體育能塑造人的品格,如勇氣、堅持、自信心、進取心和決心,並培養人的社會特質,如公正、忠實、自由。近年來的科學研究還發現,運動不只讓人更健康,而且更快樂、更專注、更抗壓,甚至還更聰明。

為什麼呢?這其實有演化的原因。人類的祖先牙不尖爪不利,是靠什麼狩獵呢?說來你可能都不相信:他們是靠長跑,跟在獵物後面鍥而不捨地追逐,最後把獵物累死的!

因此,人類演化出各種鼓勵持續運動的機制。例如,人類大腦有四種最重要的正面神經傳導物質,分別是讓人快樂的多巴胺、使人感覺到愛和溫暖的催產素、止痛的腦內啡、寧靜的血清素,而運動就能大量產生多巴胺、腦內啡、血清素。

經常運動的人一定都有愈運動愈舒暢的感受,就是因為你的大腦「嗨」起來了!因此,許多時候心理諮商師對於輕度的憂鬱症來訪者的建議都是運動,大量研究也顯示,運動能減輕憂鬱,而且運動量愈大,效果愈好。如果每週有三次三十分鐘高強度運動,效果就已經超過吃抗憂鬱藥了。其中關鍵在於,吃藥有副作用,而運動的副作用是什麼呢?是讓你身體變得更健康!

大腦裡還有一種神奇的物質,叫「大腦衍生神經滋養因子」,英文縮寫是 BDNF（Brain-Derived Neurotrophic Factor）。這是由大腦自己所產生,對大腦有滋養促進作用的一種物質。它的功能非常多,能夠保護腦細胞,抵禦損傷,尤其是保護新生的脆弱腦細胞,使得大腦還能持續獲得新生細胞的補充,也能增強腦細胞之間的連結,使得腦細胞之間傳遞資訊更加高效,還能提升大腦可塑性,延緩大腦衰老。因此,科學家乾脆把它叫做「大腦肥料」。有了 BDNF 大腦的運行就會事半功倍。

BDNF 是大腦內部所產生，無法靠吃藥或注射獲得。而且科學家發現，最好的方法就是運動！尤其是有氧運動。BDNF 似乎就是為運動而生。你才剛開始運動，BDNF 就源源不斷地分泌了，而且之後你每次運動，都會使大腦產生更多的 BDNF。換句話說，你不用提高運動量，只要持續，你大腦裡的 BDNF 就會愈來愈多。甚至當你停止運動之後，大腦還會依依不捨地繼續產生 BDNF 長達二週之久，隨時等待你回來運動。

尤其重要的是，產生 BDNF 最多的地方是海馬迴，而海馬迴又是人類的記憶中心。因此在許多科學實驗，讓人在記憶測試前先運動一下，受測者的成績都會變得更好。

此外，運動還能提升注意力，因為不專注、煩躁、分心的根本原因是大腦裡的多巴胺分泌不足，無法感受到足夠的快樂，因此才東張西望到處尋找更多的獎勵來源。而運動能夠大幅提升大腦裡的多巴胺含量，因此也就能讓人變得更加專注。

運動能讓人記性更好、更專注，許多教育工作者都借鏡了這個科學發現。美國伊利諾州（Illinois）的納帕維爾中學（Naperville High School），增加了體育課時數，結果發現學生的成績有所提升。其中有趣的是，在上課前運動的學生，數學成績比上課後運動的學生提升了 93%，語文成績提升了 56%，因為運動之後，人就能進入更好的學習狀態。

運動讓人更抗壓、更成功

此外，就像小古的例子所呈現的，運動也讓人更抗壓。這其實是小古自己告訴我的，她說：「老師，你講的心理學方法都很好，可惜一開始對我不太好用，因為當壓力一來，我就感到天旋地轉，頭腦完全停擺一心只想逃跑，哪裡想得起那些方法啊？後來還是靠運動，持續一段時間之後，我忽然發現，

咦？現在壓力再來時，我就不慌了，於是才能慢慢地使用那些方法來進一步調整。」

小古的經驗是不是很神奇？其實，這是因為每次運動，都是一次壓力測試。當壓力來襲時，我們會感覺呼吸急促、心跳加快、身體出汗。如果你經常被壓力困擾的話，這些訊號傳遞到大腦就會引發大腦的恐慌系統，大腦就進入了「戰逃模式」，不是失控發脾氣，就是逃避不作為。

因此我們需要訓練自己的大腦，使大腦在呼吸急促、心跳加快、身體出汗時，不是進入「戰逃模式」，而是進入「興奮模式」，而這個訓練方式就是運動。

運動讓我們的身體產生與受到壓力類似的反應。事實上，運動也確實讓人體大量分泌壓力荷爾蒙皮質醇，這樣身體才能完全被激發投入到急促運動之中。但是，運動不同於壓力之處在於，運動的困難是一定可以克服的，而且克服之後的感覺非常好。小古在一開始的運動量並不大，先是快走十五分鐘，然後慢慢增加到慢跑十五分鐘，再到慢跑三十分鐘，最後能夠快跑三十分鐘。這樣的持續並不難，而且運動之後，由於多巴胺、腦內啡、血清素的大量分泌，人會感覺超級舒暢。

每一次這樣的運動，就是在告訴大腦：呼吸急促、心跳加快、身體出汗不可怕，而且只要再咬牙堅持一下，馬上就會舒服了！

這種對大腦的無形訓練，作用於潛意識，你可能自己都沒有意識到，但是大腦卻收到了，因此，當下一次壓力來臨、你的身體發出訊號時，大腦並不會恐慌，而是會興奮地準備迎接挑戰、期待勝利。

運動也能讓人更自信，「我連這麼難的每天運動都做到了，還有什麼是我做不到的？」運動還讓人更自律，使你不受情緒綁架，而能使用理智面對壓力。這些都是從身體、潛意識層面加強你的抗壓能力，比有意識地使用方法更有效。

因此，運動使人更快樂、更專注、更聰明、更抗壓，那當然也就讓人更容易成功。我在紐約工作時，公司來了一位新同事，MBA剛畢業也非常年輕，卻被安排在一個重要職位，我們都有些吃驚。

後來我跟她熟了，問起她來，才發現她原來是美國水上芭蕾花式游泳隊隊長，曾經在亞特蘭大奧運會獲得銀牌。她說，她退役之後念了MBA，本來面試這家公司，只是應徵一個普通職位，但是公司老闆親自面試她，然後給了她這個重要職位。為什麼呢？老闆說：「一個能在奧運會上拿獎牌的人，能做好任何事。」後來事實證明，老闆是對的，她確實表現得特別優秀。

開始運動的方法

當然，運動的好處相信你也早就知道，最大的難處還是在，如何才能開始運動並且持續下去？我有三個建議：

第一，就像我在「微習慣」篇章所說的，從小到不可能失敗開始。小古從快走十五分鐘到慢跑十五分鐘，再到慢跑三十分鐘、快跑三十分鐘，就是一個好例子。你不用給自己壓力。要知道任何運動都比不運動好。即使你從此停留在每天走十五分鐘，都會為你的身體和心理帶來很大的好處。

第二，利用催產素的力量。大腦最重要的四種正面神經傳導物質，運動能促進其中三種的分泌，唯一缺席的是催產素。催產素從何而來？當我們跟喜歡的人在一起時，大腦就會分泌催產素。因此，你可以和朋友一起運動，如：打球、加入跑步小組、一起做瑜伽等等，即使是午休時間和同事一起散步，都能讓你在運動之外，額外享受到人際的歡樂，下次運動也就更有動力了。

第三，利用環境的力量。有研究發現，只要把零食放在抽屜，不放在桌上，就會大幅減少零食的食用量。誘惑在眼前，人就更難抵擋誘惑。因此我們可以自己創造好環境。如果你上班會經過一家蛋糕店，現在你就可以改變

路線，經過一家健身房，每天看到大家揮汗如雨地運動健身，在潛意識就會提示你多運動。收起隨處可見的零食，在看電視的茶几或電腦桌旁，放一些小小的健身工具，例如彈力帶、跳繩，這樣可以一邊看影片，一邊做運動。

　　之前北京霧霾最嚴重的那幾年，我早上起來本來要跑步，一看外面霧霾這麼大，乾脆就繼續睡覺。後來覺得不行，就買了一個橢圓機在家裡運動，這就是創造更加有利於運動的環境。此外，前面說的人際環境也是環境的一部分，加入運動小組，或者跟家人進行運動打賭（「如果我這個月一天不運動，下個月的碗都由我洗」），都能「促使」自己去運動。

---

35 今日行動　我的運動計畫

　　為自己制定一個運動計畫，可以使用以下技巧：

　　第一步，從小到不會失敗開始，即使每天走路五分鐘都是一個好的開始。

　　第二步，善用人際環境，盡量找到一起運動或鼓勵你運動的人。

　　第三步，完成計畫之後，可以立即給自己一些小獎勵，如：聽喜歡的音樂、吃美食（不用擔心美食增肥，建立運動習慣帶來的好處遠大於美食的壞處）。

Q1 我的價值觀很容易受人影響，產生動搖，該怎麼辦？

這是個好問題。

首先，穩定的價值觀本來就不是一朝一夕形成的，需要在每一次的選擇和排序不斷強化。如果你覺得家庭比事業更重要，那麼在同事邀請你下班去喝酒時，你選擇回家陪伴家人，這就是在強化和穩固已有的價值選擇。

而在強化價值觀的過程，之所以容易受到其他人的影響，是因為我們通常會忽略價值觀背後真實的情況。

例如，在你的價值觀當中，家庭比事業重要，但是你的主管覺得事業更重要。當你看到主管比你風光，賺得比你多，享受更高的話語權時，你開始動搖了。但是，你並沒有看到主管價值選擇背後的代價，可能是身體長期處於亞健康狀態，可能是陪伴家人的時間太少，親密關係和親子關係都受到影響等等。選擇的同時也代表放棄，在看到別人得到什麼的同時，也看看別人失去什麼。這也是為什麼，愈是重要的價值排序，往往愈是考驗。

最後再補充一點，我們一直強調自我是持續發展的，價值觀做為自我的重要部分也同樣如此。我們一生其實都在不斷梳理自己的價值觀，讓它更符合我們內心和現實的需要。剛結婚生子的時候，可能覺得家庭比事業更重要，於是會把許多時間精力投入於家庭。等子女上了高中、考上大學，你可能希望把重心轉回自己的事業或是重要的人生目標。因此，要學會接納你的價值觀本來就是會隨著你的經歷而不斷有所變化與發展。

Q2 如何面對來自同儕的壓力？我和同部門的一位同事平時關係不錯，感覺她比我優秀許多，我非常羨慕，壓力也很大。不知道該怎麼辦？

　　人在這種情況下感受到的壓力通常有兩層。第一層是同事的能力、特質、條件比你優秀而帶來的壓力，這是同儕比較會有的正常心理。第二層則要複雜一點，正如你所說，你跟這個同事關係不錯，但同時內心對她有羨慕甚至有些嫉妒，然後你可能討厭自己這種心理，由於你對自己複雜心情的排斥，變成第二層壓力。

　　我們常說「化壓力為動力」，這其實有個前提，就是你真的覺得自己有可能變得更好，內心有期盼與希望感，壓力才可能化為動力，否則壓力就只是壓力。

　　心理學家阿德勒認為，每個人都有提升自己，向上進步的需求和內驅力。感受到同儕壓力，表示你有進步的渴望和動力，也代表你還有進一步提升的空間。

　　因此以你的狀況而言，我想可以從兩方面著手。

　　第一點，明確確認你的壓力感。也就是說具體分析你因為同事而感受到的壓力有哪些元素，外貌？家世？業務能力？人際溝通能力？⋯⋯你會發現，你一定能找到你也能有所提升的部分，那個部分就是你加強希望感的來源，一旦你在某個點有所提升改變，以點帶面，就能啟發你內心的效能感，你會變得更喜歡自己，就會紓解第二層壓力。

　　第二點，不要忽略自己的優勢。愈是把注意力放在比較，然後引發焦慮和內耗，就愈是無法擺脫壓力的困境。你的魅力與光采，

在於你發現自己、舒展自己、投入自己生活的時候才最能有所展現。

 如何避免間歇性墮落？

「間歇性墮落」這個詞就很有意思了，我猜想你腦海中關於「墮落」的畫面，大概是健身幾天然後無法持續又大吃大喝幾天，學習了一週覺得難熬又停滯了幾天這類的事情。

其實「墮落」一詞是包含情感意味的，當我們對自己使用這個字彙，其中就隱含對自己的貶抑甚至自我攻擊。

因為你腦海裡大概還有另一個畫面，那就是「不墮落」的理想生活：每個小時都很充實，每個計畫都完美無缺地執行。你看到了更完美、計畫執行力更強的人，你覺得跟那些人相比，自己很糟糕。現實自我和理想自我之間的差距，無法短期跨越，但你又急於短期跨越，於是你內心感到生氣、挫敗、無力，那時候你認為自己「又墮落」了。

其實這裡有兩個關鍵。第一，你需要停止自我貶抑和自我攻擊的暗示。重新安排計畫和行動節奏，你不能用「理想自我」的節奏安排「現實自我」的生活。

第二，間歇性墮落是不太好，你要學會「科學地墮落」。在做日程安排時，除了安排要做的事情與要完成的目標，還要把各種形式的休息安排進去，其中包括刻意安排一些娛樂放鬆的活動來犒賞自己，這樣才會有持續的動力和能量做事。短暫休息、充足睡眠與定期休假都是不錯的方法。

Q4 我之前一直很上進，也非常有正能量，但最近不知怎麼回事，總是在想要努力的時候產生抗拒的情緒，也知道應該怎樣做，但就是不想做，怎麼辦？

　　你問了許多人的心聲，那就是想改變，但又有抗拒情緒時怎麼辦？這個問題涉及兩個層面：一是價值觀和意義層面，二是具體的行動層面。

　　在價值觀和意義層面，你需要檢視自己抗拒的改變和行動到底是不是你真正想做的。這種檢視不能只停留在理智層面，以學英文為例，雖然你的理性知道學好英文可以走遍天下，但真的拿起教材時就像下地獄一樣。

　　除了理智層面的檢視，你還要覺察情感層面，覺察你內心的大象。你是自主的嗎，還是受控於外部壓力？因為你覺得身邊的人英文都很好，只有自己不好很丟臉；或是學不學英文其實對於生活與工作沒有特別意義，但是過去的經驗讓你有了英文情結，不學好英文就覺得心中有個缺口。

　　此外，抗拒也可能發生在行動層面，這時候，你需要檢視自己的啟動和目標設定。

　　首先，要進行一個有效啟動。即使是我們想做的事情，人也會有惰性的一面。哈佛幸福課講師塔爾·班夏哈曾分享過自己的例子，他說：我很喜歡正向心理學，但是我每次開始準備正向心理學課程時，還是會抗拒、拖延，不想開始。

　　這時之前所介紹的「五分鐘起步」就能派上用場了，無論完成任務需要二小時還是半天，先做五分鐘再說。通常五分鐘之後，你

的抗拒情緒就會消失，因為這是你想做的事情，你會因為行動的慣性而繼續做下去。

　　其次，檢查自己的目標設定是否合理。目標清晰具體而且合理能達成，每一步都知道要做什麼，行動起來就有方向，能夠減少抗拒情緒。

　　最後，有人提醒和監督，會有效加強我們的行動力。想想看那些職業運動員為什麼要有教練，除了提供專業上的指導，還有就是教練的督促和鼓勵。當然，你還可以和目標一致的朋友組隊行動，相互提醒和鼓勵。

自我

的實現

36 這輩子，
你要如何度過你的一生

在傳統價值觀逐漸失去吸引力的現代社會，「自我實現」成為許多人新的信仰。可是一提到自我實現，大家經常聯想到的是財務自由、功成名就等等，我們所理解的自我實現，都局限在以現實指標衡量，透過與他人比較的評斷之中了。

對自我實現，最著名的闡述來自美國心理學家亞伯拉罕．馬斯洛（Abraham H. Maslow）。他是如何定義「自我實現」呢？

自我實現是更高層次的需求

人的需求如同一座從低到高的金字塔，其中自我實現位於金字塔的頂端，代表人類更高層次的需求。

為了幫助你精準找到自我實現的位置，我們來瞭解一下馬斯洛的需求層次理論。底層的需求是人最迫切的生理需求，如：吃飯、喝水、保暖的衣服。之後，人會開始關注安全需求，如：人身安全、身體健康、財產安全。這也是一個比較基本的需求。生理和安全需求都獲得滿足之後，對於愛與歸屬的需求就會凸顯出來。人是社會性動物，天生就渴望人際連結，害怕孤獨與被排斥的痛苦。再往上一層，就是自尊的需求，是獲得穩定而較高評價的需求，包括來自自己和來自他人的尊重。

這些需求獲得滿足後，一種新的需求還會在金字塔的頂端召喚我們，那就是自我實現的需求。我們會想要讓人生變得更有意義、更激動人心，發展出一個更高層次的自我。

總而言之，高層次需求和低層次需求相比，有二個特點。

第一，高層次需求不像低層次需求那麼緊迫，因此兩者發生衝突的時候，經常是高層次需求屈從於低層次需求。如：人在非常饑餓的時候，會放棄安全需求去冒險搶奪食物；而人在安全受到威脅的時候，也可能會放棄自尊需求，去做一些自己平時看不起的事。

第二，低層次需求的滿足是為了減少負面體驗，減少對自我的威脅，如：避免饑寒交迫、恐懼、孤獨等等。而高層次需求的滿足可以增加正面體驗，加強心理的充實和完整程度，直至體驗心理巔峰狀態。

正因為如此，馬斯洛將最低層次的生理需求和安全需求稱為匱乏需求，當沒有滿足匱乏需求的時候會很難受，但是當這種生理與安全的匱乏狀態獲得紓緩之後，人就不會再特別給予關注。

而最高層次的自我實現就稱為成長需求，為我們帶來的是正面情緒，一旦成長需求獲得滿足，我們就想擁有更多。處於高低層次中間的愛與歸屬以及自尊需求則是幫助我們從解決匱乏走向滿足成長的過渡階段。

本書從認識自己的篇章主題開始，經過關係建立、行動改變，又來到現在的自我實現篇章，其實就是一個從低層次需求不斷向高層次需求升級的過程。

在「認識真實的自己」篇章，我們討論的更多是情感與安全，在「建立你的關係」篇章，主要在講愛與歸屬以及他人的尊重，這兩個部分能夠幫助你更加瞭解和滿足基礎層次的需求，為進一步的提升打下基礎。

到了「掌握科學的行動方法」篇章，我們開始講如何經由行動逐漸累積真正的提升。而從本篇章「自我的實現」開始說明自我實現的部分，我們會

一起探討各種與最高層次需求相關的心理話題。

也許有人會覺得自己現在都還沒搞定低層次的需求，這個時候談高層次的自我實現，會不會太超前了？其實人之所以為人，就是因為經常會有超越動物本能的理性和意志：即使生理需求沒滿足，也要追求自尊；即使安全需求沒滿足，也要追求自我實現。

高層次需求的滿足會帶來更多的正向情緒，使人愈滿足愈想要。如果一個人曾經體驗過高層次需求帶來的意義感和超越感，就很難忘記這樣的體驗，甚至願意犧牲低層次需求而去盡力追尋與堅持。

其實，對於個人而言，需求層次並不是機械式地由低層次往高層次發展。每當你對自己發出「我為何而活」的疑問，思考「我的人生意義到底是什麼」，其實就是你的自我實現需求所發出的訊號。即使是短短一瞬間，我也希望你盡早體驗到這種更高層次的需求，那種蓬勃、喜樂的巔峰體驗，會像光一樣，照亮你的世界。

自我實現不是結果，而是狀態

馬斯洛所描述的自我實現需求，並不是對結果的描述和衡量，而是一個人所處的狀態。自我實現的人並不見得就一定是獲得世俗定義的成就與功名。

那麼，處於一個什麼樣的狀態，可以稱為自我實現呢？

馬斯洛為自我實現的人描述了十九個特點，但同時也強調，自我實現的人也難免會有缺點，因此，我就不詳述這十九個要求，而是把這些整理為「利社會」、「巔峰體驗」和「高層次認知」這三大類。

利社會，是說自我實現者經常能主動創造，並體驗到對他人、對社會的愛與善意。你可能會困惑，只是鼓勵大家做個善良的好人而已，怎麼就上升到自我實現的高度了？其實，一個人若是處於利社會的狀態，代表這個人有

很好的愛與被愛的能力，能跟他人形成廣泛而又深層的連結。這樣的人能走出自我中心，具備一種人類親情，做事情不再只為自己，也不再只為某個小團體的利益，而是有一種自我超越的意識，希望整個世界都變得更好。

疫情期間，就誕生了無數個這樣的平民英雄，許多人不為錢、不為名，甚至願意損失安全需求，真心為大家做些什麼，幫助社會整體變得更好。這些人在這段時期所處的狀態，其實就是全然利社會的自我實現狀態。

自我實現的第二類特徵，是經常能獲得巔峰體驗。這是馬斯洛提出的一個經典術語，這是一種特殊的生命體驗，是說人在從事某個行為時，感受到一種非常奇妙、著迷、忘我，而又與外部世界融為一體的體驗。處在巔峰體驗中，人會感覺情緒飽滿、高漲。

巔峰體驗經常出現在完成某項工作或進行某項興趣愛好的過程。每個人的生命歷程都一定有投入、專注、充實飽滿的感受，只是有些人因為很少體驗到，以至於都幾乎遺忘，但卻有些人能經常體驗，而且善於主動創造巔峰體驗。

2019 年奧斯卡最佳紀錄片《赤手登峰》（Free Solo）記錄了美國攀岩運動家艾力克斯．霍諾德（Alex Honnold）徒手爬上酋長岩（El Capitan）的過程。

霍諾德的成長經驗並不快樂，從小父母離異，就沒有獲得父親的關愛和母親的擁抱，上學上了一年就因為與周圍格格不入而退學。

這樣的他卻在攀岩中找到極大的快樂。在遠離城市嘈雜的大山之中，沒有複雜的人際關係，攀岩的成功與否完全取決於個人的實力。除此之外，攀岩還有一種特殊的魅力：攀岩的超高難度讓攀岩者必須全神貫注，進入一種忘我的境界。

霍諾德說：「你很難想像一個人不繫繩子在岩壁上是一種什麼樣的感覺。我整個人都繃緊了，爬了上千次，就像著了魔一樣。這不是害怕，而是一種特別美好的感覺。我最喜歡這種感覺，這時候我的步伐會變得特別好，這和

任何人都無關。」

在世人的眼裡，霍諾德曾經是一個孤僻、不討人喜歡、自閉的人，但他找到屬於自己的方向，處於自我實現的狀態，人生有了目標和意義。影片中有一個細節，在成功登上酋長岩之後，霍諾德並沒有如我們期待的那樣，表現出實現目標的激動、狂喜或是流淚的情緒，而是選擇了一個正常人通常都不會做的選擇——一如往常，繼續他的鍛鍊。從某種程度上來說，徒手攀岩的霍諾德更像是在攀登屬於他自己的人生。

當然，巔峰體驗不一定要像徒手攀岩那麼挑戰極限，其實在我們的平凡的生活之中，也可以獲得微小的巔峰體驗。之後我在關於心流的部分也會再進一步說明。

自我實現的第三類特徵，是擁有高度複雜而又靈活的認知。就像美國作家費茲傑羅（F. Scott Fitzgerald）的一句名言：「檢驗一流智力的標準，就是看你能不能在腦中同時存在兩種相反的想法，還能夠維持正常的行事能力。」

處於高度複雜又靈活的認知狀態，代表你能夠瞭解並且認清現實，又有對自我的堅持；在接受現實的同時，又致力於改變現實；不是以非黑即白的思維看待這個世界，而是能夠追求高度複雜的對立統一。

由真人實事改編，在 2016 年上映的電影《鋼鐵英雄》（Hacksaw Ridge）講的是二次世界大戰傷亡極為慘重的沖繩島戰役，一個名叫戴斯蒙杜斯（Desmond Doss）的醫務兵，冒著槍林彈雨在一夜之間救回七十五名戰友。這個故事最傳奇的地方在於，出於宗教信仰，戴斯蒙杜斯拒絕殺戮，因此他是在不帶任何武器的情況下把戰友搶救回來的。

這其實是一個關乎信念的故事，在向每一個人發問：在極端的情況下，一個人應該如何堅守他的信念？我們想像一下戴斯蒙杜斯當時面臨的局面，做為一個虔誠的信徒，他的信仰不允許他殺戮，但他置身於慘烈的戰役之中，必須面對數不清的死亡。

但是他沒有做出妥協，他雖然無法阻止戰爭和殺戮，但他自己可以堅持信仰：只救人，不殺人。例如，一般情況下，醫務兵只能按照傷情的輕重選擇性救人。如果醫療兵給了受傷戰士嗎啡，就代表這個人只能等死了。在沖繩島戰役中，這樣的例子比比皆是。但是戴斯蒙杜斯不一樣，有個士兵雙腿被炸斷，胸部中彈。其他軍醫都已經放棄他時，戴斯蒙杜斯硬是把他拖到了後方，最後那個士兵生存了下來，活到 72 歲。影片中還有個場景令人印象深刻。戴斯蒙杜斯為了救人累到癱在地上，但他嘴裡還反覆念著：「再救一個，請讓我再救一個。」

　　毫無疑問，戴斯蒙杜斯是一個高度自我實現的人。他自始至終懷抱堅定的信念，他清楚戰爭的凶險，也知道自己隨時可能犧牲生命，但他不妥協，同時也忍受來自死亡的威脅和恐懼，給負傷的戰友生還的希望。有一個網友是這樣評論戴斯蒙杜斯的：「信仰沒能改變戰爭，但也沒讓戰爭改變自己。」

　　其實，這些高度複雜而又靈活的認知結合在一起，就是我們經常說的三觀，也就是世界觀、人生觀、價值觀。我們並不一定會處於戴斯蒙杜斯那樣極端的情境下，但是就如同羅曼·羅蘭（Romain Rolland）所說：「世上只有一種英雄主義，就是在認清生活真相之後依然熱愛生活。」我們既不逃避世界的黑暗真相，也不放棄自己的美好追求，在知道自己的人生意義之後，我們對自己的人生和世界，都會有一個更超越的想法和目標。

　　「自我的實現」篇章接下來的主題，就是依照利社會、巔峰體驗和高層次認知這三個面向展開。我們會先聊聊助人和感恩這兩個利社會的議題和方法，然後再談經歷、藝術和美、創造力、心流這些能夠促進巔峰體驗的主題，最後我會和你聊聊人生意義這個高度複雜的認知話題。

36 今日行動　需求評估

　　我們學習了馬斯洛提出的人的需求層次理論，分別是生理需求、安全需求、愛與歸屬需求、自尊需求、自我實現需求，今天的行動就是做一次你自己的「需求評估」。

　　第一步，請根據你目前的情況，分別為這五種需求的滿足程度用百分比的形式呈現，例如目前你的生理需求可能滿足了 80%，安全需求滿足了 50%，歸屬與愛的需求滿足了 70% 等等。

　　第二步，結合你自己的評估結果，思考一下為了更加滿足這些需求，尤其是高層次需求，你打算做出哪些努力呢？

　　這個行動可以幫助你梳理自己目前的需求狀態。

37 感恩不是因為虧欠，而是因為感動

　　前面提到自我實現的人通常有三類特徵，第一類是經常處於利社會的狀態，第二類是擁有巔峰體驗，第三類是抱持高度複雜且靈活的認知。

　　接下來，我會以利社會的狀態為主，介紹兩個符合此類特徵的特質：感恩和助人。目的是希望你也能試著培養這些特質，經由行動實踐創造更多自我實現的體驗。

　　我要談的第一個有關自我超越的特質，是感恩。感恩是一個老話題了，但在我投身正向心理學研究和實踐的這些年，我才發現，許多人都會說感恩，卻不一定體驗到真正的感恩，甚至對感恩有所誤解。更讓人憂心的是，這種對感恩的誤解可能正在傷害我們，甚至傷害著我們的下一代。

感恩≠虧欠感

　　我曾經多次看到類似的新聞，許多學校請來「專家」為全校師生進行感恩主題的演講，台下站滿了學生，「專家」不停地對學生發出靈魂拷問：

　　「想一想，你做了哪些對不起爸爸媽媽的事？」

　　「想一想，他們對你要求嚴格，為你付出，是不是為了你好？」

　　「父母給了你們無私的愛，你們是不是應該拿出實際行動回報他們？」

　　在演講的煽動和眾人情緒的渲染下，成千上百的學生哭成一團，回家之

後完成為父母洗腳、做家務的感恩作業，並寫下感想。

　　我曾經親眼看到一封孩子在經歷了這樣的活動後寫下的感恩信，具體內容記不清了，只是其中有一句話一直印象深刻，他說：「我從來不知道，我欠了爸爸媽媽這麼多。」

　　聽到這裡，你可能和我一樣，有一種莫名的違和感。身為兩個孩子的家長，當我看到這句話時，心裡很不是滋味。我希望我的孩子懂得感恩，但不希望他認為這是欠我的，為了還債而回饋家庭。這是我最想解開的一個誤區：感恩不等於虧欠感。

　　首先，雖然感恩和虧欠感，都是在接受了別人的幫助之後產生的情緒體驗，但是感恩是一種正向情緒，虧欠感卻是一種負面情緒。真正的感恩，是從內心自然出現溫暖開闊、使人放鬆的情感體驗。而虧欠感，會使人壓抑、難受，在自己覺得還清之前都伴隨著心理壓力。

　　像我剛才提到的那個孩子，當他接受了所謂的感恩教育後，注意力確實放在如何回報父母。可是接下來，他含著眼淚，帶著愧疚和沉重的心情，提筆寫下對父母的虧欠。這個時候，他體驗的就是一種自己怎麼回報都不夠的負面情緒。

　　其次，感恩和虧欠感給人帶來的後續影響非常不同。

　　曾經有相關的實驗，研究者對於二組隨機分配的人，分別激發其感恩之心和虧欠感。當研究者問：「你是否願意幫助那個剛才幫助過你的人？」這二組人都願意回報並沒有明顯差異。但是再詢問他們：「接下來，你們是否願意再次幫助那個人？你們是否願意繼續幫助其他陌生人？」此時就出現明顯的差異，帶有感恩情緒的小組普遍願意繼續擴大這份幫助，而帶有虧欠情緒的小組在回報「債主」之後，就不太願意繼續這種行為了。

　　因此感恩除了帶來正向的情感體驗，還會使人願意持續做出利社會行為，回饋群體和社會。但是虧欠感帶來負面情緒，會使當事人在「償還」之後想

要逃避幫助過自己的人，並與其他人保持更清晰的界限，避免再次產生虧欠。從這個角度而言，有時候人之所以無法感恩，是因為被激發的並非感恩之情，而是虧欠感，打從心裡覺得自己是不得不有所償還。

也就是說，真正的感恩之情，會使人與人之間彼此靠近，群體關係進入良性循環；而虧欠感，會使人與人之間內心疏遠，群體關係變得更加冷漠。

因此，你就會明白我一開始所說的，對感恩有所誤解，激發了錯誤情緒，雖然表面上大家都熱淚盈眶，但有可能已經對一個人造成傷害。

更進一步來說，感恩不只是一種情感反應，也是一種選擇。你可以選擇感恩，也可以選擇不感恩。

我曾經跟一所小學合作過心理教育課，當時在五年級班上說到感恩的主題時，有個孩子說每天早上上學時都會看到清潔人員打掃街道，媽媽經常說多虧這些清潔人員，我們才能生活在這麼乾淨的地方，得好好謝謝他們才行。但清掃街道本來就是清潔人員的工作，為什麼要感激他們呢？

老師思索一會兒之後回答：「你這麼想也沒錯，這確實是清潔人員的工作，我們並沒有欠他們，不是非得感恩。但老師覺得你的媽媽之所以這麼說，並不是要求你必須說謝謝，而是她自己真心這麼想的。也許是因為她每天送你上學，行駛在乾淨的街道，看著一張張和你一樣朝氣的臉，打從心底覺得溫暖愜意。因此她感恩辛勤工作的清潔人員，甚至感恩這所有的一切。感恩之心，確實可以使一個人變得更好。就像你考試，雖然六十分就及格了，但如果能考八十分，你也會想要爭取看看。對人對事多帶一份感恩之心，會讓你從一個六十分的狀態變成八十分的狀態。」

這位老師的解釋雖然淺顯，卻點明一個重點，所謂的感恩，並非如生理需求或安全感需求這類基本生存必需的需求，也不應該變成你的負擔。整個社會之所以都在提倡感恩，是因為這是幫助人類走出自我中心、自我超越的更高層次體驗。我們可以選擇把目光放到自我之外的世界，關注他人，關注

一草一木，關注自我與世界如何相連。這種溫暖的連結，讓我們體驗到更深刻的快樂。

如何培養感恩

在日常生活中，我們如何經由一些方法培養一顆真正的感恩之心。

有個最大的前提是，在培養感恩之心的過程，要注意避免激發虧欠感。

第一，以健康的方式理解和接納對方的好意。把關注聚焦在這份恩惠帶來的正向體驗，學會被愛也是一種能力。朋友請你吃飯，你如果答應了，就跟朋友好好享受這頓飯，感受食物的美味，感受朋友的情誼，而不是把注意力都放在朋友花了多少錢、欠了對方多少人情。

第二，看到生活給予的禮物時，擴大感恩的對象。有時候你會將目光局限在幫助你的人，其實世界萬物都值得感恩，甚至生命和存在本身也值得感恩。真正的感恩，是帶著尊敬和欣賞之心，當你對一頓飯、一棵植物、一片藍天、一道風景的存在都懷著尊敬和欣賞時，自然而然會喚起正向情緒。

在此我推薦二個已經得到研究實證的方法，能夠協助培養感恩之心。

第一個方法，叫做感恩拜訪。

這是正向心理學家塞利格曼在研究論文中多次提及的方法。過程很簡單，就是選擇一位最近你想表達感謝的人，你可以事先準備想對他們說的感謝話語，然後當面向對方表達。對於情感表達更含蓄的人，可以選擇打電話。再退一步，還可以寫信、發郵件、發音檔等等。研究顯示，感恩拜訪對於提高一個人的幸福感與降低憂鬱有非常顯著的效果。

有一位同事跟我分享過她的感恩拜訪經驗，她在一次教師節聚會的前夕，分別寫了一封表達感恩的信給自己的學姊和學妹，然後在聚會那天給了她們。當時大家都不好意思當面拆閱，只是放進包包裡。神奇的是接下來的兩個月，

這個同事陸續收到學姊學妹的單獨邀約。

學姊說：「下週有空來我家玩嗎？說真的，畢業這麼多年，有些事你不寫我都忘了，我們一起餵學校野貓那時候多快樂啊！我家現在也養了隻貓，快來吸貓。」

學妹說：「我過幾天要去你學校開會，晚上一起吃飯，就跟我在旅館住一晚，我們聊個通宵！就像在學校時我們一起去外地做研究一樣！」

我問這位同事，對於從一開始寫信到後來產生的變化，她有什麼感覺，同事說：「其實就是有點意外，又十分溫暖的感覺。」

她說自己寫這些信的時候，不是為了阿諛奉承，而是真的深深陷入和大家相處的回憶之中，因為感恩主題的引導，會情不自禁回憶起和這個人相關的正向事件，如：和學姊一起餵貓，和學妹一起通宵聊天，在討論會上答不出導師的問題，學姊幫忙救場等等，就像再一次經歷這些開心、有趣、溫暖的回憶。

而且，送出這樣的感恩信，完全是不求回報，心中沒有什麼期待和預設。她突然感慨，人與人之間有時候就缺一個連結的機會，傳遞這種快樂、感激、欣賞之情，動作雖小卻影響很深。感恩之心真的會讓分開多年的人再次相互靠近。

第二個方法，叫做感恩評估。

找一個安靜的地方，大約需要花二十分鐘時間，寫下一段讓你印象深刻的經歷，先不要定調這段經歷是好是壞，從以下問題切入，思考這段經歷發生之後為你帶來的變化。

哪一類事情讓你現在覺得要感謝或感恩？

這件事對你的人生有何益處？

你有哪些成長？

透過這段經歷，你是否有萌發某些性格力量？

這件事有使你如何更好地因應未來的挑戰？

這件事讓你如何看待生活？

這件事如何幫助你去感謝生命中真正重要的人事物？

不用在意修辭和文筆，自由地寫下關於這段經歷中任何你能想到的、感恩的積極面。也許這件事並沒有帶來好的生活體驗，但有時候即使是壞事發生，最終也可能帶來好的結果，也值得我們感恩。經常做這個練習，可以促使你形成一種感恩的思維習慣，養成開闊的人生視角。讓感恩從一種短暫的情感體驗，逐漸變成性格特質的一部分。

培養感恩之心，除了經由回憶和思考激發自己的感恩體驗，更重要的是做一些實際行動，來幫助自己加深、擴大和傳遞這種體驗。當你對某個人、某件事產生了感恩之情，接下來你可以仿效，去做另一件事來回饋其他人、回饋社會。就像一顆小石子投進水中，石子雖小，卻能激起漣漪一層層往外擴散。

37 今日行動　感恩拜訪

當你回想過去的經歷，你會發現自己曾經受到許多人的幫助，也收到許多命運的饋贈。我們就來借這個練習的機會，主動發起一次感恩拜訪吧！

第一步，回想一下你最近或是曾經想要感謝的人。

第二步，你為什麼想要感謝對方？

第三步，請你以見面、通話或發訊息的方式向對方表示感謝。

38 大腦喜歡幫助人，好報有好人

助人，也就是懷有善意地為別人提供物質或者精神上的幫助與支持。

我想從「好人有好報」這個角度切入來談助人。我曾經試著寫過一本關於「好人有好報」的書，但許多人都反問我：「現在這個社會，到處都是好人沒好報的新聞，誰還相信好人有好報呢？」

這其實是一種認知偏誤，已經扭曲許多人對現實的認識。這些人對於身邊大量存在的「好人有好報」現象視而不見，卻對媒體精選的少數「好人沒好報」事例反覆解讀，最後讓大家產生一種錯覺，以為這個世界真的如此糟糕、無藥可救。

但反過來想想，正是因為這個世界上大部分好人有好報，因此當好人沒好報的時候，我們才會感到詫異，才會本能地對這件事情投以更多的注意。更重要的是，「好人沒好報」只能訴諸少數故事，「好人有好報」卻能找出科學上的原因來解釋。

為了自己，幫助別人

許多研究已經證明「好人有好報」是有科學依據的，甚至助人最大的受益者，不是被我們幫助的人，反而是我們自己。

演化機制：演化促使人變成好人

從演化的角度來說，助人的行為通常更有利於繁衍生存。

隨著科學的發展，現代演化理論做出的解釋是，演化的單位並不是生物體，而是一個個基因。在許多情況下，生物體之間互相幫助，對基因的繁衍更有利。

這首先表現在有血緣關係的親人彼此幫助。我們和親人共享許多基因，從基因的角度出發，幫助親人可以說就是幫助自己。因此即使個體的利益受損，但只要這能促進其他親人的基因有更好地傳播，對於基因而言就是合算的。其次，在遠古社會，部落通常是透過血緣聯姻組成，一個部落之間的人共享相當多的基因。因此在部落內部互助，也符合基因的利益。

不過，就算跟一個人毫無血緣關係，只要經常有往來，建立互助關係也會能帶來 1＋1＞2 的效果。你可以想像一下：如果你生活在遠古時代，今天你外出獵到一頭鹿，全家人也吃不完，又沒有冰箱該怎麼辦？不如送給鄰居，這樣下次你什麼也沒有獵到的時候，說不定鄰居還能分給你一條羊腿。這正是哈佛大學心理學家崔佛斯（Robert Trivers）提出的「互惠性利他」，我幫助了其他人，等我需要的時候，其他人也會幫助我。

這些都屬於直接的互惠利他，助人行為還可以帶來間接互惠。一個人在幫助其他人之後，不只受到幫助的人想要回報他，其他人將來也會更願意幫助他。因此把助人的對象從熟人、可能回報自己的人，擴大到陌生人、可能永遠無法回報自己的人，我們可能在未來某個時刻、其他方面獲得意外而豐厚的回報。

回過頭來看，「好人為什麼有好報？」這個問題其實問反了，並不是好人有好報，而是好報出好人。正因為做好事有好的回報，演化才促使我們成為好人，以確保我們相互幫助，能夠好好地生存繁衍。

生理機制：大腦喜歡幫助人

在生活中幫助別人以後，我們內心會感到很舒暢。美國加州大學的研究團隊發現，當一個人為其他人提供支持和安慰時，大腦確實會像玩電子遊戲、吃巧克力一樣，分泌更多的多巴胺，讓我們產生發自內心的愉悅感。這種感受被稱之為「助人者的快感」（helper's high）。

近年來，隨著基因技術的突飛猛進，許多科學家對「助人基因」做了研究，結果發現那些比較樂於助人的人，更可能擁有一種能調整多巴胺的基因。科學家因此有這樣的結論：「透過大腦中特定的多巴胺迴路獎勵利他行為，這就是自然選擇的奇妙機制。」

當然，助人的生理機制遠比多巴胺迴路複雜，還涉及讓人感覺寧靜安詳的腦內啡、感受信任親近的催產素等等。總之，人的身體天生就被塑造成一個「助人機器」，讓我們在幫助別人時，能夠帶來真正的快樂，而且效果更加健康而持續。

心理機制：向外投注，放下自我

助人可以讓我們把注意力向外投注，有利於我們放下自己的煩惱和苦難。

以新冠肺炎疫情為例，疫情不但對身體健康造成威脅，也增加我們的心理痛苦。由於缺乏瞭解，焦慮和恐慌等情緒在人與人之間不斷蔓延。疫情剛爆發的時候，我每天花大量的時間滑手機、看電視，關注新聞和數據報告，看看社群和群組有沒有新消息。

做為一名心理學工作者，我意識到自己的心理狀態出現了一些問題，也意識到有更多人需要心理援助。於是，我立刻行動起來，發揮自己的優勢和人際資源。後來，我們開展了為期七天的線上正向心理學公開課，和大家談談如何用積極正向的心態面對疫情，並帶領大家一起實踐。許多人留言給我，有的甚至只是留下「老師，聽了你的課之後我感覺好多了」這樣簡短的一句

話，也讓我感到非常滿足和充實。

助人最大的意義在於，能夠幫助我們轉換視角，從自身的無力、痛苦中解脫，還能加強意義感和自我效能感。對於同樣一件事，我們能夠用更開闊的心態面對。公開課結束後，我的心態也有很大的改善，雖然還會持續關注疫情動態，但我不再深陷其中，而是投入時局之下我所能掌控的事情當中。

因此，助人就像登山，你的目標是登上山頂，但在登山的過程，你會有其他的收穫。人類之所以要幫助別人，根本的驅動力還是在於幫助他人也能為自己帶來利益，這裡的利益包含現實層面，也包括精神層面，讓我們更友愛、更有意義感、減少憂鬱和焦慮。

因此，談到助人時，我一直提倡的觀點是「為了自己，幫助別人」，因為這在科學層面是站得住腳的，助人是人的天性，是大腦的本能。當然，我並非提倡你第一時間去質疑助人行為背後的動機到底是利人還是利己，而是希望你經由瞭解助人的機制，掌握助人的好處，讓助人行為持續下去。從腦科學的角度來說，幫助別人數次之後，我們的大腦會變得更習慣於助人，我們會更本能地幫助別人。這時，助人的動機到底是利己還是利人，已經變得難以區分，也不再重要了。

關於助人的建議

那麼，該如何開始助人呢？我們都曾經幫助別人，也知道助人需要付出一定的資源如時間、精力、知識乃至於金錢、物質，因此要權衡利弊綜合決定。因此，我在此提供四個平常用得上的建議，幫助你將助人行為融入生活。

第一個建議是，從身邊的家人朋友開始。「助人為樂」不一定要是「助陌生人為樂」。古人說「內舉不避親」，同樣地，我們也可以說「助人不避親」。如今在公共場合做好事、幫助素不相識的人，會面臨許多障礙乃至風險。因此，我們可以從幫助自己的親人朋友做起。助人的形式，也不只是物質層面，

也可以是情感層面。如：對於工作不順的朋友，與其請對方吃飯，不如花一、二個小時專注地聽對方傾訴，協助對方面對；與其刻意挑選禮物給家人，不如花心思想想，能否在家裡為他們做一些事情。

第二點，從小事開始。任何事情都是從小事著手更順手，也更容易持續，助人也一樣。看見有人手拎袋子不方便開門，幫對方開個門；列印文件時，隨手幫同事列印一份等等。無論多麼細微的小事，你都可以心懷善意地去做。和他人相處時，多一點尊重；面對他人的求助，多一點耐心，這些都是助人行為的表現。如果你不知道該從何做起也沒關係，我在本文的「今日行動」準備了一份善意清單，可供參考。

第三點，從利人利己的事情開始。生活中有不少人為了幫助別人，而過於消耗自己的心力，產生「助人倦怠」。我有個學生在讀大學時，自願報名參加一個字幕組做無償翻譯。大二時，每週她都會投入數個小時在文稿翻譯，她和字幕組的人也漸漸成為朋友。但到了大三，課業雖然非常忙碌，但是她不忍心拒絕字幕組的求助，因此在忙完小論文和實習專案後，經常熬夜進行翻譯，導致整個學期狀態非常疲憊。期末的時候，她終於意識到自己必須有所取捨，終於選擇暫時退出。

過度助人很容易消耗一個人的心理資源，影響身心狀態，也讓助人行為無法持續。因此，當你在幫助別人、為別人著想得有點疲累的時候，請思考一下，是不是你太忽略自己了？

因此，如果想要避免產生助人倦怠，最好是結合利己和利人的動機。以我自己為例，我曾在微博發起「日行一善」活動，每天拿出一小時來助人。活動一開始的目的是讓自己不要宅在家裡看電視、玩電腦，希望能和人多建立連結。這樣能夠對自己有好處，同時也能幫助別人。

最後一個建議，是盡量集中助人的時間，而不是分散。

如果你這週需要做五件幫助人的事，你有兩種方式，第一種是把五件事

平均分散到一週當中的五天進行，第二種是把五件事都集中在一天進行。請你想像一下，哪種方式會帶來更強的幸福感呢？

正向心理學家索妮亞・柳波莫斯基（Sonja Lyubomirsky）就做過這樣的研究，她讓大家分別採取集中助人和分散助人的方式，每週完成五個助人的行為，連續進行六週。結果發現，雖然助人事件的數量相同，幸福感也都有所提升，但把助人行為集中一天完成的這一組，幸福感會更強。集中助人是更聰明的方式，更能生動地體驗到助人行為並非只是蜻蜓點水，所帶來的影響更強烈，而且行程安排也比較方便。

38 今日行動　驚喜助人

這次的行動實踐是進行一次「驚喜助人」，這個行動最早來自於塞利格曼的正向心理學課程。這個行動非常簡單，你需要做的就是出乎意料地去幫助一個人，也就是說，對方無法料到你會以這樣的方式幫助他。你不但能夠獲得助人之樂，還可以給對方驚喜！

如果你還想不到要給對方提供什麼幫助，也可以參照下面的「善意清單」，從中選擇一件事情來進行。

附錄｜善意清單

■ 對家人和朋友的善意

- 1. 為家人花點心思，做一頓精緻的餐點
- 2. 打電話問候有一陣子沒見的朋友
- 3. 一個真誠的讚美

- 4. 一個溫暖的擁抱
- 5. 邀請朋友一起吃飯

■ 對他人的善意

- 1. 送同事一份神祕的禮物
- 2. 電梯門快關上時，等一下正在趕來的人
- 3. 對服務生說聲「謝謝」
- 4. 為快遞人員送上一瓶水
- 5. 寫一封信向老師表達感謝

■ 對社會的善意

- 1. 把不需要的東西捐出去
- 2. 幫年長的鄰居做一件事
- 3. 捐一次血
- 4. 幫忙指揮倒車
- 5. 在公園撿一次垃圾

■ 對自己的善意

- 1. 為自己報名參加一個運動課程
- 2. 吃一頓營養又美味的大餐
- 3. 去公園散步
- 4. 提早上床睡覺
- 5. 做一件新鮮的事

39 這樣消費，加強你的幸福感

過去我們常常覺得金錢和人的幸福感是正相關。只要努力賺錢，就能過想要的幸福生活。

可是許多研究發現，幸福感和財富累積之間的關係有一個轉折點。在轉折點之前，人的幸福感確實會隨著財富增加而提升，但是過了轉折點後，即使收入繼續成長，幸福感也很難再有明顯的提升。

當然，許多人可能會想：「我離那個幸福轉折點很遠，還是賺錢要緊。」但我想說的是，一直以來，我們很關注如何賺錢，但是相比之下，我們很少關注如何花錢，更準確地說，是如何利用金錢適當地加強幸福感。

金錢和幸福感的關係，相當程度取決於我們如何支配和使用金錢。日常生活中，我們總是在做各式各樣的消費決定：午餐吃什麼、去哪裡度假、買什麼款式的衣服等等。在做選擇時，我們都希望能夠盡可能提升幸福感。但現實情況是，我們常常在事後因為自覺錯誤消費而感到後悔。如：「買那件衣服的時候我以為我會一直穿，但事實上根本沒有穿過。」、「到網路最紅的度假景點打卡，結果坐在海邊沉思：我到底來這裡幹什麼？」、「我低估了刷卡買包給自己帶來的壓力。」

許多人之所以花錢買不到幸福，是因為他們只是懵懂地依照消費主義理念在花錢。這些人沒有真正地問過自己：我的價值觀排序是什麼，我真正的需求是什麼。所謂的花錢，其實就是我們經由可支配的物質資源，依照內在

價值觀排序進行合理的分配。

大原則：避免炫耀性消費

首先，想要幸福花錢的最大原則就是，避免炫耀性消費。

美國經濟學教授羅伯‧法蘭克（Robert H. Frank）認為，整體而言，花錢可以分為二種：炫耀性消費和非炫耀性消費。炫耀性消費是指因為社會比較的原因而消費，如：別人都有，我不能沒有。非炫耀性消費是指單純為了自己的體驗和使用而消費。在中文當中，炫耀和非炫耀有二個更直截了當的名字：面子、裡子。

炫耀和比較所占的比例愈大，對幸福感的負面影響也就愈大。這種現象正如俗語所說：「贏了面子，輸了裡子。」

為什麼有這麼多人會陷入炫耀性消費呢？炫耀性消費是現代人被消費主義綁架的產物，也是大家花錢買不到快樂的重要原因。做為社會性動物，人類迫切地需要他人認同，而炫耀性消費，則成為高效的「貼標籤」方式。許多時候，我們的欲望並非來自自己內心深處，而更可能是社會創造的產物。

消費主義看似為我們提供了無與倫比的消費者選擇，整個消費系統也的確積極迎合每個選擇的細微差異，但在看似充滿個性化的消費選擇背後，卻是極其標準化的消費模式。我們總覺得自己掌控了消費決定，但真正回顧消費經歷時，卻並非如此。

我們在尋求外界認同的同時，很可能忘記來自我們內心深處的暗示，我們其實對於外在社會所提出的標準道路並不滿意，那要如何避免這種情況繼續發生呢？還是那句老話，為自己的價值觀排序，為自己真正的內在需求進行投票。回歸三大基本心理需求：能力感、歸屬感和自主感。整體而言，最直接可靠的方法是為滿足基本心理需求而消費，如此才能產生更大的情感效

益，如：在個人發展與成長方面花錢，在人際關係方面投資等等。

幸福消費，如何花得快樂

接下來，我會分別說明金錢與時間的關係，快樂的大小與頻率、花錢與體驗的過程以及花錢的對象等等對於幸福感的影響，並且提供一些日常可行的具體建議。

金錢與時間

首先，從時間的角度，我要提供二個建議：第一，把錢優先花在最占用你時間的領域；第二，學會花錢購買時間。

把錢優先花在最占用你時間的領域是什麼意思呢？你可以自己列個清單，看看一天當中你把時間都花在哪些地方，例如：

八小時在辦公室工作：你會用到椅子、電腦、降噪耳機。

七小時睡眠：你會用到床墊、枕頭、被子。

四小時使用社群軟體和各種 app：你會用到手機。

一小時做飯：你會用到廚房用具。

四十分鐘運動：你會穿著運動服、使用健身器材等等。

每件衣服平均一年的穿著時間長度小於四十小時，攤到每天相當於一天只穿幾分鐘。

在金錢有限的情況下，我會更建議你購買更舒服的床墊和枕頭、買把舒服的椅子，或是運轉更流暢的電腦等等。因為你每天都花了大量時間在使用這些物品，良好的使用體驗能夠有效提升舒適感。而昂貴的廚房用具或跟風申請的健身卡，一年下來可能也用不了幾次，最後反而會讓你產生懊惱的感覺，此時這筆金錢在投入時就需要更慎重一些。

除了在占用時間愈多的領域花錢，花錢買時間，也能提升幸福感。購買時間的好處不只限於有錢人，有研究發現在各種的收入範圍，都發現相同的效應。某個週末，六十名成年人被隨機分配了四十元美金（約一千三百元台幣）用於購買空閒時間；另一個週末則花費四十元美金用於物品採購。研究結果顯示，花錢購買時間的幸福指數比買東西的幸福指數更高。

　　一般人會透過購物來獲得愉悅的經驗，但其實你也可以透過購買時間空閒，來擺脫不愉快的經驗。少買一支名牌口紅，換成若干次搭計程車回家的機會，口紅塗幾次你就對這個色號不再有新鮮感，甚至可能會放到過期，但避免擁擠地通勤而得到的時間和休息，能夠紓解你對時間的緊迫感；許多人想在家做飯，但沒時間買菜、處理食材，就可以購買半成品，想料理的時候直接下鍋，非常方便。

　　花錢買時間，更準確的說就是購買省時的服務。當可支配的時間變充裕，壓力變小，人也就更從容，還有更好的生活狀態，幸福指數自然也就有所提升。

許多小快樂 > 少數大快樂

　　其次，為了體驗更多更持久的幸福感，你可以把錢花在許多小快樂上，而不是花大錢一次揮霍。和伴侶多去幾次樸素的餐廳用餐，累積的幸福感其實比一次的奢華盛宴還多；追劇的時候，每天看一、兩集拉長週期，比花錢提前下載一口氣通宵看完，回味起來更幸福。

　　為什麼會如此？

　　心理學家認為，人的心理具有適應性，容易低估自己對於負面事件的適應能力，也很容易高估自己從某個正向事件獲得快樂的程度。買新房子、升職加薪，你以為自己會開心很久，事實上過一陣子就恢復到平常程度了。隨著時間的流逝，我們享受相同體驗的能力會不斷降低。

而頻繁的小樂趣每次發生時都不一樣，經由這種方式能夠阻止「適應性」發生。我們的錢或許有限，但如果把它分成若干部分，每次花一小部分，我們就會獲得更多快樂。

先付錢，後體驗

將付錢和消費體驗的過程分開，先付錢，後體驗，也能提升幸福感。

許多人都會把花錢的瞬間說成跟「割肉」一樣，用來形容這個錢花得讓自己心痛。有意思的是，確實有腦神經研究發現，這種花錢肉痛的感覺確實是真的。當一個人一次花費一筆昂貴的費用時，會刺激大腦某個疼痛區域，這個區域的反應就跟平常被踩了一腳時的疼痛反應一樣。

而與花錢肉痛體驗相對的是，我們也喜歡花錢所帶來「立竿見影」的快感，花了錢立刻看到成效、立刻享受金錢換來的物質或體驗，是愉快的。

研究發現，如果這筆錢非花不可，那麼，先付錢，後享受成果，尤其是這筆開銷可能令你肉痛的時候，這麼做更有助於心理幸福感。就像訂好旅行機票和住宿，最開心的時候，通常是期待旅行出發的那段時間，錢已經付了，還可以盡情想像各種細節，讓這種幸福和快樂得到延長。

但是，反過來「先體驗後付錢」，雖然這兩個過程分開了，卻無法達到同樣的效果。因為你提前知道帳單會在之後出現，這個提前預知會一直在心中讓人不舒服，無法得到真正的自由。

把錢花在別人身上更幸福

最後一個建議是，把錢花在別人身上。

為別人花錢，真的比為自己花錢更幸福嗎？心理學家曾做過兩組調查。一是在美國選取數百個具有代表性的居民，調查他們的幸福程度、年收入，並詢問他們平均每月為自己花多少錢，為別人花多少錢。二是員工在拿到獎

金等額外收入之後怎麼花費。結果得到三個重要的結論：

1. 無論花多少錢在自己身上，幸福程度都不會有明顯改觀；

2. 為別人買禮物、捐款愈多，人就愈幸福；

3. 無論貧富，願意為他人付出的人，都比較幸福。

調查也特別指出，我們並不需要竭盡全力仗義疏財，只要在合理範圍內幫助他人，就足以帶來幸福感。例如，為家人添購物品。

除了直接把錢花在其他人身上，和人共同享受花錢的體驗也能帶來幸福感的提升，如：一起去旅行、出門聚餐。

為什麼為別人花錢，會比只為自己花錢更幸福？主要有兩方面的原因。

一是為別人花錢，可以幫助自我價值感提升。當你主動為另一個人花錢時，你對自己的感覺會更正向。

二是為別人花錢，讓別人獲得好處，不只是對方覺得你更好，你也會對他們感覺更正向。因為人會在潛意識告訴自己：那些我願意花錢、餽贈、幫助的對象，都是值得自己這麼做的人。人會從這種利社會行為得到歸屬感和連結感，是增加心理幸福的重要來源。

在追求收入成長的過程，如何善用金錢適當地滿足內心的幸福感，對一個人的自我實現而言非常有意義。無論是有錢人還是平凡的大多數人，都需要滿足三大基本心理需求，也都渴望成長和自我實現。

金錢是我們人生道路的重要夥伴，比起占有、奴役，或只是利用金錢來填補匱乏，我們更應該對金錢予以尊重、發揮其優勢並與之配合，讓金錢與我們共同成長。因此，我們看似在說怎麼花錢，實際上是在談對待金錢，甚至對待我們自己人生的正確方式。

39 今日行動 規劃消費優先順序

我們說到要將金錢優先花在最占用你時間的領域，今天的行動就是規劃你的消費優先順序。

第一步，請將你一天當中所做的事及其所花費的時間列舉出來。

第二步，選出其中花費時間較長的幾項，然後列舉出做這些事情所要用到的物品，這些物品便是考慮消費的優先選項。

這個行動可以幫助你梳理自己真正需要而且使用頻率最高的物品，幫助你將錢花在正確的事物。除此之外，我還為你準備一份有助於幸福消費的思維清單，可以幫助你加強消費的幸福感。

附錄｜幸福消費思維清單

01. 購物前，先為自己羅列購買清單。先把你這個月打算要買的東西全都列下來，然後根據實用性、耐用性、必要性等方面考慮，對物品進行優先排序。

02. 當看到想買的東西，不要立刻花錢，先暫時離開，等待一段時間，讓自己冷靜思考是否真的需要。

03. 想清楚自己是在買什麼。是在買對自己真正有用的東西，還是被商品的包裝、宣揚的理念所迷惑？

04. 別受「折扣」迷惑。真正省錢的方法是不要買。

05. 思考你要買的物品在日常生活中的使用頻率,使用頻率低的,可以透過租借來滿足需求。

06. 思考你要消費的東西是否真的對你很重要,如果花同樣的錢,你是否會買到更多其他對你而言更重要的物品?

07. 定期整理你已有的物品,看看哪些是經常使用,哪些是買過就忘,閒置物品也是對金錢的損耗,你可以經由整理來瞭解自己的真實需求,避免浪費。

08. 學會使用購物之外的方式調節負面情緒。

09. 避免和愛花錢的人一起逛街。你會很容易被說服買下可能不需要的東西。

10. 並不是愈貴的東西就愈好,好東西法則＝喜愛程度 × 每月使用天數。把你對一項物品的相對喜愛程度從 1 分到 5 分劃分標準,然後用這個分數乘以你每月使用的天數,所有低於 10 分的,都可以根據具體情況考慮丟棄。

[金錢態度]

請根據自己的實際狀況，選擇下列符合你想法和做法的選項。

A. 完全不符合　B. 比較不符合　C. 不清楚　D. 比較符合　E. 非常符合

權力—威望

01. 我買東西是為了能夠給別人留下印象。

02. 我擁有美好的東西是為了引人注目。

03. 我有時候會吹噓我賺了多少錢。

04. 我發現對於比我有錢的人，我會更加尊重。

05. 我總是試圖弄清楚，別人是否比我更有錢。

06. 我的行為經常表現出「錢是所有成功的象徵」。

07. 我更相信有錢人說的話。

維持—時間

01. 出於對未來的考量，我總是規律地存錢。

02. 我現在節省是為了以後養老考量。

03. 我能夠大致記清楚自己的錢花在哪裡。

04. 我嚴格遵循我的收支預算。

05. 在花錢方面，我很謹慎。

06. 我經常做未來的收支計畫。

07. 如果出現特殊情況，我有錢可以應付幾個月。

焦慮

01. 討價還價對我來說很難。

02. 我擔心錢會改變我。

03. 如果沒有足夠的錢，我就會表現得很焦慮。

04. 談到錢時我就會表現得很焦慮。

05. 如果我很富有，我不願意告訴我的朋友。

06. 我不清楚到底是賺錢重要還是身體重要。

07. 沒錢的時候我覺得自己一無所有。

分別計算三個維度的各題得分，A ＝ 1、B ＝ 2、C ＝ 3、D ＝ 4、E ＝ 5。

權力—威望

27 ≦ 總分 ≦ 35：你覺得金錢等於權力地位。

你會把金錢視為影響別人的工具，是成功的標誌。認為有錢就會得到他人的認同和尊重。一個人有大筆財富代表這個人能夠走向人生巔峰。你可能會透過消費商品來達到對威望的追求，並藉此謀求在群體中的地位。

權力—威望

18 ≦ 總分 ≦ 26：你覺得金錢和權力有些關係，但並不完全相等。

你認為金錢象徵一部分的權力，但也有其他因素可以代表權力和成功。你的一生會有許多追求，金錢一定是其中一部分，但不會是全部。在你眼中，如果一個人沒有錢那就代表沒有尊嚴，但是如果一個人只有金錢，同樣不會得到別人的尊重。

權力—威望

8 ≦ 總分 ≦ 17：你覺得金錢和權力地位沒有關係。

你認為一個人可以經由許多方式得到權力和地位，但這些方式絕對不包括金錢。在你眼中，把金錢視為至高無上的人不值得被尊重，因此你厭惡炫富、比較，更不願意和用消費來滿足自己的人做朋友。你認為金錢可能是生活的必需品，但絕不是你這輩子追求的終極目標。

維持—時間

27 ≦ 總分 ≦ 35：你在花錢方面很有計畫性。

你會經由記帳等方式來監控收支，或至少在腦中會有盤算，你在購物中也更愛節省。對你來說，金錢最好的使用方式就是有計畫地使用，把錢花在刀口上。你很願意積攢自己的小金庫，很少有財務困難。

維持—時間

18 ≦ 總分 ≦ 26：你在花錢方面有一定的計畫性。

在大多數時間內，你會規劃金錢的支出，該花錢就花，不該花錢的地方也能夠忍住。但每個月總有那麼幾次你控制不住自己，導致計畫不能完美執行。你可能沒有什麼存款，但是至少能夠維持收支平衡。

維持—時間

8 ≦ 總分 ≦ 17：你在花錢方面沒什麼計畫性。

你很少思考制定「花錢計畫」，在你眼中，錢不花就不能稱之為錢，因此你很少在購物方面委屈自己。可能會出現入不敷出的情況，有可能在月初就把一個月的預算花光，困難的時候還會向朋友家人借錢。

焦慮

27 ≦ 總分 ≦ 35：你對金錢的焦慮程度非常高。

當提到和錢有關的事情時，你就會表現得很焦慮。一方面，你認為有錢是安全感的來源，但另一方面，你也認為金錢是萬惡之源，如：有了錢以後人會變壞，或是錢會讓你的人際關係變複雜。總而言之，你對於金錢的看法很糾結，認為錢會改變你原本的生活和為人。

焦慮

18 ≦ 總分 ≦ 26：你對金錢的焦慮程度屬於中等程度。

有錢會帶給你一定的安全感，但沒有足夠的錢你也不會感到太過煩惱；雖然缺錢或太有錢會對你造成一些問題和影響，但你總有自己的方式解決。你對金錢有自己的認知，金錢在你的某些選擇會成為影響因素，但絕不是決定因素。

焦慮

8 ≦ 總分 ≦ 17：你對金錢的焦慮程度很低。

你對金錢有清楚的認知，知道錢只是人生的附屬品，你堅定的三觀不會因為金錢而改變。錢多錢少不會成為你做選擇的影響因素，你有自己的安全感來源，也過得很舒服，基本上不會為金錢而煩惱。

40 體驗生命，讓人生不留遺憾

我想先問你一個問題，如果你現在死了，你最遺憾的事情是什麼？

此刻也許有些答案逐漸浮上你的心頭。日本臨終關懷醫師大津秀一從上千例臨終患者整理出最普遍的二十五個遺憾，如：沒做自己想做的事、沒有實現自己的夢想、沒有盡力幫助過別人、沒有到想去的地方旅行、沒有和想見的人見面等等。

發現了嗎？在生命的最後一刻，絕大多數人想起的遺憾，都和經歷有關。

知名人本主義心理學家埃里希・佛洛姆（Erich Fromm）提出過一個觀點，人生取向可以分為兩種，一種是追求占有，一種是追求經歷。佛洛姆更提倡的是追求經歷的人生，一個人願意放下對物質的占有，去經歷當下，才能達成真正的存在。因為清楚知道自己真正要的是什麼，無時無刻都在過自己真正想要的人生，因為你已經是你了。

我們就來說說，為什麼人要投入一種充分體驗經歷的生活，而我們又該如何創造更多有意義的經歷，能在回顧此生之時了無遺憾。

為何經歷比占有更值得追求

之前有位六十多歲的周先生經朋友介紹，來找我聊聊。原因是周先生最近被確診為中度憂鬱症，朋友希望我能開導他，讓他去接受專業的心理諮商。

那次的聊天，有個片段讓我印象深刻。因為擔心憂鬱症的風險，我問他說：「周先生，要是從一到十分打分數，一分是很絕望，十分是很滿意，你覺得自己現在的生活狀態能打幾分？」周先生豪不猶豫地說：「我打八分。」

　　我愣了一下，能打八分的滿意度怎麼還會中度憂鬱症呢？還沒來得及問，周先生自己補充道：「小時候的日子苦，我對現在的生活很滿意，吃的、穿的、住的都是最好的，老婆、孩子將來可以分的財產和股權我都擬好了文件，生活沒什麼可擔憂的了。」

　　我又強調了一下，請他為自己的心情和精神狀態方面打分數。周先生瞬間垮了臉：「那很不滿意，最多打三分吧！我跟太太一直關係不好，你別看我六十多歲，都該知天命的年紀了，但我到現在還是會怨小時候母親偏心弟弟，我很自卑，也覺得自己蠻失敗的。」這個片段讓我意外的地方有兩個。

　　一是，當我詢問生活滿意度的時候，周先生的直覺是回答關於吃穿用度、物質條件。結果他自己也很困惑：我都打了八分，為何還是憂鬱呢？

　　二是，為什麼已經站在這樣的高度，擁有這麼多產業和股權，周先生還是把自己定義為一個自卑失敗的人呢？

　　對周先生而言，小時候的歸屬感缺失讓他一直對自己評價過低，他首先需要修復自己的歸屬感需求。除此之外，周先生也讓我意識到，生活中有許多人並沒有真正瞭解「占有」和「經歷」這兩種人生取向會如何影響他們。

　　佛洛姆曾經比較過「占有」和「經歷」這兩種不同的人生哲學。占有者想要盡可能地占有東西：從物品到技能、名譽、人際關係，甚至時間；而經歷者更關注人生本身：我是誰、我是個什麼樣的人、我處於什麼樣的狀態、我擁有什麼樣的人生目標等等。

　　其中，毫無疑問的是，占有是存在的基礎。我們可以借助之前所提的馬斯洛需求層次理論來理解，人對占有的需求更接近匱乏需求，如果沒有獲得基本滿足，人就活不下去。

但是，人不能一直停留在「占有」狀態。

一方面，人有很強的心理適應性，曾經感覺新奇刺激的東西很快就會成為常態，因此在無形之中，我們對物質占有的標準會不斷地提高；另一方面，究其本質而言，占有讓人陷入比較和追求欲望的惡性循環之中。我們會因為擁有一輛新車而感到興奮，可是一旦朋友買了一輛更好的車，我們的快樂也就開始打折。

周先生對物質生活的滿意表現出他對占有的追求，而他對生活缺失的意義感，無法感受到生命的活力，就如佛洛姆所說：「看起來，我好像擁有一切，實際上一無所有，因為我所有的，所占有的和所統治的對象都是生命過程中暫時的瞬間。」

在我看來，追求「占有」是一種被動的生存方式。雖然看似積極主動地在追逐目標，但這些目標是為了占有其他東西，是為了防止自己再次出現匱乏的感覺，是恐懼，是焦慮，這些東西跟你的真實自我還隔著一大段距離。

和「占有」不同，「經歷」是一種真正積極主動的生存方式。

美國康乃爾大學的湯瑪斯‧吉洛維奇教授（Thomas Gilovich）認為，經歷比占有更值得追求，至少有兩個原因。

首先，經歷較屬於內在價值，我們不會如比較物質那樣去比較經歷。哈佛大學曾經做過一項研究，當研究者詢問受試者，願意拿比同齡者低的高薪資，還是拿比同齡者高的低薪資時，許多人都不確定。什麼意思呢？舉個例子，一個選擇是你的月薪是八萬元，其他人是十萬元；另一個是給你月薪四萬元，但其他人三萬元。從理性的角度來說，顯然直接比較絕對值大小就能做出選擇，但是實際上真的碰到這種情況時，許多人是猶豫的。

但是，當這些人被問同樣的關於假期長度的問題時，絕大多數人都選擇了更長的假期，雖然這個假期比其他人短，但是假期所代表的是經歷，而人很難去量化假期的相對價值。

其次，經歷是轉瞬即逝的存在，但也正因為短暫、不可複製，因此隨著時間的推移，經歷的價值也會逐漸增加。

最重要的是，經歷更加能夠定義一個人，能幫助一個人進行自我認同的過程和體驗。我之所以是我，不是因為我擁有一棟房子、一輛車、一個銀行帳戶，而是因為我與不同的人相遇，我做過不同的事，我去過不同的地方，關鍵是我真心投入了這些過程，這些過程融入了我所認同的生命歷程之中，使我成為獨特的我。周先生的情況就是如此，對物質、名譽占有再多也無法填滿他內心的基本心理需求。隨著年齡漸長，當一個人回顧一生的時候，比起他所占有的物質，會更傾向經由這輩子的經歷來定義自己。周先生需要的其實是透過經歷真正地感受到自己的存在。

錯把「占有」當成「經歷」

相信你已經充分瞭解到經歷對一個人的重要性了。可能有人開始想：既然要多經歷，那我決定今年先報個英文課程，明年換份更有挑戰性的工作，這幾年再爭取談個戀愛，豐富感情經歷。

如果充分經歷的人生只是指這些形式和動作，那麼跟很多人相比，我們剛才提到的周先生這輩子投資創業、看遍人間的經歷應該足以讓他幸福到十分吧？可是並沒有。為什麼？

因為許多人錯把「占有」當成了「經歷」。

佛洛伊德（Sigmund Freud）說過，人生意義就在於工作與愛。可是，如今我們提起工作與愛的時候，更多是談論占有，而非經歷。

工作本來是一個動作，是你投入一個任務當中，做成一件事情，完成你對自己和社會的責任的過程。你發揮自己的潛能，解決各種難題，克服種種障礙，經歷心流，獲得成就感和滿足感，同時讓自己變得愈來愈好。

但是現在談及工作，還有多少人是說這些豐富充實的過程呢？我們通常在說，我需要找「一份工作」，他的工作收入很高，你的工作好無聊等等。工作不知不覺間成為一個比較地位與成就高低的工具。

愛也一樣。佛洛姆說：「愛是創造性的活動，包括注意某人、認識他、關心他、承認他以及喜歡他，這也許是一個人，或一棵樹、一幅畫、一種觀念。」因此，愛是個動作，是你的行為，是不在乎現實牽絆的狀態。

但是在現實生活中，我們在提到愛的時候，談的是擁有愛情，而不是投入愛的狀態。我們在意的是代表愛的鮮花與承諾，渴望占有對方所有的注意力。愛成為一樣可以占有的東西，我們開始計較得失，也受困於嫉妒、失望和憤怒等負面情緒。

工作、愛情、學習，這些本來自帶經歷屬性的東西，如今反而被異化成為一種占有。因此當你為了豐富經歷打算學習、旅行、工作、戀愛的時候，再認真覺察一下，是為了不甘人後因此想占有一張證書、占有一些知識、占有一堆可以發在社群的照片、占有一個處於親密關係當中的身分，還是出於自主的、內在的、自我成長的呼喚。

如何去「經歷」

如何才能遠離「占有」，追求更注重「存在」的生活方式呢？

第一，把資源投入經歷，而不是物品。

資源包括金錢、時間、注意力等等。就像我曾經提到如何花錢更幸福，花錢購買經歷、體驗，去做一件事情，去感受你在行動過程中的成長和體驗，而不是滑鼠輕輕一點，就換來一樣物品。許多物品只是出於下單時的快感而購買，一旦到手拆完包裝，可能瞬間就失去興趣，擱置在家中蒙塵。

但如果把資源投入經歷就不同了。我們曾經去過的旅行、看過的電影、

學過的課程、參加過的娛樂活動等等，都能在回憶的時候帶出許多話題，激發持久的幸福感和意義感。如之前所說：消費的本質是用金錢為自己的價值觀排序，當我們覺得經歷更重要的時候，我們應該把資源分配給經歷。

第二，重視和他人在一起的經歷。

心理學家艾莉卡·布斯比博士（Erica Boothby）做過一個有趣的實驗。她邀請一些受試者到實驗室品嘗巧克力，同時在場的還有另一個陌生人，這個陌生人不會跟受試者說話，只是默默地在旁邊一起執行任務，但他執行的任務有可能和受試者一樣是品嘗巧克力，也可能是其他的任務。結果發現，當這個陌生人跟受試者一樣在吃巧克力的時候，會讓人覺得這個巧克力更好吃。這就說明與人共享一個經歷可以放大幸福的感受。

因此，在各種人生經歷中，固然有一個人獨處就能獲得的經歷，但我還是特別推薦跟別人在一起的經歷。和他人一起的經歷，創造了我們最需要的與世界的連結感。兩個人一起吃飯，幾個老朋友聚在一起談天說地，都將是人生獨特的回憶。即使是去一座博物館，聽一場音樂會，或去一家熱鬧的飯店、健身房和陌生人一起，雖然大家素不相識，但是欣賞同樣的藝術，吃著類似的美食，進行同樣的運動，就能讓你也感受到一種心靈共鳴。

第三，經歷不一樣的經歷。

TED 演講有一期題目是《每天一秒鐘》（One Second Everyday），演講人凱撒·庫里雅瑪（Cesar Kuriyama）從事廣告設計多年，有一天他突然有個靈感，開始一個「每天一秒鐘」專案。大意就是每天持續使用第一視角為自己錄一秒鐘的影片，並且慢慢地將這些一秒鐘的影片拼接起來，把生活片段拼接成一段連續的影片，直到沒有能力錄製影片為止。

我試了一下，一般的 iPhone 手機錄影一秒鐘，檔案大小大概是 2M，一年 365 天所占的檔案也不超過 1G。但是在一年或更久之後，回看這個影片合集，一定會令人感慨萬千。

我之所以提到庫里雅瑪的故事，就是想說，平凡的生活也能夠產生偉大的體驗。所謂不一樣的經歷，不一定非得花費重大代價去尋找新鮮刺激，不一樣的經歷其實就來自你對生活細緻入微的觀察和認知，有時候，換個不一樣的視角，就能對生活產生更深刻的領悟。

　　第四，去談論你的經歷。

　　電影《北非諜影》（Casablanca）就有這樣一句經典的台詞。當男主角瑞克（Rick Blaine）在機場護送女主角伊莎（Ilsa Lund）離開時，瑞克告訴她：我們將永遠擁有巴黎的回憶。擁有的物質會因為更新換代而過時，但有過的經歷會長久存在於記憶中。

　　康乃爾大學的一項研究結果表示：談論你的經歷，會讓人感到更幸福、更快樂。因為故事分享的過程會讓你更享受你曾有過的經歷。透過講述，記憶會再次變得鮮活。因此在日常生活中，你不妨多和他人分享、交流彼此的經歷，重溫的同時，又能激發新的感受和思考。

---

40 今日行動　人生憾事

　　寫下你的人生憾事，設想一下，如果你今天就會離開人世，你會有哪些遺憾呢？為了避免之後的遺憾，你打算先做些什麼為這個經歷做準備呢？

　　這個行動可以幫助你梳理自己的人生經歷，有意識地把握住每個當下。

41 發現日常之美，提升你的審美體驗

　　人在追尋經歷的過程，體驗到更多的人生，感受到「我」的存在。而這種「體驗」的最高境界，就是我們在一開始就提到的巔峰體驗。當人處於巔峰體驗之中，我們會全神貫注，陶醉其中，進入一種忘我的境界。

　　那麼，如何在人生中獲得更多巔峰體驗呢？結合馬斯洛的理論研究，我發現，從個人的角度而言，巔峰體驗來自我們對大自然和藝術的審美活動，來自富有強烈動機，充滿熱情和靈感的創造，來自任何專注忘我，產生心流的活動。

什麼是審美體驗

　　在心理學領域，審美心理學是一個獨立且重要的分支，專門研究和闡釋人類在審美過程中的心理活動規律。美不拘泥於形式。自然萬物屬於造物主的饋贈，是美；人類種種形式的藝術創造，如繪畫、音樂、文學等等也是美。審美體驗是人在欣賞美的過程中產生的心理感受。也許很多人並不能準確地說清楚審美體驗是什麼，但大多數人在日常生活中都有過審美體驗。例如，聽喜歡的音樂，欣賞一幅畫作，漫步於大自然之中，我們都感受過觸動，也都有不由自主地感嘆「好美」的時刻。

　　我們一直在談自我實現，那麼審美和自我實現之間有什麼關係呢？

美學家朱光潛在他的著作《談美》中提到，人類對美的需要，其實是一種「精神上的饑渴」。創造審美體驗的過程，其實就是一個人「免俗」的過程。

追求美，讓我們在脫離於世俗的功成名就之外，為自己建構一所靈魂聖殿，當一個人沉浸在審美體驗時，他看到了事物最有價值的一面，也感受到自己是心靈的主宰。

審美體驗是一種主觀加工的心理過程

當我們看到雨過天青之後的一道彩虹時，為什麼會感覺「很美」呢？

是因為彩虹本身很美，被我們看到了嗎？不是，因為就「看」這個動作而言，只是一個單純的物理過程。我們之所以看到彩虹，是陽光在空氣中發生了折射，各種波長的光波到達視網膜，被細胞捕捉之後傳送到大腦，變成我們腦海中對彩虹形象的認識。

這個過程並沒有美感的產生，但我們之所以能夠感覺到「彩虹很美」，是因為我們的大腦對彩虹的形象進行了帶有主觀色彩的加工，為這個形象賦予了「希望」、「幸福」等美好的意義。在這個過程中，我們感覺到美，產生了審美體驗。

因此，審美體驗是我們對客觀的外界事物進行主觀加工的心理過程。

審美體驗是人對事物形象的直覺感受

但是，並非所有人為的主觀加工，都能帶來審美體驗。

舉一個例子，對於畫家梵谷（Vincent Van Gogh）的油畫《向日葵》（Les Tournesols），評論家、商人和欣賞者這三類人會產生完全不同的看法和體驗。

藝術評論家會從理性的角度來分析整個作品，如：這幅畫的時代背景，畫作如何反映梵谷的人生經歷，還會評論顏料、畫布的質地、筆觸技法等等。但這些理性的分析，就像透過 X 光掃描畫作一樣，並不能產生審美體驗。如

果只是停留在此，而不是用心感受畫作本身，那麼評論家看到的也只是對這幅畫的解構和分析，並沒有感受到畫作的「美」。

而對於商人而言，則會從實用性的角度看待這幅畫。例如，這幅畫的價值、能賣多少錢、和我有什麼利害關係等等，因此，商人看到的是這幅畫的「用處」和價值，因此同樣無法感受到畫作的「美」。

而真正的欣賞者，會把注意力集中在畫作本身，不帶評價、不帶分析，不做任何思考地體會和感受，感受畫作的線條、顏色，感受筆觸間的力道和畫作所傳遞的情感，感受自己和畫之間的情感交流，全心地沉浸其中。

換句話說，審美體驗是感性的，在本質上就是對事物形象的直覺感受。抽象的思考、理性的分析、實用性的考量，這些加工方式，都會妨礙審美體驗的產生。

審美體驗中的移情作用

接下來，我們再深入看看，在審美體驗的過程，人和事物之間產生了怎樣的關聯。

當我們在欣賞事物時，會下意識地把自己的情感轉移到外物，就好像這些事物也有著同樣的情感。例如，花開花落本是自然規律，可是在多愁善感的林黛玉眼中，一草一木都帶著淒苦悲涼之感。在日常生活中，我們也經常有類似的體驗，開心時「山也歡來水也笑」，悲傷時「愁雲慘淡萬里凝」。心理學家把審美活動中，大家對沒有知覺的事物賦予感情的現象稱為移情。

哲學家黑格爾（Georg Wilhelm Friedrich Hegel）曾說：「藝術對於人的目的，在於讓他在外物中尋回自我。」一棵樹、一幅畫、一首歌，對於這些事物，我們會把內心的情感投射其中，讓事物的形象充滿不一樣的美感和意義。而這些形象則成為映照我們內心的鏡子。

看到梅花，我們會覺得有堅韌不拔的特質，「牆角一枝梅，凌寒獨自開」

這就是移情作用，我們將自己的主觀情感轉移到外界的梅花，與它建立連結，分享它的生命。

此外，看到寒風中依然挺立的梅花，我們也會被這股精神打動，不知不覺中也挺起腰桿，來自梅花的美好的神韻和姿態則被我們吸收了進來。

也就是說，在審美體驗中，我們會將自己的主觀情感投射到外界事物的形象，並再吸收此形象所富含的情感和姿態，因此產生「由我及物」和「由物及我」雙方面的移情作用。

北宋文學名家蘇東坡之所以酷愛竹子，寫下「可使食無肉，不可居無竹」的詩句，是因為他將自強不息的氣節投射到竹子，並且嚮往這份精神，住在有竹林的環境中，感受其美好形象的滋養。

在「由我及物」和「由物及我」的情感交流中，人和物的界限完全消失，我們在物質世界忘卻自我，並在精神世界達到了物我合一的境界，這種聚精會神、物我合一的感覺，就是審美的巔峰體驗。

如何創造審美體驗

那麼，有什麼方法能幫助我們創造審美體驗呢？

心理學家愛德華・布洛（Edward Bullough）提出，審美體驗產生的關鍵，是要和審美的對象保持適當的心理距離。心理距離並不是指空間或時間上的距離，而是我們對藝術作品所顯示的事物在情感或心理層面所保持的距離，太遠或太近，都不利於創造審美體驗。

首先，心理距離太遠，通常是因為人對審美對象在知識層面瞭解太少，或是不感興趣，因此很難產生和審美對象之間的連結感。

就像是雖然我們經常能夠在博物館看到西方文藝復興時期的畫作、雕塑等作品展覽，但由於這些作品與我們現在身處的時代以及文化差異較大，因此心理距離比較遠，看了之後也沒什麼感覺。我也是如此，逛博物館看到那

些西方貴族、宗教的油畫，雖然會感到畫工精緻，但也是一頭霧水。

對於這種情況，我們可以經由補充背景知識來拉近心理距離。如果你想學習欣賞之前並不太懂的藝術，不妨從瞭解背景知識或相關的故事開始，找到自己有興趣、有連結感的地方，然後拉近你與作品之間的心理距離。

那麼，心理距離太近又是怎麼回事呢？

許多外國朋友喜歡用漢字紋身，對於有些華人而言卻覺得毫無美感可言，反而會覺得還不如紋幾個看不懂的英文字母更好看一些，這就是因為漢字與我們的心理距離實在是太近了。

記得有一次朋友邀請我去北京三里屯參觀雕塑展。面對一系列由大片破布、破銅爛鐵甚至逐漸腐爛的水果所組成的後現代藝術作品，朋友看得津津有味，而我卻是一頭霧水，心裡還想著：「這些水果放在這裡好浪費……」甚至在觀看展覽的同時，我心中還在默默計算一趟展覽下來，大概要耗費多少資金成本。

以實用性的眼光來看這些雕塑，導致我很難投入作品本身，無法專注體會作品帶給我的情緒感受。為了避免妨礙創造審美體驗，因此我們需要適當地拋開實用價值的追求。

再者，專業知識的理性分析，有時也會阻礙你對審美對象的直覺感受。就好像面對一朵花，去分析花朵的綱目科屬種，或是把花拿到顯微鏡下觀察，這樣的方式，很難獲得審美體驗。

說到這裡，我突然想起《倚天屠龍記》的一個情節。主角張無忌向武當派宗師張三豐學太極劍，張三丰示範了一套太極劍法，然後要求張無忌把記住的劍招都忘掉，再去和對手比劍。

專業知識在融會貫通之後，能夠幫助你形成更高級的心智表徵，感受到以前沒有發現的細微差異，從更高的層次欣賞美。但是美感關鍵還是在於直覺的感受，在技法、知識還沒有真正融會貫通之前，過多的理性分析會阻礙

創造審美體驗。

我有個朋友，非常喜歡看電影，研究了許多電影的拍攝技法、導演的鏡頭語言，甚至還特地分析了世界電影史，自己也會在空閒時間剪輯微電影、短片。但他有一天對我抱怨說，找到一部好電影愈來愈難了，除非是很吸引人的電影，否則他會把整部電影當成剪輯的教學影片來看，很難投入劇中情節。

最後，他的因應方式就是要「回到初心」，享受電影的過程。當然，這並非表示為了審美，就不要學習專業知識，學習知識當然是多多益善。但要提醒的是，不要陷入專業知識之中，讓這些框架阻礙審美體驗。

此外，阻礙我們和審美對象維持適當心理距離的第三個因素是，對標準答案的追尋。

我有朋友提到自己很想好好欣賞交響樂，懂一些背景知識，但就是聽不出那種「命運」或「高山流水」的意境，這該怎麼辦？

這種希望能聽出「命運」之類的期待，其實是對審美體驗的誤解。因為審美體驗並沒有標準答案。當我們把注意力集中在音樂上，情緒就會自然而然地跟著旋律有所反應，能夠感受到這是歡快還是悲傷，是振奮還是平靜，心裡至少會有情緒的起伏和波動。這種感覺繼續發展下去就屬於審美體驗。

但是，如果我們對音樂有「聽出標準答案」的期待，就會隨時隨地在心中自我質問甚至批判：「這個是命運的感覺嗎？我的感覺應該如何呢？」正是這種不斷對自己內心感受的評價，會讓你不敢相信內心的感受，干擾你的注意力，然後影響你進入審美體驗。相信自己的感覺，投入其中享受過程就好，不用強求自己一定要聽出特定的意境。只要能從體驗中有所觸動和收穫，這就行了。

41 今日行動 親近自然

自然總是能帶給我們許多美好的體驗與靈感，今天的行動就是親近自然，你可以特意找時間去公園散步，也可以在上下班的路上，調整步伐，慢慢體會自然的禮物，感受日常的美。

第一步，你可以觀察周邊的自然環境，看一看花草樹木，你是否能夠看到它們的變化。

第二步，你可以在一個比較安全的地方，閉上眼睛，用聽覺、嗅覺或是觸覺去感受周圍的環境，試試自己是不是有了新的感官體驗。

希望你能夠試一試這種感受方式，將你感受到的新體驗與親近的人分享，這樣也許能讓你從平淡的日常中抽離，發現那些習以為常的事物更多的美與更豐富的體驗。

42 如何變得更有創造力

　　從個人的角度而言，巔峰體驗來自對大自然和藝術的審美活動，也來自富有強烈動機，充滿熱情和靈感的創造。

　　能夠創造，是人之所以為人的一大意義。創造力使我們產生有價值的原創思想，像一個創造性思考者那樣生活，不只能夠帶來經濟、物質層面的回報，而且能夠帶來快樂、充實感、目標感和意義。

　　在許多人眼中，創造力如同是天賦般的存在，神祕而難以捉摸。作曲家不經意間從高山流水中聽出一段旋律。創意產業工作者一拍腦袋就有意想不到的好點子。生活中有少數人創意滿滿，但如果你問他到底是怎麼想出來的，他自己也說不清楚。我們經常覺得創造力神祕不可捉摸，是因為創造本身就是一個無意識的過程。

　　研究創造力的科學家經常把創造力分成二種。一種是大創造力，像愛因斯坦、莫札特（Wolfgang Amadeus Mozart）等傑出的科學家、音樂家，創造出具有劃時代意義的有形或無形產物。而另一種是小創造力，在我們日常生活中也會有獨特的問題解決方式，或創造出特別的作品。

　　大小創造力之間，從心理學的角度來說，其背後的產生機制皆相通。對一般人而言，掌握背後的機制，就代表我們在工作中能夠更具創造性地解決問題，獲得更大的成就。

創造力產生的機制

一樣東西被創造出來，通常有兩種不同的方式。一種是依靠自發式思維，彷彿「天啟」一般。自發式思維，常常代表著「靈感」，好像是從心裡自然浮現的創造力。阿基米德（Archimedes）在泡澡的時候發現了浮力定律，就是一個自發式思維的典型，也就是在無意中悟得。

另一種是推敲式思維，細細琢磨嚴謹推算。「推敲」一詞本就來自一個創造的故事。唐朝詩人賈島，想到了一個詩句「鳥宿池邊樹，僧推月下門」。但他又覺得「僧敲月下門」更好，到底是用「推」還是「敲」好？他陷入了沉思，不小心撞到了文學家韓愈，就一起斟酌詩句。最後韓愈覺得「敲」更好，因為敲更有聲音感。因此，推敲式思維和自發式思維不同，代表著反覆「琢磨」。

李白是典型的自發式思維。杜甫則是推敲式思維的代表。同樣是寫寂寞，李白會說「舉杯邀明月，對影成三人」一氣呵成，但杜甫會說「親朋無一字，老病有孤舟」對仗非常工整，明顯是經過仔細推敲的。

通常許多人覺得，這兩種思維方式代表二種截然不同的創造力；但其實從科學的角度而言，創造力是自發式思維和推敲式思維的高度結合。

牛頓在提出萬有引力的概念之前，已學習數學多年。對萬有引力概念的闡述，實際上花了他二十多年的時間，並非只是被蘋果砸到頭的那一瞬間。創意的準備、孕育、靈感，以及最終的形成，要靠自發式思維和推敲式思維的成功結合。

那麼，這兩種思維到底是如何結合，幫助我們創造出各種有形無形的產物呢？哈佛大學心理學家羅傑‧比提（Roger Beaty）從腦科學的角度破解了創造力「神祕」的產生過程。腦部掃描儀顯示，人類創造性的思考離不開大腦中三個迴路的良好運轉，分別是預設模式網路（Default Mode Network，簡

稱 DMN）、中央執行網路（Central Executive Network，簡稱 CEN）和警覺網路（Salience Network，簡稱 SN）。其中：預設模式網路負責整合出好點子，主要依靠自發式思維；警覺網路負責通知中央執行網路，有好點子產生了；中央執行網路負責對點子進行篩選評估，主要依靠推敲式思維。

首先，什麼是預設模式網路呢？當大腦處於休息狀態下觸發的迴路就是預設模式網路。當我們什麼都不想的時候，大腦看似在休息，但其實仍然在運作，通常人在這個時候處於發呆或是想像的狀態。科學家研究後發現，在這個狀態下，大腦會對過去的資訊進行孵化孕育，把不同的想法連結起來，並且重新組合。在這個模式之下，每個人都曾經產生過有趣的想法。

只是這些想法，我們還無法察覺，因為預設模式網路的運轉是在我們的潛意識。這個階段產生的想法，需要經過警覺網路才能到達中央執行網路。警覺網路負責分配大腦的注意力，當預設模式網路產生一個好點子，警覺網路就會通知中央執行網路來進行衡量，一旦進入中央執行網路，也就進入你的意識範疇。這就是所謂的靈光乍現！我們經常說有些人異想天開，說的就是警覺網路在運行時，讓更多的主意從潛意識進入意識層面。

推敲思維發生作用的過程，主要是大腦的中央執行網路在運行的過程。中央執行網路接收到警覺網路的通知後，就會衡量這個想法是否可靠。我們會有意識、有目標、有步驟地進行細緻的計算和推理。

正如愛迪生（Thomas Edison）名言：「天才是 1% 的靈感加上 99% 的汗水。」這句話其實很適合用來形容創造的過程。因為創造力不是胡思亂想，你創造出來的東西必須有明確的實際用途，才能被稱為創造，而非只是想法。中央執行網路會對想法進行正確的評估，一方面濾除那些不可靠的部分，另一方面則是對一些不成熟但是有亮點的想法繼續進行有意識的加工、推敲。

最新關於創造力的實驗發現，這三個迴路一般是分開運作，不會同時被激發，但是當我們發揮創造力時，大腦就會靈活地在這三個迴路中合作。更

重要的是，那些擁有高創造力的人，他們的大腦經常能夠同時激發這些迴路，能更頻繁地在自發式思維和推敲式思維之間轉換。

如何提升創造力

那麼，如何有效提升創造力？我曾經在網路上看到一個比較，覺得很有道理。創造力其實和做引體向上很像。如果你正手握槓，手心和臉朝同一個方向，那麼就很難做引體向上，因為這時用到的是我們平時很少鍛鍊的背部三角肌；但是反手握槓就要容易得多，因為這時候用到的是平常比較常使用的肱二頭肌。

同理，人的創造力主要跟探索問題、專注思考等腦力活動相關，需要我們多多探索未知，以強大的自信面對模糊和不確定性。但是我們從小經常訓練的卻是針對一個明確的問題，沿著確定的路徑去找到標準答案。因此，並不是我們天生缺乏創造力，只是像肌肉一樣「用進廢退」，大腦三個迴路之間缺少合作，才顯得缺乏創意。因此，培養創造力最好的方法，就是刻意地訓練你的大腦。

第一，放鬆有助於創造力的提升。

因為這時你的大腦進入了預設模式網路的狀態，是大腦在後台孵化點子的黃金時間。哈佛大學的卡爾森教授（Shelley H. Carson）寫過一本書《你的大腦會創造》（*Your Creative Brain: Seven Steps to Maximize Imagination, Productivity, and Innovation in Your Life*），書中提到我們可以經常在大自然裡漫步。因為這時你的大腦處於比較放鬆的狀態，並沒有真的思考任何問題，但同時又有各式各樣的刺激源源不斷地進來，樹、草、小動物、風、聲音等等，會讓大腦變得更加靈活，潛意識的孕育效果也會更加活躍。

類似的方式還有慢慢洗個澡，人在洗澡的時候處於一個特別放鬆的狀態，

水柱不斷地打在你的身上，你的注意力有些分散，但不完全分散，這時人就處於自在自我的狀態。

資訊科學先驅艾倫・凱（Alan Kay），不只獲頒資訊科學領域的最高榮譽「圖靈獎」，還是職業的爵士樂手。他曾經開玩笑說，公司因為不肯為他的辦公室裝一個價值美金一萬多元（約三十多萬元台幣）的淋浴裝置而損失了美金數千萬元，因為他大多數的創意都來自淋浴的時候。

第二，注重累積相關知識，欣然接受漫長的準備時間。

美國作家史蒂芬・金（Stephen King）曾經說過：「如果你想成為作家，你必須做二件事：大量閱讀和大量寫作。據我所知，這二件事是無法迴避，沒有捷徑可走。」如果你想從事創造性的工作，或者想要培養創造力，累積大量相關的知識，接受漫長的準備時間非常重要。一方面，有更多的知識，才能讓中央執行網路對新點子做出正確的判斷。另一方面，更多的知識也能為預設模式網路的點子孕育階段提供更多的原料。想法需要歷經時間才能逐漸成熟，因此，學會享受累積和沉澱的過程，因為這個過程本身，也是「創造和發現」的重要部分。

第三，與生活結合，更容易產生創造力。

許多人以為培養創造力，就是模仿有創造力的人，要讓孩子成為賈伯斯（Steve Jobs）就讓他學習寫程式，要讓孩子成為李白就讓他背唐詩三百首，但是那些詩和遠方的創造力其實是脫離生活的。這些創意天才也不是一上來就向著詩和遠方而去的，李白小時候的愛好是作賦、劍術、奇書和神仙，賈伯斯大學期間學習書法等等，他們的創造力是從生活中慢慢生長而來。

我們的大腦不是設計出來的，而是在適應環境的自然選擇壓力下演化而來。因此大腦最擅長解決的是數十萬年前老祖宗所面對的那些問題：打獵、採集、找配偶、養小孩；而不是現在的問題：寫字、算題、彈鋼琴等等。正因如此，大腦會更喜歡生活場景，跟生活相關的東西會記得更牢，調用資訊

也更快，因此也就更能創造。

　　賈伯斯曾經在接受採訪時提到他對於創意的看法，在他看來，創意就是把東西連結起來，把自己的經驗和新的東西結合在一起，通常能夠創造別人不知道的東西。因此我們可以多多結合日常生活的場景來進行創造力練習。具體來說，有三類練習。

　　第一類是發散性練習，你可以選擇平時常見的物品，思考這個東西除了現在的日常用途，還能有什麼用。如：一塊磚頭除了砌牆還能怎麼用？也許還可以用於藝術創作。襪子除了用來溫暖你的腳，還可以做為水的過濾系統。

　　第二類是關聯性練習。你可以隨意選取幾樣日常可見的物品，思考這幾樣東西有什麼可以產生關聯的地方。如：磚頭和包子有什麼共同點？猴子和火星有什麼關係？

　　第三類是想像性練習，就是進行一些反事實的想像。如：如果磚頭會說話，那會怎麼樣？如果草是紅色，而我們的血是綠色的，那會怎麼樣？是不是紅綠燈號誌可能會改變，以後就是紅燈行綠燈停。這些都是我們結合日常生活中常見的東西和場景可以做的練習。

---

42 今日行動　聯想接龍訓練

　　創造力通常是把不同的東西連結起來的結果，這次我們來做一次「聯想接龍訓練」。

　　第一步，請先寫下身邊的一件物品。
　　第二步，想一想與這件物品有關的其他事物，然後用接龍的方式把

這些事物串聯起來，在這個步驟可以不用固守成規，只要將自己聯想的結果寫下來就好，如：手機—臉書—信件—筆—鵝毛—輕柔—陽光—花香—原野—村落—巫術⋯⋯

　　像這樣不假思索地寫二分鐘，然後回過頭來看看最後的詞語和第一個詞語之間有多大的差異，或者看看你是否從中發現有趣的內容。

　　這個行動可以幫助你發散自己的思維，也能夠幫你創造出更多的趣味。

43 心流是最美妙的巔峰體驗

心流是美國心理學家米哈里・契克森米哈伊（Mihaly Csikszentmihalyi）經過多年研究後提出來的一個概念，是形容當我們埋頭專注於一件事情，忘記時間流逝，也忘記自我的一種狀態。雖然大多數人經常只把心流當成一種提升效率和成就的工作方式，但其實追求心流的意義，遠比所謂的「方法」或「工具」要高深也重要得多。毫不誇張地說，心流是一種更高層次獲取幸福的生活方式。

人在世上，追求幸福的方式有很多，追逐更高的成就，個人價值的實現，或是不斷提高生活品質。可是如果你仔細觀察就會發現，許多人的生活品質已經遠高於生存條件之上，但是他們依然被動地在現實生活中不停奔波，無法享受幸福和自由。

我們常常忽略內在精神世界的穩定。人類有發達的神經系統，決定了我們隨時處於接收外部大量資訊和回饋的處境中。從演化的角度來說，這樣的生理機制幫助我們更敏銳地感知外部資訊，更有利於生存繁衍，但這也帶給我們更多的苦惱。大量的資訊湧入，常常會讓我們的意識系統失去原有的秩序，使我們感到焦慮、煩躁、不安和痛苦。

而心流，就是對抗這種失控感的存在。契克森米哈伊曾經如此描述：「我們對生命的看法，是由許多塑造體驗的力量匯聚而成，每股力量都會留下愉快或不愉快的感受。對於大多數的力量我們難以控制……但也有些時候，我們

覺得有能力控制自己的行動，主宰自己的命運，不用被莫名其妙的力量牽著鼻子走。這種難得的時刻，我們會感到無比欣喜，就像在追尋理想人生的旅途中樹立了一座里程碑。這就是所謂的『最優體驗』（optional experience）。」

也就是說，創造心流最大的意義在於，我們能夠經由掌控自己的意識，來獲得對人生整體的掌控感。只有滿足這個條件，當我們去追求物質滿足和個人成就時，才能體會到深刻持久的幸福。

帶著這樣的認識，我們再來看到底什麼是心流，如何創造心流體驗，相信你能夠有不一樣的體會和收穫。

什麼是心流

想要理解什麼是心流，我們先從一個熱力學概念「熵」（Entropy）開始說起。

精神熵＝內在失序的混亂狀態

「熵」是用來形容系統的無序和混亂程度。一個系統愈混亂，熵值愈高。反過來，一個系統內部愈有規律，結構愈清晰，熵值就愈低。

那什麼是精神熵呢？回想一下，當你煩躁、憂慮或深陷痛苦中時，你的內心是否充斥著各式各樣的聲音？這些聲音可能來自你對物質條件的得失計算，可能來自他人的評價或是外在世俗的標準，也可能來自你對自我的抱怨與不自信……

佛家有一個這樣的說法，一個人表面上看似在靜坐，內心卻如同瀑布一般，無數雜亂無章的念頭蜂擁而來。總之，你的大腦就像熱鍋裡的氣體，各個念頭之間沒有束縛和連結，各自放開腳步狂奔，你的內心一片混亂。雖然你意識到的可能只有少數幾個念頭，但在潛意識當中，有無數個念頭在相互

衝突，搶奪你大腦的控制權，消耗你的注意力，試圖引導你往南轅北轍的方向走。想要在嘈雜和混亂的狀態中辨識自己到底想要什麼、下一步該做什麼，是件非常困難的事情。

契克森米哈伊把一個人的內在失去秩序的混亂狀態定義為「精神熵」。

心流＝精神熵不斷降低的過程

而「心流」體驗的過程，就是降低大腦精神熵的過程。

就好像在熱力學當中，氣體變為液體就是一個熵降的過程。因為氣體的分子會到處亂走，相互碰撞、毫無規律、一片混亂，而液體的分子可以往相同的方向凝聚，既有規律又有力量。

在心流的狀態下，我們的思想漸漸變得規律，指向性變得清晰，所有的注意力都集中在當下的任務，你所有的心理能量都在往同一個地方集中，那些跟任務無關的念頭都被完全屏蔽。你對世界的意識、對自我的感知、對物質得失的精心計算、對他人評價的患得患失……都消失得無影無蹤。

你並不是只有一個念頭，你的大腦仍然在高速運轉，但是所有的念頭都是有規律與秩序，像一支具有高度紀律的軍隊，井井有條地整合在一起，高效率地完成一個任務。

這時候，你的感覺就跟心流的英文原文 flow 的意思一樣，心裡的念頭就像一條鋼鐵洪流，浩浩蕩蕩但又井然有序，勢不可當但又能隨心所欲，噴湧而出但又不會四處灑落，你不需要特意控制這個過程，但一切又都在你的控制之中。

就以我很喜歡的游泳來說。在岸上的時候，也許我會有各種心事、會胡思亂想，但一下水，整個世界都靜下來了。因為我的注意力非常集中，只要心念一動，四肢和腰腹就能配合做出對應的動作，不用我費力地思考。我能夠感受到每一次划水時身體發出的力量，推開水流、破開波浪，在水中遨遊。

由於注意力完全集中在當下的活動，所以在心流中，我們會對這個活動產生強烈的主動性和控制感。

而且，處於心流中的人，還會短暫地失去自我意識和時間意識，沉浸在活動本身的樂趣之中，物我兩忘、陶醉其中。經歷心流體驗後，我們還會獲得一種淋漓盡致的快感。這種巨大的享受來自體驗的過程本身，這是不用外在獎勵就能體驗到的正向情緒，也是你內在動機和自主感的源泉。

如何創造心流

那麼，在日常生活中，我們怎樣才能創造心流，產生巔峰體驗呢？心流體驗有其產生的條件，但並非所有心流都是有利於人生的發展與幸福，因此接下來我們將繼續深入探索。

心流體驗的三個條件

科學研究顯示，只要滿足以下的三個條件，幾乎所有的活動都能產生心流體驗。

第一，目標明確，指的是任務需要有明確的目標，這樣我們就能整合雜亂的心理能量，往一個方向集中。這裡的關鍵在於兩個，一是掌握目標的性質，無論一件事情是否有外在的要求，我們都要學會為自己設定目標；二是把目標拆分成多個可實際執行的小目標，把目標融入行動的過程，我們更容易全心投入。

第二，即時回饋。回饋能讓我們知道自己是否朝目標接近，隨時掌握任務進行的狀態，即時進行調整，減少不必要的焦慮感。彈鋼琴或演奏樂器的時候，對於彈出來的每一個音，你馬上就能聽到彈得對不對，音高了還是低了，速度快了還是慢了，這樣你馬上就能調整自己的狀態，彈好下一個音符。

第三，任務難度要和自身技能相符合，這也是心流發生最關鍵的條件。心流活動是能力與挑戰的平衡。這裡的平衡並不是說技能和難度要完全一致，研究顯示：人在挑戰略高於技能 5% ～ 10% 的任務，更容易激發心流的發生。

　　如果任務太難，會過於消磨意志力；任務太簡單，則會引起倦怠感。兩種情況都不容易讓人進入心流。

　　當然，現實情況通常並沒有那麼理想化，不是每次都能遇到和自己的技能符合的事情。因此，我們可以透過一些方法，來調整任務的難度。

　　如果任務太困難，可以適當分解任務，進而降低每個小環節的難度。

　　起草專案計畫書的任務很困難，你可以嘗試把「寫完計畫書」的大目標分解成「腦力激盪」、「繪製心智圖」等多個小目標，降低每個小環節的難度。減輕焦慮感，讓自己能夠更專注地進入任務當中，進而產生心流。

　　如果任務太簡單，可以適當增加難度，像是透過一些附加的目標和限制，把無聊的事情變成生活中的小遊戲、小挑戰。契克森米哈伊曾經分享過這樣一個例子：一個名叫里可．梅德霖（Rico Medellin）的工人，和其他工人一樣負責在裝配線上組裝器材。

　　大部分人在裝配線上工作時間久了就會感覺很無聊，但和別人不同的是，他以如同奧運選手般的態度看待自己的工作，經年累月思考與操作，讓自己的速度可以再快一點點。根據生產時間線的分配，他最多有四十三秒來檢查每件器材的組裝是否符合要求。但他為自己設定了一個小目標：把檢查時間縮短至三十秒以內，力求在完成任務的同時提高效率。經過五年，他成功地把這個時間縮短到二十八秒。雖然四十三秒的流程標準並沒有改變，但里可透過主動增加難度的方式製造心流，在重複的裝配線作業中獲得樂趣。

　　總之，對於日常生活和工作中的任務，我們可以從這三個條件著手來創造心流：讓目標更明確，回饋更即時，難度也和自己的能力相符合。

避免垃圾心流

伴隨心流的發生，高度的興奮感和充實感也隨之而來。當人全心地投入一個任務時，就會達到忘我的境界。你可能會有所疑惑：我們剛才對心流的描述，高度的興奮感、充實感、忘我的境界，可是好像平時打遊戲時，也達到這樣忘我的狀態，因此這也算進入心流嗎？

是的，玩遊戲時的那種狀態，也算心流體驗。事實上，絕大多數的遊戲開發者就是根據心理學研究，把心流發生的條件設計到遊戲之中，來達到讓玩家上癮的目的。但是如果一旦沉溺其中，心流也會帶來負面作用，如：沉迷於遊戲，做任何事都提不起興趣，此時，人的自我就淪為心流狀態的「俘虜」。契克森米哈伊把像打遊戲這樣的體驗稱做垃圾心流。

判斷一個人產生的心流體驗是否為垃圾心流，主要看它能否真正滿足你的成長需求。而避免垃圾心流最好的方式，就是盡可能明確知道自己的人生目標，以它做為指導，在符合你個人成長需求的條件下創造更多心流體驗。

讓心流不斷升級

在避免垃圾心流之餘，我們還要追求更高層次的心流。

正如契克森米哈伊所說：「偉大的音樂、建築、藝術、詩歌、戲劇、舞蹈、哲學、宗教，都是以和諧克服混沌的好榜樣。」降熵過程有高下，美有高下，技藝有高下，心流也有高下。原本的混沌愈多，整合進去的元素愈複雜，這個心流就愈偉大。從這個角度來說，小孩子興趣盎然地算數學題，和大科學家沉浸地思考物理問題，兩者的心流體驗可能非常相似，但無疑是科學家的心流更為宏大壯麗，因為其心流體驗要複雜得多。

心流的高低之分，關鍵就在於技能和挑戰程度的複雜度。因此，在日常生活中，我們不但要追求更多的心流體驗，還要透過不斷增加挑戰難度，提升自己的能力，讓心流不斷升級。你會發現，在這個過程中，你的能力不但

有所提升，也愈來愈能夠掌控自己的內心，你的自我也在這個過程中變得愈來愈豐富。

43 今日行動　調整難度

　　日常生活中，我們可能會遇到一件事情過於簡單而導致倦怠，或是遇到一件事情過於複雜而消磨意志，這些都不利於心流的發生，今天我們的行動就是「調整難度」。

　　第一步，請列舉讓你感到倦怠或消磨意志的事情。

　　第二步，透過調整目標和即時回饋的方法，試著思考如何調整事情的難易程度。

　　這個行動可以幫助你在簡單的事情中找到意義感或是在困難的事情中找到樂趣。

44 人生意義不是一樣東西，而是一個過程

　　人生意義，幾乎是整個人類的共同命題。但是人活著，為什麼要追求人生意義呢？

　　這首先是一種演化的本能，我們的大腦喜歡有秩序和可預測的感覺，無論遇到什麼事情都喜歡自動進行歸因和總結，尋找其中的因果關係和規律。一來，可以根據規律預測未來，指導生活；二來，也能減輕認知負擔。從這個角度看來，追求人生意義，其實是每個人對於自己的生活所做的提煉和整理。

　　其次，從感受方面看來，美國心理學家柯克派屈克（Donald. L. Kirkpatrick）發現，人類終其一生，都需要某種精神依戀，這種精神依戀在我們小時候通常表現為母嬰依戀，也就是我一開始提到的依戀模式。我們依戀父母或其他照顧者，他們提供我們食物、安全和溫暖。這種精神依戀通常會隨著人的長大而逐漸消失。

　　但是這種依戀的感覺實在太好，因此我們總是希望有一個更強大、更永恆、更崇高的事物能夠讓我們繼續依戀。像是宗教、神明等等就是在危險困苦時能夠求得庇護，順利時又能獲得鼓舞。當我們發展出這種心理之後，要依戀的不一定是宗教或神明，任何讓你覺得更永恆的事物，我們都能從中得到歸屬感和安全感。也就是說，當我們感到自己與某種更寬廣、更超越自我、更超越時間和空間的存在建立起連結時，我們往往就能體驗到人生的意義。

人生的意義在於連結

我自己對人生意義的命題非常關注，也經常在思考。我雖然一直在學習與工作，但也總是在不停地思考這樣一個問題，就是我活著到底是為了什麼？人生的意義是什麼？什麼讓人生值得度過？

許多哲學家都曾闡述過他們的意義觀。

沙特（Jean-Paul Sartre）認為：「世界是荒誕的，人生是痛苦的，生活是無意義的。」羅素（Bertrand Russell）曾經說過：「有三種情感，單純而強烈，支配著我的一生：對愛情的渴望、對知識的追求，以及對人類苦難不可遏制的同情。」

現在有一種新的觀點也很流行，我不需要追求社會的認同，不需要成功，不需要實現價值，不需要對社會有所貢獻，只要照我自己的意願快樂地度過人生，我的人生就有意義。

當然，如果你去看知識界，大家一致認同，人生確實沒有統一的本質意義，全憑自己創造。這個也很好理解，人生確實沒有意義，只有個人賦予的意義。從這個角度講，卡繆（Albert Camus）說得也有道理，正因為人生無意義，才更值得一過。

我汲取了各式各樣的知識和智慧，可是當我把這些資訊整合在一起時，我發現，對於自己的人生意義到底是什麼，依然沒有答案。直到我接觸了正向心理學之後，我才意識到，過去之所以對人生意義的探索走入了死胡同，是因為我把「人生意義」當成一個孤立靜止的事物，我誤以為只要自己不停地思考，就能找到。

在正向心理學的視角下，人生的意義是來自你和外界之間的連結。

我們以工作為例，對大多數人而言，工作本身沒有什麼意義，但是如果我們和工作之間產生其他的連結，像是工作可以帶來金錢回報，因此我們可

以跟工作產生金錢的連結，但工作能不能跟更多的東西產生連結呢？例如，工作跟你的職涯發展有關係，做得愈久資歷愈深，職位愈來愈高；如果將工作和自我的演化聯繫在一起，工作就又多了一層意義，你在工作的時候，自我在工作之中獲得成長與發揮優勢；你把工作變成興趣，就能夠從中找到更多可以享受的事情；你還可以把工作和社會價值連結起來，思考你所做的事情跟誰有關？為他們帶來哪些影響？你對社會有什麼貢獻？

像這樣一步一步，你產生了更多對工作的連結，為你帶來更多滿足感，工作也就成為有意義的存在。

缺乏人生意義的三種狀態

網路上有個很流行的靈魂三連問：我是誰？我在哪裡？我要去哪裡？雖然現在只是大家聊天和調侃時會說一說，但仔細想想，其實很有意思。這三個問題就像一條時間線，問出了人生意義的三個要素：你怎麼解釋已經度過的人生，如何衡量現在的價值，以及你未來要邁向何方。

美國心理學家麥克・史德格（Michael Steger）經研究後發現，以上三個問題，若有任何一個無法解釋明白，在某種程度上，都會導致陷入無意義狀態。

第一種狀態是虛無。這種狀態下的人，最缺乏的是對未來前進的動機和方向感。

他能為自己的過去做出基本解釋，也能享受當下的歡樂，但是和未來失去了連結。對他們來說，生活就是生不帶來死不帶去，一場遊戲一場夢，今朝有酒今朝醉。

第二種狀態是疏離。這種狀態下的人，最缺乏的是對當下的投入感和價值感。

他理解自己的過去，也知道未來要走的路。他的生活是有序的，但有一種強烈的「被安排感」，彷彿這一切都不是自願的，由於不認同，因此也無法投入，對於當下的生活冷眼旁觀，內心非常疏離。

第三種狀態是困惑。這種狀態下的人，最缺乏的是自我理解和內心的秩序。

他可能看似把日子過得熱情滿滿。總是為自己設定許多目標，但是很快又會放棄。由於沒有真正理解自己的願望和需求，因此無法為自己的人生整理出秩序感，他的內心非常焦躁對人生也感到非常困惑。

無法理解過去，無法享受當下，無法邁向未來，歸根究柢這些都是缺少連結感所造成的問題。

前不久，我看了一個 TED 演講影片，主題是如何在短時間內弄清你的人生意義。演講者把抽象的人生意義，轉化成了一個包含五個問題的公式：你是誰？你做了什麼？你為誰而做？他們需要什麼？最終他們會實現怎樣的轉變？

這五個問題當中，只有二個是和自己有關，而其他三個都和他人有關，這其實也反映了：人生意義的真相，在於主動建立連結。

結合自己正在做的事情，從事服裝設計的人，可以這麼說：「我正在做的事情，是為大眾設計出他們能夠消費得起的衣服，讓他們看到並感受到自己最棒的一面。」繪本創作者可以說：「我正在做的事情，是為孩子寫書，讓他們在深夜時也安然入睡，入睡時也能做個好夢。」

正向心理學之父塞利格曼做過這樣的歸納：「人生意義意味著，用你全部的力量和才能去和一個超越自身的事物產生連結，設定目標為它服務，並用適當的方式實現這些目標。」

只有當你能夠坦誠面對過去，投入生活於在當下，對未來有期待與希望感，也就是你找到對過去、現在和未來的連結感，才能體會到一種完整、充

實的人生意義。

如何活出意義感

要怎麼做，才能把這種有目標、有歸屬感、有內在秩序的連結建立起來呢？

第一，過一種更「利他」的生活。

我曾反覆提到，自我實現的人生，其實就是走出「自我中心」的人生。當代「以我為主，追求享樂」的心態，讓人始終把注意力集中在個人情緒、個人得失，甚至瀰漫著一種過於自戀的文化氣息。但愈是這樣愈孤獨，愈是高度關注自我，愈難與更廣闊的世界發生連結。

我在之前曾提到感恩、善意助人等主題，都是利他和利社會的行為，都是在幫助你增加和他人、和這個世界的連結。是這些瞬間的疊加，才有了生命中長久的回憶和體驗。

第二，懷有敬畏。

我曾提到敬畏這種正向情緒，是指當我們看到非常宏大的人事物時，心中所產生的那種感受。

敬畏感有兩個核心特徵：

一是你知覺到一種浩大，就是比我強大高遠而更加偉大的事物，可以是物理空間的，如：宇宙星空、山川大海；也可以是社會地位的，如：卓越的偉人；或是其他比個體強大的存在，如：歲月時間等等。

二是你內心產生了一種順應它的需要，這個順應並不是指我從此順從，而是它打破了我原有的心理結構，它的出現讓我覺得世界比我想像的還要偉大神奇，打破了我原有的世界觀和人生觀，因此我必須進行心理重建。

我常常鼓勵學生去參觀博物館，親近大自然，激發對各種生命和存在的

敬畏之心，因為這通常可以為一個人帶來更強烈的意義感。

第三，進行整合。

人生意義不是一樣固定在某處的靜態標竿。人生意義如同自我，會隨著經歷會不斷升級。升級關鍵在於把許多更複雜、看似相互矛盾的內容有所整合。

就像我自己，曾經從本能上認為「人性本善」，以最大的善意對待世界和他人，即使遇到挫折，我也會認為：「這只是暫時的，未來會更好。」即使遇到傷害，我也會想：「他可能也有不得已的苦衷。」

隨著智識長進，我逐漸意識到，世界並不是這樣的運行法則，過分天真的樂觀主義經不起生活的檢驗。但變得厚黑，又和我從小的情感訓練相悖，讓我做起事情覺得很不舒服。這二種衝突的自我同時在我身上，讓我內心的熵值不斷升高。後來我才明白，我並不需要在這二者之中做取捨，而是應該將這二者整合成一個更複雜的人生意義。

一個經過實證檢驗的整合方式是：重新講述你的故事。每個人在敘述自己經歷的時候，通常會有一個慣性模式。但是當你刻意訓練自己使用另一種視角來講述經歷時，即使是同一件事，你也會產生新的感受和思考，進而融入原來的觀點，你對生命的看法也會因此變得更有彈性、更有力量。

一個經歷過婚姻失敗的人，依照習慣的視角，可能寫下的故事關鍵字是「憤怒」、「挫敗」、「悲傷」。但是平靜下來之後，再重新審視這段婚姻，如果使用「堅忍」、「勇敢」、「不放棄」，同一段經歷也許就變成一個完全不同的故事。如果再用「感恩」、「自由」、「放下」等關鍵字，你又會如何描述這段經歷呢？

當我們能夠從不同的視角來講述自己的故事時，也就對這段人生形成更高層次、更複雜、更整合的理解。

44 今日行動　重述珍貴的記憶

　　我們的人生意義隱藏在我們曾經做過的事情之中，今天我們的行動就是回想你這一生中最珍貴的記憶。

　　請你整理一下這些年來自己的經歷，然後從中找出一個你認為最珍貴的記憶，試著用新的視角將它講述出來。

　　透過這個行動，你也會從中發現一些對於人生的新理解，你對生命的看法也會因此變得更有彈性、更有力量。

45 幸福是一個動詞

　　本書從一開始到這裡，內容涵蓋自我、關係、改變與實現，也介紹許多發現自我、提升自我的方法。在這些主題規劃與內容背後，其實隱藏著一條主線，那就是，我希望每個人都能打破心理內捲的陷阱，真正走上心理升級的道路。

　　「內捲」一詞近年來忽然爆紅，本來是指農民反覆在一片有限的土地上投入更多的勞動和人力精耕細作，雖然辛苦但是產量卻沒有多少提升。但其實不只是農業，只要一個領域的資源和技術有所限制，失去了向外拓展的可能性，就都會陷入內捲的陷阱。

　　「心理內捲」也一樣。許多人看似非常努力，也很用心，但其實並沒有實質的突破和進展，反而持續內耗原地打轉。

　　有些人一直在尋找認同，他們努力工作，賺了不少錢也取得很不錯的社會地位，經歷結婚生子，表面上看來絕對是人生贏家，但是他們內心卻一直感到空虛，總覺得沒有達到自己的標準，擔心無法獲得其他人的認同。但是如果你問他，這個標準應該是什麼呢？他反而答不上來。即使他為自己設立了一個標準，但當他真的達到這個標準後，卻仍然覺得心裡沒底，無法享受成功帶來的滿足感和充實感。

　　也有些人一直在焦慮。學生時代焦慮成績，焦慮和同學的關係，畢業後焦慮業績、職場關係，成家後又焦慮孩子的教育。甚至連家裡馬桶壞了、水

管堵了，都能焦慮半天。即使透過努力，一一解決了這些問題，他們也很難輕鬆片刻享受生活，而是繼續為未來是否會發生不好的事情而擔心。

這兩個例子看起來一個是缺乏合適的人生目標，一個是無法放下焦慮享受生活，但其實都是心理內捲的表現，人生雖然看似已達成熟階段，卻始終停滯不前。

心理內捲的根源

那麼，是什麼原因讓大家在心理內捲的陷阱中苦苦掙扎呢？借用馬斯洛的需求層次理論而言，是因為這些人的需求層次與心理狀態更偏向於匱乏型，而非成長型。

因為匱乏型心理的背後，其實是一種心理層面的自我封閉狀態：被動地應對生活，只想解決現有的問題，受困於現有的資源和技術之中，只想維持現狀，因此不斷被負面情緒內耗，陷入心理內捲的困境之中。

對焦慮的人來說，他關注的始終是生活中一件件煩心的事情，甚至可能會開始漸漸習慣這種情況，認為「生活就是如此，大家不都是這麼過來的，忍一忍就過去了。」因此並沒有想辦法讓自己跳出這種心理困境，累積更多的心理資源，永遠陷在一輪又一輪的焦慮之中。

而對於表面上已經是人生贏家，但內心卻無比空虛的人來說，他關注的是在現有的生活狀態中不斷追加投入，不斷追求更多的財富，用金錢填滿自己，而不是想辦法探索更多、更深的領域，讓生活變得更充實、更有意義。

相反地，成長型心理的人就能在心理上保持一種開放的狀態：主動面對生活，探索未知，挖掘自身潛能盡情體驗、創造、迎接挑戰。不斷拓展生活的廣度，開闢新的維度，在心理資源和技術層面不斷讓自己進步。

匱乏型心理和成長型心理的形成，又跟一個人所在的先天和後天的環境

有關。

我們在一開始就提到，人的心理受到三個層面的影響：

一是生物基因層面，數十萬年來環境的塑造，讓我們能適應人類演化最關鍵的狩獵－採集時代；二是文化基因層面，數千年來文化的累積，讓我們的祖先適應了傳統文明社會；三是我們自己的性格基因層面，曾經幫助我們適應弱小的幼年時期。

這三種基因，有保全、生存的一面，也有發展、成長的一面。

生物基因給了我們恐懼、仇恨、嫉妒這些負面情緒，但也給了我們喜悅、敬畏和愛這些正面情緒；文化基因教給我們面子、歧視、服從這些策略，也給了我們友愛、創造、意義這些目標；性格基因可能讓我們對人際關係緊張、排斥、害怕，也可能讓我們對別人關愛、感恩、互助。

受到三種基因層面的影響，我們每個人心裡都有匱乏型心理的部分，也有成長型心理的部分。其中，基於生存本能的需求，匱乏型心理更容易搶占大腦的注意力，時刻提醒我們注意危險、小心安全，保全自己是第一順位。

而一個人在匱乏型心理和成長型心理之間，可能更偏向哪一種，則主要取決於這三種基因所面對的環境是安全，還是危險。

如果影響你的三大基因，包含較多危險的情況，你就更可能會形成匱乏型心理。例如，你的祖先面臨惡劣的生存環境，你接受更多熱衷比較的文化基因，你長期生活在人情冷漠的環境，為了逃避這些讓你痛苦的因素，你更可能會繼承焦慮的生物基因，形成急功近利、追求物質的性格。

反過來說，如果影響你的三大基因，都包含較多安全的情況，你就更可能會發展出成長型心理。例如，你和你的祖先長期生活在豐衣足食、人際友愛、社會穩定的環境，那麼你更可能繼承到樂觀的生物基因，受到注重社會貢獻的文化基因影響，形成關愛他人、探索好奇的性格。

心理升級是 21 世紀的必須

也許你曾經受到負面的環境影響，以至於你現在形成傾向於匱乏型心理的狀態，陷入心理內捲的困境。這並不是你的錯，因為我們的祖先長期生活在危險的環境之下，我們的文化更多是為了協調大家因應艱苦的生存條件，我們的父母大多被他們的時代背景塑造成安全第一的性格，因此也會採用匱乏型的方式來撫養我們，使我們在童年時被迫採取匱乏型的因應策略。

但是，畢竟時代已經不同，做為一個 21 世紀的成年人，我們應該朝成長型心理的方向演化，擺脫心理內捲的困境，實現心理升級。

雖然匱乏型心理和成長型心理各有用處，但成長型心理能夠達到的是匱乏型所無法企及的境界。

匱乏型心理主要是幫助我們逃避痛苦，在匱乏型心理的幫助下，我們能達到的最佳狀態是解除危險、如釋重負；而成長型心理主要在追求滿足，能幫助我們獲得更多正面情緒。當你經歷一場酣暢淋漓的巔峰體驗，或者在靈機一動有了新創意的頓悟時刻，這種充實、滿足而有意義的感覺，幾乎沒有言語能夠形容。

而且我想強調的是，心理升級也是新時代的要求和必須的。

如果我出生在 19 世紀的農村，是大字不識一個的農民。那麼在時代和環境的限制之下，對當時的我或整個家庭而言，接受教育無疑是一個豪賭，回報的期望值非常低。為了生存，守著一畝三分地精耕細作，是更可靠的生活。

在廣度和深度都被限制的僵化環境條件之下，一個人能採取的最好策略，就是複製前人的成功經驗。

但是，現在的環境條件已經急遽改變，廣度和深度也有所突破，我們擁有更多的資源，也得到更好的學習機會，這時升級才是更好的策略。

在人工智慧即將全面來臨的時代，簡單重複的工作即將消失，需要高度

創造力和人際情感的工作是未來發展的方向所在，而這個部分則是成長型心理更加擅長之處。

而從精神世界的層面來看更是如此。技術的高速發展，會進一步擴大世人在心理層面的貧富差距。財富愈來愈多、資訊流通愈來愈快、生活愈來愈方便，心理匱乏的人會過度沉溺於這些豐富的刺激，被愈要愈多的欲望所吞噬，而擁有成長型心理的人則能夠在這些因素的支持之下，人生過得愈來愈充實。

好在現代社會的生存和安全已經不是問題，你完全可以選擇擺脫原來基因的保護功能，邁向發展成長、提升、探索和貢獻的心理。每個人都可以選擇破除心理內捲，進行心理升級，一切都在於你自己的選擇。

有人可能會覺得，面對工作、房貸、上有高堂下有子女的種種生活壓力，實在沒有安全感，無法心理升級！

但請你想想，你真的沒有安全感嗎？

我們的基本生活條件比起上一代，已經非常安全。你之所以覺得還不夠安全，通常是因為跟別人比較的結果。外界灌輸給你的安全線，其實早已超過必要的範疇。這樣的安全感是典型的心理內捲陷阱，無論你如何努力，達到那個安全線之後，沒過幾天，你又會重新感到不安，因為你的安全感目標只能暫時平復你的不安，你必須依靠努力衝往下一個標準來緩解，這是一場看不到盡頭的惡性循環。

也正是為了對抗這種已經不合時宜的文化基因，我們才更需要心理升級，把自己的安全建立在成長型心理的充實滿足之上。

擺脫困境，實現心理升級

說了那麼多，到底如何打破內捲陷阱，達到心理升級呢？簡單來說，就

是破除內捲的兩個前提條件，往廣度和深度發展。

　　就好像在農業社會的擴張時期，我們的祖先開疆闢土，砍樹為田，開山為田，填湖為田，擴大廣度則收益自然提升；或是加大深度，新的技術競相出現，農業設備與農業技術持續改良。這時候不需要拚命從一塊土地榨取最後的價值，而是可以開拓新的疆界。

　　破除心理內捲困境的關鍵在於主動打破心理固有的限制，不斷拓寬資源、提升技能，看到一個更廣和更深的可能。回過頭來看本書，我從認知層面開始，從價值觀、動機、情緒、人格等心理學的各個方面切入，幫助你進行心理升級。

　　把你的需求從匱乏需求，升級為成長需求。提升你的思維模式，體會巔峰經驗，為社會做出更多貢獻。

　　把你的人生狀態，從占有升級為經歷，主動追求更豐富的經歷，將人生活成無數個瞬間所組成的動詞，而不只是一個用來比較的名詞。

　　把你的價值觀，從服從、安全、物質這些自我保護型價值觀，升級為自主、探索、仁愛和超越這些成長型價值觀，重視你自身以及外界的完善和提升。

　　把你的動機，從受控動機升級為自主動機。你做出的每個決定，不再是為了外界的獎勵、他人的羨慕，或是逃避外界的懲罰、他人的鄙視，而是為了自己內心價值觀的認同、人生意義，以及興趣愛好和精神享受。

　　把你的目標，從逃避型升級為追求型，你做一件事情，不是為了逃避痛苦，只有做好這件事情才能讓你免於糟糕的後果，而是為了獲得幸福，當你做好這件事情之後，你能感到充實、滿足和意義。

　　把你和他人的關係，從「我和他」升級為「我和你」，這段關係不是你達到其他目的的工具，你不是為了其他人能給你帶來的好處而跟對方交往，你和對方的互動本身，就是目的。

最後，是把你的自我觀念，從實體觀升級為過程觀。你的自我不是固定的，不是與生俱來、先天註定的，而是一個流動的過程，你隨時都可以經過努力，讓你的自我變得更加美好。

當然，就算你的心理升級為成長型，也不代表你從此一帆風順、走上人生贏家的道路。不是的，你讀完這本書，並不會就自動變得幸福，人生也不會自動就變得美好。你依然會歷經艱難困苦，也依然要面對這個世界該有的自私冷漠。這個世界從來都是那個模樣，但你已經不再是原來的自己。

從成長型心理的角度來看，這些艱難困苦不再是人生的痛苦，而是提升的機會。因為追根究柢，你的心理，不是名詞，而是動詞：

情緒是一個動詞，重要的不是你感受到的是正向情緒，還是負面情緒，而是你在感受本身。

自我是一個動詞，重要的不是你形成什麼樣的自我，而是你做為一個主體與外界、內心時刻進行互動和改造的過程。

幸福是一個動詞，不要把幸福當成目標追求，幸福是你活出蓬勃人生狀態時自然會有的感受。

人生是一個動詞，重要的並不是評價你有什麼樣的人生，而是你的時時刻刻都在如何生活。

意義是一個動詞，不是我們苦苦追尋的終極答案，而是你此刻當下的生活本身。

情緒、自我、幸福、人生、意義，就像自行車一樣，只有在行動中才真實存在，停下來就會崩塌，如同鮮活的精靈，只在過程中顯現，當你試圖捕捉時，卻只能得到隻鱗片甲。因此，不用再執著於這些心理名詞，而是像精靈飛向天空、魚兒躍入大海，盡情投入到生命本身的過程中去吧！

45 今日行動　自己的轉變

　　你再一次理解了本書的脈絡，並且重新審視了你的自我，在讀完本書之後，你發現你又有哪些轉變呢？這是最後一次的實踐行動，我們一起來記錄一下「自己的轉變」。

　　我列舉了一系列心理升級的過程如下表，你可以透過這張表格對自己的心理升級情況做一個計分，100 分為滿分，你可以為過去的自己和現在的自己的心理狀態打分，記錄自己的轉變。

心理升級	過去的自己	現在的自己
需求：匱乏型需求—成長型需求		
人生狀態：占有—經歷		
價值觀：保護型價值觀—成長型價值觀		
動機：受控動機—自主動機		
目標：逃避型—追求型		
他人觀：我和他—我和你		
自我觀：實體觀—過程觀		

性愛需求屬於哪種層次需求?我初步的理解是,它有生理層面的因素,但是現代人的性愛需求與繁衍後代和個體生命的關聯愈發淡薄,與他人的性關係多轉變為歸屬感、愛的需求,甚至帶有自尊、自我實現的傾向。因此性愛需求是一種複合層次的需求。從這個意義上理解,性愛可以說是五個層次全部涵蓋的需求,如果個人定義人生意義,它甚至可以是和自我實現並列的最高層次的需求。

我的回答是,性滿足和性愛需求不完全是一回事,需要分開來看,性滿足本身屬於生理層次的需求。而你後面展開探討的其實更多是性愛需求,也就是性中有愛,愛上加性的這種水乳交融的關係需求。

首先,雖然人類現在進行性行為不再是單純為了繁衍後代,但依然主要是生理層次的需求。原始人最早開始進行性行為的時候,也不知道能經由這種方式繁育後代,只是因為發生性行為時有強烈的快感,而在性成熟後長期沒有性行為時,會感到需求沒有被滿足。這就是演化的巧妙之處,它不是讓你明白一件事的道理後再去做,而是直接將有利於生存和繁衍的需求根植於我們的本能和情感系統,讓人不假思索地去做,這樣效率才最高。

同時,人類為了確保後代的繁衍和養育,又演化出強烈的夫妻之愛,這時,愛和性是交纏在一起的,發生性行為時,感受到的不只是生理的滿足,也有關係的滿足。

整體來說,我基本上同意你的看法,它是一種複合層次的需求。

就好像工作，能夠幫我們賺取金錢，解決生理和安全需求，也能協助我們找到自己在社會上的位置，獲得他人尊重，滿足歸屬和自尊需求，並且是一種自我實現的管道，讓我們可以在工作中找到巔峰體驗和人生意義。

當然，每個人的情況都不一樣。我個人還無法看出性愛如何能夠被定義為人生意義，或是和自我實現建立起關係。但是如果你的人生意義包括性愛，當然也完全可能。因為每個人都是獨特的，相信你也有自己精采的自我實現之路。

有一件事我印象非常深刻，大概小學六年級的時候，步步高出了第一款學習機，父親買來當作生日禮物送給我。我不記得當時開不開心，只記得爸爸說買這個花了很多錢。媽媽說她一開始反對，但爸爸非要買。外婆一直催著我說謝謝。爸爸也說：我這麼辛苦還不都是為了你？可是他愈辛苦我愈覺得痛苦，以至於我不敢見他不敢回應他，只能表現出冷漠。家人批評我不懂得感恩，我也常常自責。後來我才發現，可能是本來該有的感恩，轉變成虧欠感。我很想知道，已經產生虧欠感了，該怎麼辦？

這個問題其實是個很普遍的現象，生活在典型的華人社會文化背景，許多人都經歷過這種「虧欠教育」，時不時能從家長口中聽到類似的話。我想可以從以下三個角度來看待這個經歷。

第一，當你知道感恩和虧欠感之間的差別，真正理解這樣的經歷，就是獲得自由的開始。

你可以有意識地走一條新道路，帶著新的理解、選擇新的方式，甚至練習新的語言表達對待你周圍的人和你的下一代，形成真正的感恩互動。

　　第二，我們不能改變過去，但可以重建過去的經歷對一個人的影響。

　　重建的關鍵就是，能夠多角度看待過去的問題，提高自己認知的複雜度和整合度。

　　你的這段經歷若從父母的立場來看，可以看到他們盡力了，在他們的認知和能力範圍內，盡力對孩子好，以實際行動承擔了自己的責任，只是他們沒有找到更適當的方式來表達這份愛，因此帶來了一些副作用；從你的角度，對父親的感受應該是更複雜的，想必不只是虧欠感，也有愛、心疼、小時候由於能力不足而帶來的無力感，甚至是憤怒感等等。與其跟虧欠感正面對抗，不如細細體察自己對父母的其他感情，從其他情感著手修復或是加強連結，當正向溫暖的連結增加，虧欠感所占的空間自然就會慢慢縮小。

　　第三，過好自己的生活。

　　虧欠感的核心感受是：我欠你的我得還，我想有更清晰的界限。這個感受也是你渴求內心自由的反映。雖然你提到的虧欠感源自於父親，但如今你已長大成人，比小時候更有力量了，當你能好好經營自己的生活，尤其是好好經營自己的感情生活，那麼那種既獨立又親密，既有界限又有擔當的感受，就可以改變你面對父母的姿態。你的心理容量擴大了，有了更自由的感覺，便不會再受困於過去的虧欠感了。

Q3
最近讓我感到苦惱的是，我好像不太會拒絕別人的要求。一直以來在朋友中我總是習慣於調解大家的關係，朋友找我幫忙我也會樂意幫助。我發現這似乎成為我的一個習慣，我不會拒絕他人的要求。有些時候其實自己也很忙，但又不知道如何開口拒絕，結果把自己搞得很累。

這是一個經久不衰的話題，當我們談善意和助人的時候，自然也會遇到這樣的困惑：我不是不幫人，而是我幫過頭了，感覺都不是出於自願了，怎麼辦？

處理這個問題，關鍵在於仔細分辨自己幫助他人時的真實動機。

自我實現心態下的助人，是一種發自內心完全自主，不預設回報的舉動。換句話說，就是你主動選擇付出這份善意，做完之後你的正向感受會有正面成長，不做也不會怎麼樣。

但無法拒絕、無法對他人說「不」，在這種情況下的助人，也許你可以在理智上給自己找一百個自圓其說的理由，但真正捫心自問，其實你不是自願的，你帶有內心假設：如果我不答應，我的形象、我的關係，或者我的自尊就會受損。換句話說，你付出了、助人了，沒有增加更多正向感受，只是為了不增加負面感受，維持不讓自己扣分。

於是你會發現，無法拒絕、無法對他人說「不」的本質，其實不是自我實現層面的問題，這是關於一個人對人際關係做出了某種的基本假設，一個人的自尊程度的問題。當我們對人際關係感到更自信、更安全，當我們將自尊修復得更穩定、更健康，這些界限問

題都會迎刃而解。

當然我還要補充一點，即使是在這樣的情況下，你仍然可以去體會一種真正自我實現式的善意和助人，這兩者並不衝突。而且當你真的體會過發自內心不帶假設、不求回報的助人體驗，才更能分辨那些理智上告訴自己很樂意，其實是在勉強自己的助人情況。

Q4　我發現產生心流體驗的條件和刻意練習的構成要素很相似，
　　　這兩者有什麼關聯嗎？是否有矛盾？

刻意練習的方法和產生心流的條件很相似，都需要明確清晰的目標、保持專注、即時回饋、適當的難度值。

這確實很容易讓人產生疑問，到底該如何理解兩者之間的關係？賓州大學的心理學家安琪拉・達克沃斯對這個問題有過闡述。

首先，刻意練習是提升技能的方法，是鍛鍊能力的行為，它的目標是幫助我們更高效地提升能力；而心流則是當你掌握技能，並且運用它時，產生的陶醉其中的感受和體驗。其次，一般來說，人在進行刻意練習時，是很難產生心流的。因為我們的大腦始終處於「問題解決」的模式，不斷監測自己、發現錯誤，再想辦法做出適當的調整，嘗試改進。這個過程艱難而乏味，很難有那種沉浸於享受做事本身的愉悅體驗。

但這並不代表兩者毫無關聯。安琪拉・達克沃斯經研究發現，刻意練習的時間愈長，獲得的心流體驗也愈多。

她曾經採訪過的一位芭蕾舞者有過這樣一段描述：「我在練習中的疲勞感如此之強，就連身體都好像在睡夢中哭泣；有時候，挫

折感強烈到每天都像經歷了一場小小的死亡。但是，當我站在觀眾面前，登上舞台的那一刻開始，一切身體的疼痛和精神上的煩惱都消失了，我隨心所欲地展開自己的身體，陶醉在這一刻的興奮、輕鬆、愉快之中⋯⋯」

　　從這段描述中，我們能夠非常直接地理解兩者之間的關係，刻意練習是我們為了達到心流狀態所做的準備，是埋頭攀登、咬牙堅持的過程，少了這個過程，我們很難享受到遠眺美景、物我合一的巔峰體驗。當然，刻意練習的過程是痛苦的，可是從長遠來看，這些痛苦體驗也沒有那麼糟糕。你在過程中不斷挑戰自我、超越極限，這種獲得感與意義感，本身就是更深刻的快樂。

結語
如何面對疫情帶來的負面心理影響

這次新冠肺炎疫情給每個人都帶來不同程度的心理影響，我想談談我們應該如何看待和面對。其實這是我一直以來想聊的一個話題。

我寫這本書，是希望能幫助更多人由內發展出自主創造幸福的力量。即使現實世界又給我們出了一道難題，我們依然可以憑藉自己的力量，交出更好的答案卷。

疫情之後，你創傷了嗎

2020 年 3 月 2 日那天夜裡，我做了一個夢，夢見帶著孩子出去，跟其他不認識的孩子踢足球，踢著踢著他們就在地上扭打起來。我嚇了一跳，趕快上前拉開，因為他們都沒有戴口罩啊！醒來一想：糟了，我開始出現創傷後壓力症候群（Post-Traumatic Stress Disorder）的跡象了。當然，等我真的清醒之後，我也不會再自己嚇自己，我這只是對疫情的擔心和焦慮在夢裡也浮現了而已。

疫情的爆發，影響大家各方面的生活，也包括心理層面。有不少人跟我說，這次疫情讓他們留下了心理創傷，甚至懷疑自己得了嚴重的心理疾病，這個在心理學上，確實有個專業的說法，叫做創傷後壓力症候群。但是我發現許多人對真正的心理創傷缺乏足夠的瞭解，因此將一些負面的心理影響過分誇大了。

什麼是創傷後壓力症候群（PTSD）

創傷後壓力症候群，簡稱 PTSD，是指人在經歷情感、戰爭或交通事故等創傷事件後產生的精神疾病。在一般情況，需要同時滿足以下八個條件才會被確診為 PTSD。

1. 經歷過真正的創傷事件，例如，親友死亡或遭受死亡威脅、嚴重傷害、性暴力、地震等等。

2. 經常出現和創傷事件相關的非自願記憶、夢魘。

3. 持續迴避和創傷事件有關的刺激物。

4. 出現認知和心理的負性症狀，如：如注意力缺損、對生活事務缺乏興趣。

5. 容易在和創傷事件有關的情境下喚醒壓力反應。

6. 持續一個月以上。

7. 具有臨床意義的痛苦，或者導致社交、工作或其他重要功能受損。

8. 以上表現無法歸結為其他原因，例如，藥物或酒精的生理效應或其他身心症。

在這次疫情當中，有些人確實經歷了非常嚴重的事件，如：確診新冠肺炎，甚至住進加護病房；親人在疫情中去世；受到二次災害嚴重衝擊；結束生意經營或失業；還有許多醫護人員，在疫情最嚴重的時候，看著那麼多需要幫助的人，雖拚盡全力卻也無能為力。這些事件，都有可能引起心理創傷。

產生 PTSD 的影響因素

但是，並不是經歷了創傷事件之後就一定會罹患 PTSD，還跟許多因素有關。

首先是基因，PTSD 大概 30% 的變異性來自基因。

其次是個人的心理狀態和經歷，例如，性格樂觀心態開放的人，比較不容易罹患 PTSD，有精神病史、童年逆境較多的人則較容易罹患 PTSD。

最後是社會狀況，一方面是社會經濟地位，地位愈低愈容易患有 PTSD，可能是由於這些人缺乏必要的資源來因應困境；另一方面是社會支持，也就是你的人際連結，尤其是來自家人的支持。我個人感覺人際連結其實是更為重要。即使一個人的社會經濟地位不佳，但是如果有一個穩定溫暖的家庭，身邊有親友的耐心幫助，有人願意傾聽，那麼這個人罹患 PTSD 的機率也會大幅降低。

當然，疫情還是給大家帶來負面的心理影響。中國中科院心理所在 2020 年 2 月中旬對 29 個省市自治區的 1,499 人做了調查，跟 2008 年全國性調查相比，憂鬱傾向的人和憂鬱高風險的比例都有所上升。雖然比起 2020 年 2 月中旬的疫情高峰，現在大家的心理狀況應該已經有所舒緩。但疫情帶來的負面心理影響，勢必還會持續存在。

疫情之後的心理成長

那麼，要如何面對這樣的負面心理影響呢？

我之前也曾舉辦一系列公益講座，說明如何利用快樂、樂觀、助人、優勢等正向心理技巧來因應疫情的負面心理影響。

不過在經過 2020 年 2 月初的一個調查之後，我在認知上有了非常大的變化。那次調查發現：2020 年以來大家的整體情緒確實比 2019 年顯著下降，但是成就、投入和意義感卻有所提升。

同樣地，我們分別在 2019 年和 2020 年測量了數千人的品格優勢，經由比較後發現，2020 年其中十項優勢的上升幅度有顯著提升。分別是：寬恕、勇敢、自制力、誠實、公平、謙虛、好學、公民精神、善良和希望。

我忽然意識到，其實面對疫情，我們能做的不只是因應，也可以成長。美國心理學家李察．泰德奇（Richard G. Tedeschi）和勞倫斯．卡洪（Lawrence

Calhoun）提出一個概念，叫做「創傷後成長」。

以前大家都覺得，人在創傷之後，可能會出現適應障礙或是能夠有所適應，能恢復到原本的狀態已經是非常好的結果。但其實還有一種更好的可能性，就是成長。一個人經過了創傷，反而變得比以前更強大。

我非常喜歡的一本書，就是我曾經在說明自主感需求時所提的《象與騎象人》，其中也用了一章說明創傷後成長。作者強納森・海德對東方文化情有獨鍾，他在章節開頭就引用了《孟子》的一句話：

「天將降大任於是人也，必先苦其心志，勞其筋骨，餓其體膚，空乏其身，行拂亂其所為，所以動心忍性，曾益其所不能。」

這本書提到創傷帶來的成長，主要有三方面。

第一，喚醒自己原本潛藏的力量。就像我在前面提到的調查一樣，疫情期間，我們的品格優勢反而有所成長。許多人在疫情期間發現了自己原本不知道的才能，無論是廚藝、直播，還是危機處理能力。

第二，創傷能幫助人發現和經營重要的關係。同樣的創傷，能否帶來成長，最重要的就是個人特質和社會支持。社會支持就是指其他人能不能安慰你、理解你、支持你、幫助你，遇到壞事時，你才會發現誰是酒肉朋友，誰是生命中真正重要的人。這時候你才能發現哪些關係可以捨棄，哪些是對你真正重要的關係。

從這個角度而言，疫情其實是難得的機會，讓我們被迫減少人際交往，於是可以專注於自己最重要的少數關係。例如，我在疫情期間，就只是和妻子、小孩隔離在家，雖然有時也煩惱於「小神獸」的破壞力，但基本上是更加投入享受家庭時光。

第三，你會改變人生的優先順序。重大壞事發生之後，你才會發現，以前自己追求的那些事情，可能其實都沒有那麼重要。對你的人生意義最有影響的，很可能是其他的事情。

我們團隊曾經採集過 2013 年一整年所有的新浪微博，結果發現，2013 年全年中國民眾情緒最高點是在春節，而情緒最低點則是在當年度 4 月 20 日雅安大地震發生之後，大家都沉浸在悲痛、難過、哀傷之中。但是，這一年意義指數的最高點，卻也出現在地震之後的第二天。

這也說明，在大災大難當前，大家反而會更加思考意義。平時我們大多只是按部就班地生活，只有在生死關頭之前，才會喚醒對人生意義的覺察。

在這次疫情之中，我身邊就有許多人獲得「疫情後成長」。例如，一個年輕朋友小陳，疫情之前一直忙著跑專案，幾乎沒有完整地休過週末，忙碌並沒有讓她變得更從容，每次見到她，滿臉都寫著焦慮。疫情爆發後，她被迫停工，反而有了時間好好思考自己的人生。

她告訴我：「一直以來，我覺得自己是個很無聊的人，但不知道該怎麼面對這樣的自己，因此我一直透過高強度工作來逃避。疫情剛爆發時，我的焦慮到達高峰，一度以為自己要崩潰。後來，我試著逼自己做些不一樣的事情，例如：主動聯絡朋友，自己也學著化妝、做飯。這些以前覺得很麻煩的事情，真的做起來也沒那麼糟糕，還蠻有意思的。當然，做這些事情並沒有一個非常明確的結果，不過我確實沒那麼焦慮了，好像看到了人生鮮活的一面，這也表示我還有其他很多的可能性。」

真正的成長，來自抗爭

小陳的轉變在我看來非常可貴，也非常有價值。當然，並不是每個人在經歷創傷之後，都會變得更強大，確實有些人變得更脆弱，發生了 PTSD。

這之間差異在哪裡呢？就在於你是否主動選擇了抗爭。

創傷後的成長並非來自創傷，而是經由個體在與創傷的抗爭中所產生。一個人只要奮鬥、抗爭、努力，就會有所成長。

當然，在此我也要強調，不能因為有人在創傷後獲得成長，就把創傷說成好事。真正的好事是抗爭，無論是與創傷抗爭，與一般的逆境抗爭，還是與人生的其他議題抗爭，乃至與我們人類存在的困境抗爭。

　　就像德國哲學家尼采（Friedrich Nietzsche）所說：「殺不死我的，必將使我更強大。」就如同疫苗是把類似於病毒的物質注入人體，刺激免疫系統產生抗體，這樣就可以幫助抵抗真正的病毒。疫情也一樣。疫情沒有殺死你，只要你有所抗爭，就會產生心理抗體，例如，更健全的人格、更豐富的關係、更融洽的人生意義。最終，你會變得更強大。

　　這也是我寫這本書的目的。學習正向心理學，並不是生活就從此一帆風順，心理就幸福圓滿。你仍然會遇到許多艱難困苦，但是，我希望這本書為你帶來的是心態的轉變以及行動的開始。

　　截至本書出版，新冠肺炎疫情仍在持續，但我希望你已經不再把艱難困苦看成失敗挫折，而是你變得更強大的機會，是你心理升級必不可少的推動力，也是你人生意義的一部分。

　　在寫作本書的過程，有許多同事給了我幫助和支持，張巧玲、武亦文、吳繼康、吳迪，感謝你們！

　　也謝謝你陪我走過這段路程，祝你升級為更強大的自我，準備好前往戰勝新的挑戰，擁抱不確定性，讓正向心理始終充盈在你的內心！

豐富 004

無行動，不幸福
45 個正向心理學練習，掌握幸福感關鍵

作　　者：趙昱鯤
責任編輯：祝子慧
文字協力：許景理
封面設計：乾單
內頁排版：乾單

副總編輯：林獻瑞
主　　編：祝子慧、李岱樺

社　　長：郭重興
發 行 人：曾大福
業務平台：總經理／李雪麗　副總經理／李復民
實體通路暨直營網路書店組／林詩富、陳志峰、郭文弘、賴佩瑜、王文賓
海外暨博客來組／張鑫峰、林裴瑤、范光杰　　特販組／陳綺瑩、郭文龍
印務部／江域平、黃禮賢、李孟儒

出　　版：遠足文化事業股份有限公司　好人出版
發　　行：遠足文化事業股份有限公司
地　　址：231 新北市新店區民權路 108 之 2 號 9 樓
電　　話：02-2218-1417
傳　　真：02-8667-1065
電子信箱：service@bookrep.com.tw
網　　址：http://www.bookrep.com.tw
郵政劃撥：19504465　遠足文化事業股份有限公司

法律顧問：華洋法律事務所　蘇文生律師
印　　製：中原造像股份有限公司

初版一刷：2022 年 12 月 21 日
定　　價：500 元
ISBN：978-626-96565-7-8
EISBN：9786269656585 (EPUB) / 9786269656592 (PDF)

國家圖書館出版品預行編目（CIP）資料

無行動，不幸福：45 個正向心理學練習，掌握幸福
感關鍵 / 趙昱鯤作 . -- 初版 . –. 新北市：遠足文化事業
股份有限公司 好人出版：遠足文化事業股份有限公
司發行 , 2022.12　面；　公分 . --（豐富 Rich；4）
ISBN 978-626-96565-7-8（平裝）

1.CST：心理學　2.CST：幸福　3.CST：生活指導
4.CST：成功法

170　　　　　　　　　　　　　　　111019089

讀者回函 QR Code
期待知道您的想法